AF337953

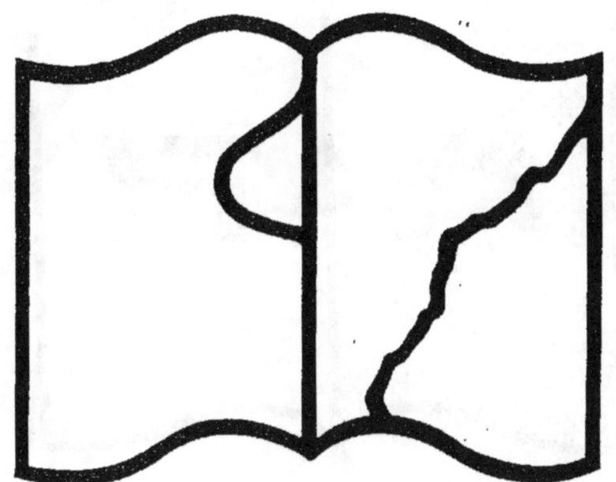

Texte détérioré — reliure défectueuse

NF Z 43-120-11

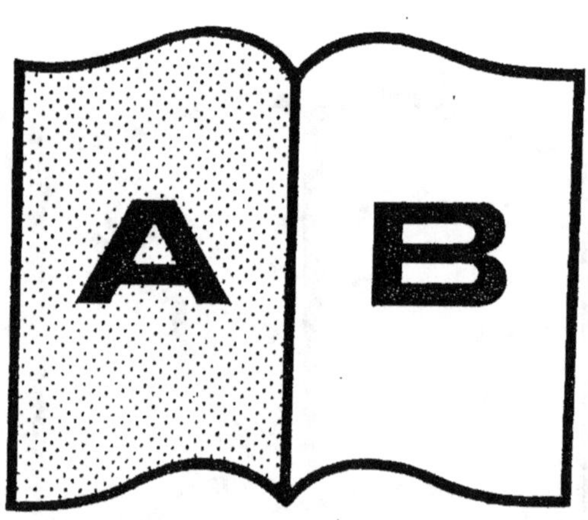

Contraste insuffisant

NF Z 43-120-14

Y²
332

REPRODUCTION AUTORISÉE POUR TOUS LES JOURNAUX QUI ONT UN TRAITÉ AVEC LA SOCIÉTÉ DES GENS DE LETTRES

Historique et composition de l'œuvre, ses garanties littéraires et morales

UNE MARTYRE DES APACHES

Drame vécu du Banditisme actuel

PAR CAMILLE DESCAMPS

Appelé récemment (juillet 1912) auprès d'un cousin, jeune soldat blessé et mourant dans les ambulances du Maroc, l'auteur revint en France par l'Espagne, où un accident l'immobilisa pendant six semaines dans un hospice des environs de Séville.

C'est là qu'un hasard extraordinaire le mit, par la bouche d'un de ses infirmiers, moine, autrefois prince, dans le secret d'un drame effroyable du banditisme international contemporain, du haut banditisme, du banditisme de Messieurs en habits noirs et en gants blancs, des Apaches plus dangereux que les autres.

Il s'en empara avec d'autant plus de passion qu'il était à même d'en contrôler, d'en grouper les détails ayant, comme fonctionnaire, eu en mains la police de sûreté d'une grande ville, ayant visité les bagnes et les repaires de plusieurs capitales d'Europe, ayant enfin, à titre privé, suivi en Amérique, en Italie, en Espagne les traces du fils unique d'un millionnaire otage de la sinistre *Main Noire*.

Tous ceux qui ont lu et qui se rappellent *Les Forbans de l'Express*, une œuvre précédente du même auteur et du même genre, œuvre reproduite par un nombre considérable de journaux français et étrangers, ne douteront point un instant du charme exquis, des situations poignantes de celle-ci, œuvre de si belle facture littéraire qu'elle doit satisfaire les lecteurs les plus difficiles, d'une telle morale familiale et sociale que pas une scène, pas un mot n'y peuvent froisser les lecteurs les plus scrupuleux.

REDEMANDER UN SECOND TEXTE SI ON EN A BESOIN

REPRODUCTION AUTORISÉE POUR TOUS LES JOURNAUX QUI ONT UN TRAITÉ AVEC LA SOCIÉTÉ DES GENS DE LETTRES

REPRODUCTION AUTORISÉE POUR TOUS LES JOURNAUX QUI ONT UN TRAITÉ AVEC LA SOCIÉTÉ DES GENS DE LETTRES

ANNONCE DU FEUILLETON

Nous commencerons la publication d'un feuilleton qui vient de paraître, dû à la plume d'un écrivain de valeur, admirablement documenté par de hautes fonctions policières pour traiter un pareil sujet, et dont les précédents ouvrages du même genre ont obtenu un succès considérable :

UNE MARTYRE DES APACHES

Drame vécu du Banditisme actuel

PAR CAMILLE DESCAMPS

Ces pages sont d'une grandeur tragique et d'une scrupuleuse moralité.

Des bandits de large envergure, des Messieurs en habits noirs et en gants blancs, y aiguisent leurs poignards dans l'ombre pour parvenir, avec l'aide de Compagnons de la *Main Noire*, à s'emparer d'un trésor de guerre ; des femmes, perverses, y intriguent, déchirent, sèment la mort et la folie pendant que d'autres, sublimes, s'y sacrifient jusque dans les tortures au devoir, à l'honneur, à un noble amour.

Les familles de nos lecteurs trouveront là, en même temps que des scènes poignantes, de curieuses révélations.

Quelques en-têtes de chapitres donneront une faible idée du dramatique croissant de l'œuvre : *Le Secret de la Reine. -- La Hyène des Cimetières. -- La Steppe aux Loups. -- La Maison des Fous. -- Mariage Blanc. -- Le Fantôme du Donjon. -- Savoir aimer. -- L'Amulette sanglante. -- Le Moine de Séville.*

REPRODUCTION AUTORISÉE POUR TOUS LES JOURNAUX QUI ONT UN TRAITÉ AVEC LA SOCIÉTÉ DES GENS DE LETTRES

Une Martyre
des Apaches

Drame vécu du banditisme actuel

PAR

CAMILLE DESCAMPS

I

LE TRÉSOR DE GUERRE

Nous sommes au printemps de l'année mil huit cent soixante-seize.

Dans les Pyrénées.

L'hiver recule peu à peu sous les rayons du beau soleil méridional, mais il n'a point encore disparu.

La chaîne magnifique des cimes garde sa parure de neige non seulement sur les points élevés où elle marie éternellement la blancheur des glaciers au bleu sombre du ciel, mais même sur les pentes qui seront les verts pâturages de demain.

Le paysage est grandiose.

Vallées profondes, torrents écumeux, blocs de granit que l'on dirait entassés par la main de géants.

Et çà et là des groupes de chalets aux noms harmonieux, des villes pimpantes, des stations balnéaires connues du monde entier.

Mais n'avançons point si loin du côté d'Argelès, de Cauterets, de Pau, de Tarbes ou d'Agen.

Restons là-haut, là-haut sur un de ces sommets d'où l'œil peut contempler au nord la gentille France et au sud la vieille Espagne.

Ce sommet est un plateau étroit, abrité par des pics encore plus élevés et où quelques taches noirâtres indiquent des huttes de pâtres pour l'été.

A cet endroit la frontière espagnole est franchie.

Et c'est ce qui a déterminé trois hommes à s'arrêter dans la fuite éperdue qui, depuis trente heures, les faisait sauter d'une pierre sur une autre, s'accrocher aux arbustes, passer par des sentiers de chèvres.

Ils voulaient quitter la terre espagnole dangereuse pour eux et mettre le pied sur le sol français.

Les y voici, enfin !

Et ils entrent dans un des abris bâtis avec des dalles de lave superposées.

Ils y déposent sur un lit d'herbes montagnardes, aussi sèches qu'embaumées, une sorte de colis long qu'ils portaient, en se relayant, sur leurs épaules, au moyen d'un brancard grossier : deux perches de sapin et des tresses d'osier.

Des gens qui craignent la douane, des contrebandiers, alors, peut-être des brigands ou des bohémiens, des gitanos?

Non, des soldats.

Des partisans de Don Carlos combattant, contre le régime établi, depuis de longs et terribles mois.

Vaincus, dispersés, traqués, ils avaient passé la frontière.

Et bien d'autres de leurs camarades allaient la passer après eux et se faire interner dans la plupart des villes du Sud-Ouest.

Ils n'étaient qu'une avant-garde.

Et au lieu de tabac ou d'alcool, c'était le corps d'un officier qu'ils portaient roulé dans son vaste manteau.

Le patient n'était pas encore mort, mais il n'en valait guère mieux.

Blessé depuis l'avant-veille, il n'avait reçu d'autres soins que ceux de ses compagnons, comme cordial il n'avait eu que l'eau des torrents.

Où trouver un chirurgien, des remèdes dans ces solitudes où la guerre avait fait le vide?

Cela l'avait achevé.

Mais il avait tenu à mourir en dehors des griffes des gendarmes d'Alphonse, en terre libre.

Et les trois amis dévoués qui l'entouraient lors de sa blessure et de sa résolution, l'avaient porté, au prix d'efforts héroïques, dans les Pyrénées françaises.

Le mourant était un chef de bande, on ne peut dire un colonel du régiment pour ces troupes organisées à la diable, quoique vaillantes, certes, vaillantes d'une bravoure antique.

Quand le petit groupe eut pénétré dans la hutte, le malade fut débarrassé de son manteau que l'on rejeta ensuite à mi-corps sur lui en guise de couverture.

Sa figure apparut.

Une figure olivâtre, à la barbe et aux cheveux d'un noir de jais, mais dont certaines parties grisonnaient déjà.

Une figure d'homme des climats brûlants et d'une cinquantaine d'années.

Il portait le costume des chefs carlistes avec le large béret à la couronne d'or brodé.

C'était un Brésilien, M. de Las Tablas, le fils d'un ancien serviteur du palais de Madrid, émigré en Amérique où il avait fait une fortune colossale.

Fort dévoué à la cause de Don Carlos, il entretenait à ses frais tout une bande, une compagnie, depuis le commencement de la campagne.

Les trois soldats qui l'escortaient, des volontaires aussi, étaient l'un Polonais, l'autre Français, le dernier Espagnol.

Le Polonais, un homme de trente-huit ans peut-être, portait le nom de prince Casimir Czarkowski.

Le Français et l'Espagnol étaient un peu plus jeunes.

Le Français, un Champenois du pays de Jeanne d'Arc, du pays d'enthousiasmes chevaleresques, s'appelait le marquis d'Ambleuse.

L'Espagnol, un toréador de Valladolid, était le fameux Diégo Sanchez, la première épée des courses de taureaux de toutes les Espagnes.

Las Tablas respirait avec peine.

Une tache brune, du sang desséché, marquait de la plus glorieuse des croix d'honneur le côté gauche de sa vareuse bleue.

Néanmoins, d'être étendu à plat et immobile au lieu d'être ballotté, souvent la tête en bas, cela lui fit du bien.

Et Sanchez lui ayant versé du rhum de sa gourde dans un gobelet de fer-blanc, il put l'avaler, ouvrir les yeux, parler.

Les trois autres avec leurs bérets sur l'oreille, leurs manteaux roulés en sautoir, leurs sacs sur les épaules, leurs hautes guêtres de cuir et leurs espadrilles se tenaient aux pieds de leur chef, debout, silencieux, graves.

Ils en avaient vu de cruelles pendant leur guerre de partisans, mais cette heure-là, cette heure de la déroute, de la renonciation aux espérances, de la mort du capitaine, cette heure-là c'était une agonie pour leurs cœurs, la fin de tout.

Leurs armes, ils les avaient jetées avant de passer la frontière.

Le roi Carlos, la reine Marguerite, les jeunes princes, les généraux, où étaient-ils ? Morts ou prisonniers?

Est-ce qu'on savait !

— Mes amis, messieurs, prononça Las Tablas en langue espagnole, une langue que le prince Casimir et le marquis d'Ambleuse avaient vite apprise au milieu des bandes carlistes, je vous remercie de votre affection, de votre dévouement... Je sens bien que je vais mourir, et à dire vrai ce sera sans regrets ; j'aime autant partager le sort de la cause pour laquelle j'avais quitté mon Brésil... Je m'en irai avec bien d'autres plus vaillants et meilleurs que moi.... Mais j'étais déjà un vieux lutteur tandis que vous trois vous êtes des jeunes... Or, s'il est écrasé aujourd'hui, le parti de Don Carlos se relèvera plus tard : le droit ne se prescrit point, la vérité ne meurt pas... Réservez-vous pour cette époque, et jurez-moi d'être fidèles à la mission que je vais vous donner, une mission qui sera quelque chose comme mon testament militaire... »

Les trois soldats étendirent la main droite au-dessus de la couche de bruyère, de thym et de lavande de leur capitaine.

Il était environ six heures du soir.

Le soleil se couchait dans des nuages de pourpre ; on n'y voyait presque plus clair dans le chalet.

Un silence absolu pesait sur tout le plateau, et les centaines de pics neigeux dressés en cercle dans l'horizon immense semblaient autant de fantômes titaniques témoins de cet entretien suprême des quatre partisans espagnols.

Las Tablas se souleva davantage et s'assit en s'appuyant le dos contre le mur du fond de la hutte.

Puis il glissa une main sous sa vareuse déchirée, tachée, chercha dans une poche intérieure collée à la sueur de sa poitrine d'agonisant, trouva enfin ce qu'il voulait et tendit, au hasard, à chacun des trois assistants, une enveloppe cachetée contenant un carré de parchemin épais.

L'un après l'autre ils saisirent l'enveloppe qui leur était destinée.

Le capitaine reprit :

— Sur chacun de ces morceaux de vélin indéchirable j'ai tracé deux lettres et deux chiffres différents, lettres et chiffres qui restent la propriété, le secret de chacun de vous ; ils ne doivent, sous aucun prétexte, être communiqués aux autres... Cela est absolument nécessaire... Vous le jurez ?

— Nous le jurons !

— Mettez donc chacun votre carré dans votre ceinture, sur votre poitrine, là où vous serez certains que l'on ne pourrait s'en emparer qu'avec votre vie, et écoutez la fin des recommandations que je confie à votre attachement pour moi, à votre fidélité pour notre cause, à votre honneur...

— Nous écoutons !

— Je veux, mort, continuer à servir la cause de Don Carlos comme je l'eusse fait, vivant, or je le puis... Ce secret que je vous remets en mains y contribuera... Comment? Voici : on ne saurait trop prendre de précautions contre l'ennemi, contre les mauvaises chances, les périls de l'exil, la destinée future, donc j'ai divisé le secret du précieux secours que j'apporterais à la cause royale en cas de besoin... Vous avez chacun une enveloppe scellée ; le roi en a une aussi, et pas plus vous que lui vous ne pouvez rien sans la réunion, l'étude, la comparaison, l'assemblage du contenu de vos enveloppes. Le jour où la lutte recommencerait en Espagne, le roi ou ses descendants, vous ou vos héritiers vous vous réuniriez et alors vous trouveriez la clef du secret, l'aide efficace... C'est compris ?

— C'est compris !

— Eh bien maintenant, mes amis, laissez-moi vous remercier une dernière fois pour ce que vous avez fait et pour ce que vous ferez encore ; du reste vous en serez récompensés et récompensés dans tous les cas, soit que vous apportiez au roi une force inattendue, soit que personnellement vous trouviez, dans mon testament, un éclat prestigieux pour l'avenir de vos familles...

— Il était inutile de parler de récompense, capitaine ; nous vous obéirons par affection, par devoir : vos dernières volontés seront pour tous trois choses sacrées...

— Encore une prière...

— Dites !

— Je voudrais dormir le grand sommeil en terre espagnole, mêler ma poussière à celle des miens. . Donc achetez-moi un cercueil de plomb et marquez exactement la place de ma sépulture dans le cimetière français où vous allez me placer ; plus tard, quand la paix le permettra, reconduisez-moi en Espagne, là où vous le voudrez, peu importe pourvu que ce soit mon Espagne... Il reste à cet effet encore quelques poignées d'écus dans ma sacoche...

— Comptez sur nous... vous reposerez dans cette patrie que vous avez arrosée de votre sang, cette patrie que vous avez aimée plus que tout...

— Adieu donc, adieu... Je m'affaiblis, l'huile de la lampe est brûlée... Laissez-moi me recueillir avant de paraître devant Dieu... »

Et il ferma les yeux.

Avec la nuit venue, le froid des glaciers proches se faisait sentir.

Les soldats allumèrent un feu d'herbes, de branches de mélèzes, de pommes de pins, de fientes durcies.

Et ils veillèrent, tout épuisés qu'ils fussent, sans songer à dormir, à manger.

C'était leur dernière garde.

Ils pouvaient bien faire à M. de Las Tablas l'aumône de quelques heures ; ensuite ce serait fini pour longtemps de servir la cause.

Longtemps, jusqu'à ce conseil dans lequel ils devraient se réunir plus tard avec le roi, si jamais la guerre carliste recommençait.

Le conseil du secret, du testament militaire.

Un secret étrange et terrible sans doute, auquel chacun d'eux ne pouvait s'empêcher de réfléchir en son âme, même avant la mort du testateur.

Que pouvait-ce être ?

Las Tablas, avec les mains jointes sur sa poitrine trouée d'une balle, priait.

Son visage avait déjà pris la majesté de la mort.

Sa respiration diminuait d'amplitude.

Ses lèvres ne remuaient plus qu'à peine, à peine.

Tout d'un coup ses yeux s'ouvrirent tout grands, regardèrent le ciel étoilé que laissait apercevoir l'ouverture sans porte de la hutte ; une paix sereine se répandit sur ses traits.

Il jeta ses bras et son buste en avant, comme pour s'élancer vers les camarades de l'au-delà qui l'appelaient.

Puis sa main tremblante enleva d'un geste brusque et saccadé le béret blanc à la couronne d'or et il cria d'une voix forte, d'une voix étonnante pour un mourant : « Vive le Roi ! »

Il avait concentré sa suprême énergie dans ce témoignage de sa foi politique.

Et il retomba sur la couche de bruyère, de thym et de lavande en murmurant : « Mon Dieu... pardon... Ma fille... dernière pensée... ».

Il était mort.

Le prince Casimir lui ferma les yeux.

Sanchez l'ensevelit dans son manteau aux plis immenses, sa capa espagnole.

Ambleuse, dans un coin, récitait les prières des morts.

A l'aube, les trois soldats se concertèrent.

Là-bas, à gauche, dans les profondeurs d'une vallée, un clocher espagnol pointait.

Czurkowski fouilla les environs avec les jumelles militaires du mort.

Rien, personne, pas de troupes, même plus d'habitants.

Il valait mieux en finir tout de suite et donner au capitaine la satisfaction qu'il avait réclamée : dormir son dernier sommeil en terre espagnole.

Dix heures de descente ; ils arriveraient au village de nuit et pourraient faire eux-mêmes la besogne.

Tandis que Dieu seul savait où ils seraient demain, quel accueil leur réserverait la police française, à eux et à leur cadavre.

Peu importait la fatigue.

Ils mangèrent un peu, puis ils replacèrent Las Tablas sur le brancard et dégringolèrent vers le village espagnol.

Convoi funèbre méritoire de leur part.

Ils y risquaient leur liberté, leur vie.

Au clair de lune ils parvinrent dans le cimetière contigu à l'église, prirent dans une petite remise les outils du fossoyeur, enterrèrent le capitaine brésilien dans un angle des murailles écroulées au cours d'une fusillade précédente.

A la guerre comme à la guerre.

La somme indiquée pour l'achat du cercueil de plomb était plus qu'utile pour leur permettre de vivre.

Qu'allait-on faire d'eux, combattants étrangers, réfugiés politiques ?

Ils regrimpèrent au chalet pyrénéen, côté français, et y dormirent deux nuits.

La faim les en chassa.

Il leur fallait se livrer aux autorités françaises.

Les trois carlistes s'en furent donc vers la mairie du premier village.

Quelques jours plus tard ils étaient internés à Agen ; puis encore un peu plus tard ils étaient libres.

II

LE SECRET DE LA REINE

Les trois compagnons d'armes s'étaient séparés, chacun d'eux retournant dans son milieu, à ses affections, à ses affaires.

Même pour les bonnes, les généreuses natures, l'égoïsme est toujours le fond de la nature humaine.

Du reste leur présence dans les bandes carlistes avait été pour le prince polonais et pour le marquis français une simple aventure.

Czarkowski, autrefois condisciple de Don Carlos dans un gymnase autrichien, avait cru devoir se mêler à sa tentative de reprise du trône.

Ambleuse, célibataire, mis en goût pour les batailles par la guerre de 1870, ne laissant rien dans son château, désireux de connaître la chaude Espagne, s'était embarqué dans cette campagne de guerillas.

Seul, Sanchez, Espagnol avait pris les armes par véritable conviction nationale et avec le désir calculé de profiter du carlisme en cas de succès.

Les deux autres, non, mais tout de même ils eussent préféré être amis d'un roi régnant, arrivé par eux, à l'être d'un exilé, d'un prétendant à fiasco.

Aussi leurs souvenirs de l'entreprise commune s'effacèrent-ils vite.

Ils ne pensaient même plus guère à la tombe de Las Tablas au pied des Pyrénées espagnoles, dans son coin de cimetière perdu.

Cependant ils avaient, par lettre signée de tous trois, informé la fille du Brésilien de la fin glorieuse de son père et de ses dernières volontés au sujet de la tombe.

Mais de leur secret en cas de reprise des armes par Don Carlos, ils n'avaient point jugé à propos de lui parler.

A quoi bon ?

Ce ne pouvait guère être qu'affaires politiques ou conseil de stratégie n'intéressant point une jeune demoiselle.

Les choses en restèrent là.

Ils gardaient chacun son enveloppe scellée, mais par devoir, à cause du serment fait au mort.

Maintenant quant à ce que l'un, marié et père de famille depuis quelque temps déjà, fit dans son domaine de Pologne, l'autre vieux garçon, chasseur, dans son château de France, et enfin le troisième, qui de Valladolid s'était transporté à Madrid, dans ses parcs à taureaux de combat, nous le verrons plus tard.

Et ce sera très important, très grave, ce sera le nœud d'un drame effroyable où se joueront les destinées de trois familles.

Pour l'heure, c'est-à-dire six ans après la dispersion des bandes carlistes, à la fin de l'hiver de mil huit cent quatre-vingt-deux, il nous suffira d'assister à une scène qui fut comme l'amorce de convoitises féroces, comme la mèche placée sous le baril de poudre.

Mais non encore allumée cependant.

A une scène révélatrice de ce que pouvait bien être ce secret du richard Brésilien.

Pourquoi cette scène ?

Normalement elle n'eût pas dû se produire puisque, loin de songer à dresser de nouveau la tête, le parti carliste paraissait écrasé.

Doublement écrasé par le ralliement paisible de l'Espagne à sa monarchie actuelle et par le manque de ressources du prétendant.

Trop écrasé même, car on racontait que des fonds princiers confiés à une fameuse entreprise financière venaient d'être engloutis avec elle.

Et ce fut même ce bruit qui amena le marquis d'Ambleuse à provoquer une réunion des détenteurs du secret.

Il y avait été poussé par une influence cauteleuse, tenace, féline que nous expliquerons plus loin.

Et puis aussi par des réflexions, des malheurs personnels : involontairement on ramène toujours tout à soi.

Pris dans ce même désastre de la société financière en question, non-seulement pour son compte mais pour le compte de ses fermiers qui lui avaient confié leurs économies, le marquis était devenu très sympathique aux gens ruinés, ou à peu près, tels que lui.

Et sa première pensée, généreuse, loyale avait été vers les princes et leur famille avec un vif désir de les consoler dans une détresse qui leur était peut-être plus cruelle que la déroute militaire.

Les millions sont en effet plus utiles pour vivre que les bataillons, ces derniers contribuant même plutôt bien souvent à vous faire mourir.

Par conséquent c'était rendre un service signalé à la famille royale que de l'aider à sortir de difficultés matérielles pouvant compromettre l'avenir moral, dans le cas toutefois où le secours de Las Tablas serait un trésor.

Ce qui pouvait arriver.

A cette première pensée s'en était peut-être jointe une seconde plus personnelle : à savoir que de cette pluie d'or, quelques gouttes de rosée bienfaisante tomberaient peut-être sur le pauvre château d'Ambleuse.

Cette seconde pensée-ci à demi inconsciente chez le marquis, cœur large, esprit peu calculateur, mais affolé par son désastre personnel et faible contre de basses poussées.

Ambleuse convoqua donc à Paris ses deux anciens camarades Czarkowski et Sanchez, en les priant d'apporter leurs parchemins Las Tablas et en leur insinuant, sans rien préciser, qu'il savait des choses graves, très graves, touchant ce qui avait été la préoccupation dernière du défunt.

Ceux-ci vinrent, croyant presque à une nouvelle guerre.

Et tous trois prirent le chemin d'une résidence où la famille de l'ancien prétendant espagnol vivait oubliée, ignorée.

C'était, dans la banlieue parisienne, une sorte de villa bourgeoise au fond d'un grand jardin.

Une grille, un concierge, et un vieux soldat carliste qui fait les cent pas devant un hangar où sont entassées des centaines de caisses couvertes de toile cirée, des cantines renfermant des papiers, des souvenirs sans doute : voilà tout le palais.

Don Carlos est on ne sait où.

Mais la reine se trouve là.

Les trois combattants des montagnes espagnoles traversent une salle de billard où joue un bel enfant très brun et entrent d'eux-mêmes dans un pauvre salon qu'on leur a indiqué.

Aucun valet pour les guider.

On respire la misère dans ce refuge de rois en exil.

Et le marquis d'Ambleuse se félicite plus que jamais de son initiative.

« Que diable il faut manger d'abord, et pourquoi garder une réserve en vue de combats futurs s'il n'y a plus de combattants ? »

Dona Margarita apparaît en coup de vent.

C'est une femme simplement vêtue, pas belle, une tête d'Autrichienne blonde, épuisée par la maternité, les fatigues, les soucis.

Elle s'informe du but de la visite.

Ambleuse explique l'aventure du capitaine de Las Tablas, et le souci de répondre aux besoins de la cause royale qui a amené les dépositaires du secret jusqu'à Paris.

« Il doit s'agir d'argent.

« Or l'argent est le nerf de la guerre.

« Pour la préparer il faut en avoir.

« Donc sans attendre à la dernière heure n'y aurait-il pas avantage pour Don Carlos à être mis en possession de fonds militaires ?

Ambleuse présentait délicatement la chose, rejetant toutes les nécessités sur la question politique afin de ménager la susceptibilité d'une princesse peut-être matériellement aux abois.

Dona Margarita écoutait en silence.

La question d'argent devait la tourmenter fortement, car elle avait tressailli à cette annonce d'une fortune que peut-être lui apporterait-on ; une lueur de soulagement avait éclairé son visage fatigué, triste, son visage de désillusionée.

Elle posa quelques brèves questions.

Puis d'un geste elle pria les visiteurs de l'attendre.

Et elle sortit.

Elle allait chercher la pièce à laquelle Ambleuse avait fait allusion.

La lettre de Las Tablas à Don Carlos.

Lettre destinée à compléter le secret de leurs trois enveloppes.

Un timbre résonna.

Des pas se firent entendre dans la cour et dans le jardin.

Ce vieil invalide carliste y passait avec une caisse numérotée.

Dix minutes s'écoulèrent.

Puis la reine ouvrit à nouveau la porte qui faisait communiquer le petit salon avec ses appartements privés.

Elle tenait une lettre cachetée à la main.

— Voici cette lettre du capitaine de Las Tablas, messieurs, dit-elle d'une voix douce, prenez connaissance devant vous ; nous verrons ensuite s'il y a lieu d'en rapprocher vos papiers personnels... Lisons... »

Elle rompit les cachets, déplia, jeta un coup d'œil général et rapide.

Puis elle lut :

« Dans le cas où mon bien-aimé souverain voudrait reprendre la campagne de « restauration aujourd'hui interrompue et « lutter à nouveau, avec les armes à la « main, pour le salut de l'Espagne, je lui « offre bien volontiers un trésor de guerre « dont le dépôt lui sera indiqué par trois « vaillants soldats de cette même cause sa« crée pour laquelle je meurs. Le groupe« ment des trois portions d'un mot, dont « chacun possède un lambeau, révélera le « secret de la cachette.

« Puisse cette faible assistance contri« buer au rétablissement de son autorité « traditionnelle.

« Vive Dieu et vive le Roi !

« Las Tablas.

« Janvier mil huit cent soixante-seize. »

Comme Dona Margarita finissait sa lecture, le marquis d'Ambleuse, triomphant, ne put s'empêcher de la souligner d'un cri :

— C'est bien ce que j'avais soupçonné, Madame, il y a une somme considérable mise à la disposition de Leurs Majestés par notre capitaine et ami, le dévoué Las Tablas... Nous allons réunir nos carrés de vélin et nous posséderons la clef du secret, clef que nous aurons l'honneur et la joie de vous remettre... »

Dona Margarita le regardait.

Elle eût pu l'interrompre dès les premiers mots.

Elle ne le fit pas.

Au contraire, elle semblait réfléchir.

Mais ses hésitations ne furent point de longue durée.

— Je ne sache pas, messieurs, qu'il y ait lieu de résoudre la question aujourd'hui... Aucune levée de boucliers n'est en perspective, et même, d'après les dernières informations, ce ne serait pas de longtemps que le Roi pourra tenter à nouveau quelque chose, avec des chances sérieuses... Pourquoi sacrifier inutilement des vies et dépenser un or très précieux plus tard ?... Le Roi vous fera signe quand il le jugera à propos... Du reste la lettre n'était point encore complètement terminée et j'aperçois, au revers, une dernière intention du testateur... »

Elle lut lentement :

« Si dans les trente années qui suivront
« celle où je précise ici mes dernières vo-
« lontés, le Roi n'avait pu, ou cru devoir,
« recommencer une campagne de restaura-
« tion monarchique, la totalité du trésor
« en question appartiendrait à mes trois
« exécuteurs testamentaires Czarkowski,
« Ambleuse et Sanchez ou à leurs héri-
« tiers. »

« LAS TABLAS »

« Même date. »

La reine reprit :

— La somme en question doit donc, messieurs, rester où elle est; elle y est bien... Elle ne me semble point destinée à nos personnes, mais au principe que nous représentons, à la lutte pour le triomphe de cette cause quand elle reprendra, et seulement alors... Puis, si rien ne se produit, elle devient votre bien et non le nôtre, au Roi ou à moi, à titre privé... Veuillez donc attendre que la guerre carliste ait ouvertement été recommencée pour offrir au Roi les subsides de Las Tablas. »

Ambleuse s'était avancé et il brodouillait :

— Mais cependant, cependant... Madame, si besoin était pour la famille royale de disposer de fonds dans une période critique antérieure, il me semble que... Il ne faudrait pas que... Je suis convaincu que si le défunt savait que son argent peut rendre service... »

D'un geste violent, autoritaire, la Reine lui avait fait signe de ne point insister davantage.

— L'héritage Las Tablas, messieurs, est d'abord à la guerre royale, si elle reprend et quand elle reprendra, ensuite à vous autres si d'ici à vingt-quatre ans nous ne croyons pas digne de nous de nous imposer à un peuple qui nous repousserait... La volonté du mort est claire, il est inutile d'y chercher ce qui n'y est point... Le Roi et la Reine n'ont besoin de rien pour eux-mêmes, n'acceptent rien de personne... »

Doña Margarita tendit le dessus de sa main à Czarkowski, le plus âgé des trois visiteurs, afin qu'il la baisât.

C'était le signal de la fin de l'audience.

Ambleuse ne pouvait plus insister.

Il baisa lui-même la main royale.

Et quand Sanchez se fut incliné à son tour, d'un brusque mouvement en arrière Doña Margarita s'évanouit.

Les trois hommes étaient encore courbés en deux, que depuis dix secondes déjà la porte s'était refermée.

Ils retraversèrent la salle de billard où l'enfant brun et mélancolique, en culotte courte, en veste noire et avec un immense col rabattu, continuait, nu-tête, à pousser les billes sur le tapis vert.

C'était lugubre que le jeu solitaire de ce garçonnet royal dans la pénombre d'une salle délabrée.

Et Ambleuse se répéta à lui-même plus que jamais que le magot de défunt le Brésilien aurait cependant atteint son but aux mains de la reine, sa mère.

« Mais puisqu'Elle n'en voulait pas.

« On ne peut forcer personne, même une reine, et surtout une reine, à accepter des aumônes.

« De ce qu'avait affirmé la femme de Don Carlos, il ne paraissait point qu'une guerre de partisans carlistes dût recommencer de sitôt.

« Le prétendant en avait sans doute assez.

« Cependant on ne savait jamais.

« La mort pouvait faucher dans la dynastie régnante.

Des troubles européens pouvaient modifier la Constitution espagnole.

« Il fallait attendre. »

Les trois hommes se serrèrent les mains et se séparèrent pour retourner chacun chez soi.

Rien ne semblait changé dans leurs intentions, dans leurs rapports, l'état de leurs âmes loyales.

Rien.

Ou du moins ils ne s'en doutaient pas.

C'étaient en réalité de braves gens.

Oui, mais tout de même quelque chose d'énorme s'était produit au cours de cette visite à la reine.

Ce quelque chose c'était la connaissance absolue de la nature du dépôt Las Tablas : pas des papiers, des plans, des pièces diplomatiques, mais de l'or.

Cela d'abord.

Et puis ensuite la certitude que cet or leur appartiendrait, à chacun pour un tiers, si la guerre carliste ne recommençait pas de ce jour-là en vingt-quatre ans, puisqu'il y en avait déjà six d'écoulés depuis le testament.

Le trésor devait être considérable sans quoi Las Tablas, puissamment riche au Brésil, ne se fût point permis d'oser l'offrir à son Roi, pour le soutien d'une guerre.

Alors ce trésor, héritage possible dans moins d'un quart de siècle, ouvrait des perspectives singulièrement tentantes.

Aux trois hommes?

Non, à deux seulement.

Au marquis d'Ambleuse parce qu'il était atteint par la ruine et entamé dans sa droiture par un contact vicieux.

Et à Sanchez, un artiste, un viveur toujours sans le sou quoiqu'il touchât parfois des sommes considérables, un homme du peuple n'ayant jamais trop su ce qu'est la fortune, quoique fils et petit-fils de toréadors fastueux.

Quant au prince, entouré d'une famille à la noblesse, à la vertu éprouvées habitué de très longue date à la vie large d'une grande propriété terrienne, homme foncièrement désintéressé, il n'y songea que très peu, de loin, pour ses nombreux petits-enfants, quand il en aurait.

Mais préférant de beaucoup, dans sa foi au droit monarchique de Don Carlos, que le trésor fût employé pour le salut de l'Espagne, à une restauration.

La Reine, si elle y avait bien réfléchi, partie de la lettre royale.

C'était un mauvais levain à jeter dans des passions humaines.

Mais d'abord elle avait probablement cru, à voir la démarche des trois hommes, qu'ils avaient été mis au courant de la nature du dépôt Las Tablas, puisqu'ils venaient justement la trouver à une époque où elle avait subi des pertes d'argent.

Et puis c'était sa fierté qui l'avait poussée à leur lire cette disposition du testament qui les faisait bénéficiaires, eux, et non les personnes royales.

« Las Tablas n'avait point dit, ce qu'il aurait pu faire, qu'en cas de non emploi dans les choses de guerre l'argent reviendrait au Roi et à la Reine comme fortune privée.

« Cet argent il le donnait à ses compagnons d'armes, probablement pour les remercier de l'avoir assisté dans ses derniers moments.

« Alors, si donc, elle ne voulait point, tout en eût-elle eu besoin, de l'argent des autres !

Sans le vouloir elle avait déclenché la roue qui broierait des existences innocentes, la roue qui ferait tourner des bandits de haut vol, des apaches du grand monde au profit de leurs vices infâmes, de leur soif insatiable de la fortune.

Le marquis d'Ambleuse rentrait dans la misère de son château et Sanchez retournait à ses besoins quotidiens de parade, avec cette arrière-pensée : « Si tout de même j'avais ma part du trésor brésilien !»

Cette pensée c'était la tentation qui finit par triompher des probités les plus éprouvées.

C'était la goutte d'eau qui tombe lentement mais inlassablement sur le roc et finit par y creuser un trou, y amener une fêlure.

Et la fêlure dans une conscience, c'est bientôt la perte totale de l'honneur.

Qu'allaient faire Ambleuse et Sanchez de leurs enveloppes mystérieuses, enveloppes qui ne valaient chacune rien, sans celle des camarades?

III

LE CHÂTEAU DE CADET-ROUSSEL

Le marquis Frédéric d'Ambleuse habitait une vieille demeure de sa famille, originaire de Lorraine mais venue en Champagne à la suite des guerres des Anglais au quinzième siècle.

C'était un manoir maintenant, après avoir été une forteresse jadis.

Et même le manoir avait, avec la gêne des dernières années, tourné à la ferme, au rendez-vous de chasse.

Cependant l'ensemble gardait encore une physionomie imposante.

Le cadre y prêtait du reste.

Une vaste clairière en pleine forêt de chênes, clairière de quelques centaines d'hectares, quatre ou cinq, avec tout autour, comme un serait d'un vert sombre, des bois séculaires aux broussailles impénétrables, aux sentiers de sauvages.

De maigres terres de culture, des habitations basses et disséminées avec leurs vergers clos de haies, un clocher grêle au-dessus d'un cimetière enfoui dans les herbes.

Et enfin des étangs qui sont les anciens fossés du château devenus marécages, une tour féodale autour de laquelle croassent les corbeaux, ici et là des murs habillés de lierre et qui ont été on ne sait plus quoi, des cours immenses et vides, quelques animaux errant dans des pâtures, puis un pavillon restauré, des pelouses avec corbeille de fleurs, des bancs de jardin, une serre.

Voilà quels étaient le village et le château d'Ambleuse, quelques années après le retour du marquis de la guerre espagnole, quand il avait eu subi ce même désastre financier qui l'avait inquiété au sujet des princes.

En mil huit cent quatre-vingt-quatre, alors qu'il est temps pour nous de l'y aller retrouver, sa situation n'est pas seulement difficile, elle est mauvaise.

Et mauvaise pour plusieurs raisons, mauvaise sous diverses formes.

Mauvaise parce qu'est mauvaise la situation de toutes les anciennes familles françaises auxquelles des alliances avantageuses ou des charges rétribuées ne permettent plus d'entretenir des résidences sans produits.

Mauvaise en particulier pour le marquis d'Ambleuse puisqu'il avait englouti dans un placement décevant le reste de ses fonds et ceux des gens qui s'étaient fiés à son expérience du monde.

Mauvaise matériellement, mais encore mauvaise moralement.

Que pouvait faire un marquis d'Ambleuse sinon être soldat ?

Soldat il l'avait été.

Il eût dû le rester, toujours.

Mais il y avait chez lui, comme chez son père et son grand-père, du paysan, du gentilhomme campagnard.

Il aimait la chasse, la pêche, les veillées dans les fermes, les bonnes pipes dans les huttes de charbonniers, les longues courses à cheval dans la profondeur des bois, soit avec la mélancolie de l'hiver soit avec les parfums de l'été.

Il aimait sa liberté dans l'isolement de sa vieille maison familiale.

Elle lui était devenue nécessaire ; et bien simple d'allures, sans frais, connaissant chaque habitant à trois lieues à la ronde et connu de chacun, il vivait à Ambleuse un peu trop en rustre.

Il eût fallu une mère pour le maintenir à une certaine hauteur de principes et d'allures.

Malheureusement il avait perdu la sienne, une sainte répétaient encore les gens, alors qu'il était enfant, puis son père alors qu'il atteignait ses dix-huit ans.

Cœur excellent, esprit un peu faible.

Un terrain tout préparé pour l'envahissement des influences perverses.

Les hommes francs, généreux, doux sont destinés à être la proie des femmes sournoises, égoïstes, cruelles.

La guerre de 1870, puis son engagement dans les bandes carlistes avaient empêché Frédéric d'Ambleuse de songer au mariage, alors cependant qu'il était le dernier de sa race et porteur d'un nom qui lui permettait une alliance splendide, sans cependant n'épouser qu'un sac d'écus.

Il s'était laissé vivre, ennemi de toute entrave, et comptant en avoir pour de longues années d'aventures à la suite de Don Carlos.

Revenu au château d'Ambleuse, il pensait encore n'y passer que quelques mois pour partir ensuite soit au Sahara, soit au Pôle Nord dans des explorations, des chasses.

Mais tapie dans sa toile, l'araignée qui devait lui sucer le sang guettait.

Quand les maîtres ont disparu depuis longtemps, les serviteurs s'habituent facilement à se considérer comme ayant tout à fait pris leur place.

Gobert, le garde-régisseur d'Ambleuse, un veuf, était plus le seigneur et du domaine et du pays que M. Frédéric.

Et sa fille, la belle Lucienne, partageait la couronne avec lui.

Elle avait même fait mieux qu'en prendre une partie, elle se l'était carrément enfoncée sur la tête.

Dur avec les fermiers, les bûcherons, les serviteurs qui dépendaient du château, Gobert obéissait comme un toutou aux injonctions sans réplique de Mademoiselle.

Avare pour lui-même, il ne trouvait rien de trop cher, de trop brillant pour sa Lucienne.

Et la probité, la discrétion, du père comme de la fille, au milieu des affaires du marquis, étaient relatives.

Des apparences de zèle par devant et du grapillage par derrière.

Ils avaient été les premiers artisans de la sourde rancune des gens du village contre le marquis.

Ce fut pis quand on devina l'importance acquise dans la maison par Mademoiselle Lucienne, devenue une sorte de marquise de la main gauche.

Gobert et sa fille avaient jeté le grappin sur leur maître à son retour chez lui de mil huit cent soixante-seize.

Lucienne avait alors vingt ans révolus.

Gobert vieillissait.

Il était temps de se fixer, de savoir à quoi s'en tenir, si oui ou non on possédait le château à perpétuité ou si on n'allait point voir apparaître, un beau matin, une jeune marquise hautaine, jalouse, dont le premier soin serait de flanquer à la porte un régisseur trop riche pour avoir toujours été honnête et une femme de chambre trop jolie pour vouloir rester vertueuse.

Gobert ferma les yeux.

Et Lucienne travailla à s'approprier le château en mettant sa patte blanche, ses griffes roses sur le cou du marquis.

Celui-ci flatté, choyé, se laissa prendre par les souvenirs anciens, le sentiment, les facilités de la vie commune sous un toit dont Gobert et Lucienne connaissaient mieux tous les recoins que lui.

L'esprit est prompt, mais la chair est faible.

Le marquis chassa pendant tout l'automne dans les bois de la forêt de Morimont qui entoure Ambleuse, et ne pensa plus, au printemps, de partir dans tel ou tel pays exotique.

Il bornait désormais son horizon à Ambleuse.

Horizon qu'il contemplait sans doute par les grands yeux verts de Lucienne.

Des yeux à la lueur étrange, des yeux de créature qui tout à la fois fascine et porte malheur.

Ses lèvres rouges comme du sang frais, sa denture de jeune louve, son casque élevé de cheveux fauves, sa taille svelte, sa démarche souple et élégante en faisaient, il est vrai, une fille ensorcelante.

Elle savait avoir du miel sur la langue, des attentions délicates, prendre des poses de vertu farouche, de véritable grande dame.

Dans la coupe où buvait le marquis, elle ne versait que peu à peu le poison, se gardant bien de dévoiler ses plans ambitieux, se réservant pour plus tard, tressant une à une les mailles du filet.

En dix-huit cent soixante-dix-sept elle disparut pendant quelques mois.

Elle était à Paris, répéta Gobert, pour y apprendre à se servir de la machine à coudre, à diriger le service de la cuisine de façon supérieure, à chanter et à jouer du piano.

En fait elle revint très coquette, avec plus de toupet que jamais et plus belle encore.

Quant au motif réel de son absence, il apparut trois ans plus tard quand Gobert ramena à Ambleuse un gamin qu'il présenta comme le fils d'un de ses neveux.

Ce gamin, le petit Auguste, était le fils du marquis et de Lucienne.

Il ressemblait du reste étonnamment à ce père présumé.

Aurait-il son caractère ou au contraire ne serait-il qu'une incarnation des vices, encore accrus de la mère ?

On ne savait pas : il fallait attendre.

Cet enfant c'était la chaîne du galérien rivée au pied du marquis par Gobert le voleur et Lucienne l'ambitieuse.

A eux seuls, le marquis Frédéric aurait pu échapper dans une heure de froide raison, dans un sursaut de dégoût, dans un éclair révélateur pour ses yeux d'aveugle.

Mais maintenant il était perdu.

A cause de l'enfant il ne se révolterait plus, il ne voudrait plus être désabusé.

Captif d'un valet ou d'une gredine, lui qui avait toujours crié son amour de la seule liberté !

Et captif à trente-trois ans !

Sa paternité presque avouée du petit Auguste avait correspondu avec sa tentative pour doubler des revenus faiblissants au moyen d'entreprises financières.

Jouer, en somme, jouer son argent et celui d'autres personnes.

Premier résultat de son acoquinement.

Jamais il n'eût fait cela autrefois.

Il n'en n'aurait eu ni le goût, ni le besoin, ni l'indélicatesse.

Quand il fut ruiné et qu'il eut ruiné ses fermiers, ses bûcherons, on ne se gêna plus pour aboyer à ses trousses.

C'était bien humain.

Tant que vous êtes capable de procurer quelque avantage à la foule, elle vous lèche les bottes, même des bottes crottées ; du jour où vous déclinez, même après vous être usé à son service, lâchement elle vous mord, vous déchire.

Cependant on aimait encore le marquis Frédéric, et on l'eût seulement plaint s'il n'avait point gardé à ses côtés la gueuse, la *Rouquine* grommelaient les paysans d'Ambleuse.

Mais on lui en voulait de s'être laissé dominer par cette créature, de s'être laissé jeter un sort par elle.

On ne le méprisait pas précisément, lui, mais on lui crachait tout de même dessus afin que l'autre, la complice, sa faiblesse, son vice, sa honte en reçût l'éclaboussure.

Les bâtiments mal entretenus, les jardins abandonnés, les restants de pigeonniers qui s'écroulaient faute d'argent avaient fait donner, par les rôdeurs forestiers, au manoir branlant le surnom dérisoire de : *Château de Cadet-Roussel.*

En mil huit cent quatre-vingt-quatre le marquis était déjà descendu plus bas encore, comme misère extérieure et morale, que ses voisins, autrefois ses subordonnés, ne s'en doutaient.

Lucienne, la mère du petit Auguste, la gouvernante du manoir pauvre avait complètement pris possession de lui; elle le tenait par tous ses besoins.

Elle lui faisait des scènes épouvantables, elle le harcelait, elle le torturait à cause de ses pertes d'argent.

D'abord parce qu'elle-même se trouvait déçue dans ses calculs d'accaparement.

Et puis parce qu'elle eût voulu la fortune pour son fils, son fils dont elle était folle.

Le marquis n'avait lui-même que cet enfant pour se consoler un peu, pour se rattacher à la vie, une vie flétrie, brisée.

Le gamin était déjà grandelet, l'accompagnait à la chasse.

À eux deux ils étaient presque gais, loin des criailleries abominables de la mégère.

Gobert était mort des suites d'une raclée dont il ne s'était pas vanté, pour laquelle il n'avait point porté plainte.

La vie était devenue presque infernale pour le malheureux marquis.

Situation de plus en plus embarrassée, au point de vue financier, puisque depuis trente ans les difficultés matérielles de l'existence n'ont fait qu'augmenter.

Situation tout à fait fausse, humiliante, déshonorante au point de vue social, moral parce qu'avec sa grossièreté native, son fiel amassé Lucienne Gobert ne se gênait plus du tout et affichait sa suprématie.

Le marquis ne fréquentait plus personne, osait à peine se montrer.

Il restait à faire du jardinage dans l'intérieur du domaine, ou il s'échappait par les portes de derrière et s'enfonçait en forêt pour y chasser, pour y pêcher.

Pendant des journées entières il vivait seul, perdu là-bas sur sa barque au milieu des étangs, ou à l'affût dans l'épaisseur des taillis.

Les bêtes sauvages lui étaient plus accueillantes que la furie de son logis.

Cependant dans les froides et pluvieuses soirées de l'automne, par les neiges d'hiver il lui fallait bien rester au coin de la haute cheminée.

Et c'est alors qu'à des heures où Lucienne était un peu calme, paraissait vouloir raisonner, il avait échappé à M. d'Ambleuse des paroles vagues au sujet d'un trésor possible, d'un avenir meilleur.

En vraie louve affamée, la fille du garde flairait une proie, lointaine pour l'honneur du marquis, mais toute proche pour qui n'aurait point ses scrupules, « ses bêtes de manières à l'ancienne mode ».

Et elle le tournait et le retournait, essayant de lui faire préciser quelque chose, expliquer comment on arriverait, d'accord avec d'autres personnes, à mettre la main sur le magot, à *barboter* dans le secret.

M. d'Ambleuse voyant bien où elle voulait en venir, n'avouait point qu'il possédait une des trois clefs du coffre-fort.

Il se contentait de modérer ses vociférations, ses plaintes amères, de la rassurer sur la position future du petit Auguste.

Mais quand il parlait d'une attente de vingt ans, la mère du petit Auguste levait les bras en l'air.

« Vingt ans ! Mais dans vingt ans le marquis et elle seraient de vieilles gens, le fils serait en âge de se marier ; un cautère sur une jambe de bois que ce trésor, de la moutarde après dîner ! Zut alors... ! N'y avait-il donc pas moyen de trancher la question auparavant ? À quoi sert-il d'hériter de quelque chose quand on n'a plus de dents pour le manger ! »

Si, il y aurait bien un moyen.

C'eût été que les trois détenteurs du mot de passe s'entendissent pour l'utiliser.

Avec Sanchez, aucunes difficultés.

Avec Czarkowski, au contraire, rien à tenter.

Rien du moins jusqu'au cours de mil huit cent quatre-vingt-quatre, époque où le marquis reçut une lettre lui apprenant sa mort.

Alors les choses changeaient.

« On se trouverait là-bas, en Pologne, en face de femmes, de jeunes gens, d'enfants mineurs. Il serait facile de les endoctriner.

« Quant au Roi et à la Reine, ils gênaient de moins en moins ; ou les disait dans la dégringolade finale ; aucune nouvelle tentative de restauration ne paraissait probable.

« Et puis la lettre royale ne contenait aucune précision sur le montant du trésor.

« Si les trois dépositaires étaient bien d'accord, ils pouvaient *emprunter* à ce trésor une certaine somme qu'ils lui restitueraient ou ne lui restitueraient point, plus tard, selon qu'une guerre espagnole éclaterait ou n'éclaterait pas pendant les vingt-deux ans qui restaient à courir ».

Voilà le genre de réflexions que le pauvre d'Ambleuse en était arrivé à ruminer sous l'influence néfaste de Lucienne, et par tendresse pour le petit Auguste.

Un enfant auquel il n'allait point pouvoir donner une instruction complète.

Un dernier de sa race qu'il lui faudrait cependant bien légitimer un jour en épousant sa triste mère.

Un jour ! Jour de honte ! Le plus tard possible !

Frédéric d'Ambleuse était acculé à des misères, à des déchéances, à des affronts, à des privations de tous côtés.

Alors qu'un million, même moins, cinq cent mille francs, eussent tout arrangé.

Paix avec Lucienne, réparations au château de Cadet-Roussel, éducation de l'enfant, mariage même sans trop de scandale avec quelques ripailles pour fermer la bouche aux gueulards.

Lucienne triomphait.

Elle sentait que son esclave descendait peu à peu la pente.

Il ne se révoltait plus contre cette idée d'*emprunter* une certaine somme à la caisse noire du Brésilien.

D'abord il avait tâté le toréador.

Et celui-ci avait annoncé sa visite dès qu'on lui ferait signe.

« À son avis, le dépôt du papa Las Tabias devait commencer à moisir. »

D'autre part Ambleuse s'était renseigné sur la fille du capitaine, la jeune Blanca, qui habitait Rio-Janeiro.

On lui connaissait une trentaine de millions pour elle toute seule, orpheline de santé délicate et refusant de se marier.

« Oh bien alors, n'importe ce que son père eût détourné au profit de ses camarades, on ne lui faisait pas grand tort ; elle en aurait toujours plus qu'elle n'en pourrait avaler, mît-elle les bouchées doubles ! »

Constatant la belle humeur de Lucienne, son entrain, et même les rires du petit Auguste, ses gambades chaque fois que la question du magot revenait sur le tapis, Frédéric d'Ambleuse se servait maintenant de cette baguette magique pour amener un rayon de soleil dans son lugubre intérieur.

La conscience se fausse vite.

Avec des cajoleries Lucienne avait obtenu des détails.

Le marquis, tirant la fausse enveloppe de son secrétaire, avait fini par en briser les cachets et en étudier le carré de parchemin.

Ce carré de parchemin portait deux lettres majuscules fortement tracées à l'encre noire, et au-dessous de chacune d'elles un chiffre bien épais aussi, bien lisible, à l'encre rouge.

Les deux lettres du carré dévolu au marquis étaient un A et un N.

Les chiffres étaient sous l'A un 6 et sous l'N un 5.

Ces deux lettres et ces deux chiffres devinrent le casse-tête chinois d'Ambleuse et de Lucienne, le petit jeu, la devinette, le rébus de la maison pendant les soirées d'hiver, de l'hiver qui commençait.

« Qu'est-ce que ça pouvait bien vouloir dire ? »

Mais Lucienne comprit vite que si déjà on rapprochait le carré de Sanchez de celui du marquis, un grand pas serait fait.

Car comme il y avait trois carrés égaux et également distribués, deux de ces carrés devaient constituer les deux tiers de la phrase mystérieuse.

Les lettres, le nom de l'endroit sans doute, et les chiffres le nombre de kilomètres ou de pas à compter avant de poser le pied dessus.

« Alors on pourrait peut-être se passer des Czarkowski, lesquels feraient des tas d'objections.

« Et puis à deux la part serait meilleure qu'à trois.

« On pourrait même faire disparaître complètement le magot.

« C'était pas le prétendant qui songerait à en reparler.

« Quant aux Polonais, qui du reste ne pouvaient rien avec leur seul carré, eh bien, ma foi, dans vingt-deux ans, ils se fouilleraient ! »

Le marquis et Lucienne s'étaient mis parfaitement d'accord.

L'époque des fermages de la Saint-Martin étant écoulée, il y avait un peu d'argent dans le manoir.

Du reste pour ne pas se déranger et moins dépenser on eût bien pu faire venir Sanchez, muni de sa part du rébus jusqu'en Champagne.

Ça rime avec Espagne.

« Mais, pas de bêtises, pas de bêtises, recommandait Lucienne.

« Si, une fois l'Espagnol au château, on arrivait à se renseigner assez pour pouvoir marcher vers le dépôt, comme il était à peu près certain que ce dépôt se trouvait en Espagne, il faudrait toujours faire le voyage.

« Alors autant s'exécuter tout de suite et aller là-bas.

« Chacun moitié du chemin et moitié des frais. »

Le marquis donna rendez vous au toréador à Bordeaux.

Et les trois habitants du manoir, père, mère, fils prenant un billet de mille francs dans les bas de Lucienne, la caissière, s'en furent vers la superbe ville du Sud-Ouest. Diégo Sanchez y arriva d'enthousiasme.

« Caramba ! Comment diable n'avait-on point eu plus tôt cette bonne idée? Des sommes improductives et qui pouvaient rendre tant de services à de braves gens !

« Caramba ! On allait voir à cela et décrocher la clef du coffre en cinq secs ! »

De la même main qui estocadait les taureaux furieux, Sanchez éventra son enveloppe.

Mais quant à combiner ses lettres et ses chiffres à lui, qui étaient C et A, 4 et 3, ah cela non, non, il s'en déclarait complètement incapable.

Ce fut Lucienne que les deux amis chargèrent de tourner et de retourner le C et l'A, le 4 et le 3 de Sanchez, de les coller à l'A et à l'N, au 6 et au 5 du marquis ou de les en décoller.

Diable, diable, ça ne marchait point tout seul.

Car soit que l'on prît par la tête, soit que l'on prît par la queue, soit que l'on mît les N avant les A ou les A avant les N et les C au travers de tout cela, que l'on suivît l'ordre régulier des chiffres ou qu'on les prît à rebours pour déterminer la place des lettres, comme il y avait deux A sur quatre lettres les combinaisons se trouvaient bien réduites.

Réduites à ACNA — ANCA — NACA — CANA.

Ce qui ne signifiait rien du tout.

Le marquis avait les yeux fixes d'un chien d'arrêt sur les deux parchemins.

Sanchez s'envoyait des coups de poing sur sa caboche d'Espagnol.

Lucienne se rongeait les ongles.

Enfin elle opina :

— Je vois bien une indication...

— Caramba !

— Ah tant mieux!

— Oui, mais ce que je vois nous plonge dans la purée...

— Caramba !

— Ah bigre !..... Voyons toujours... Qui sait?

— Eh bien les deux lettres du Polonais doivent être B et I ; ce qui nous donnerait en suivant l'ordre des chiffres, retournés exprès, ce qui nous donnerait, messieurs, le nom de la demoiselle au père Las Tablas, le type à la galette : Bianca... Je vous dis que c'est raté, archiraté, mille pétards! Charogne de Brésilienne, va ! »

Lucienne ne se piquait pas d'avoir toujours un langage bien correct, surtout aux moments de mauvaise humeur.

— Eh bien quoi, quoi ? répétait le marquis, ne se résignant point encore à comprendre.

— Quoi ? Quoi ?... Quelles buses que ces hommes !... Quoi, il y a que le vieux rossard a confié la monnaie aux pattes de sa vertueuse enfant... Alors, alors allez la lui demander en dehors des conditions, des délais... Elle vous débarquera avec de la botte quelque part ou avec les triques de ses nègros... Un voyage pour rien : des écus à la rivière... Flûte ! J'aurais mieux fait de m'acheter une robe et un chapeau !

— Anca, Anca, Naca, Cana, Cana... bâchait le toréador.

— Eh bien quoi, quoi, Cana, Cana, c'est pas la noce où il paraît que l'eau se serait changée en vin ; pour nous c'est le vin qui se change en eau... Votre soi-disant mine du Pérou, elle tourne en eau de boudin... Oh là, là, j'en ai soupé du coffre au père Las Tablas ; c'était pas un coffre, c'est un lapin qu'il vous a posé... Il voulait peut-être faire épouser sa fille par un de vous trois... Le trésor, le voilà, le trésor c'étaient les beaux yeux de la particulière : deux morceaux de charbon dans une figure de pain d'épices... Cornichons, va, vous n'avez pas deviné cela ? Il recommandait sa progéniture au Roi et aux camarades .. Pas déjà si bête ! »

Ambleuse et Sanchez en étaient à se demander si la jeune femme n'avait pas raison.

« Bianca, Bianca... En effet ce devait être le mot du rébus.

« Il n'y manquait que le Bi, encore aux mains des Polonais.

« Rien à faire ! A l'eau les projets de fortune !

« Epouser l'héritière ? Seul l'aîné des fils du prince le pouvait.

« S'il était mis en possession du mot de l'énigme, qui garantissait qu'il n'irait point trouver, sans personne, la fiancée cousue d'or?

« Et, d'accord, tels de futurs époux, ils confisqueraient le trésor de guerre, le soidisant trésor de guerre.

« On serait encore volé, autrement, voilà tout ! »

— Cependant, cependant, objectait le marquis, s'il se fût agi d'un mariage, le capitaine n'aurait pas renvoyé le partage du trésor à trente ans, mais à dix au plus, au plus... Et nous touchons à cette date : sa fille n'est plus jeune, jeune, elle a une fortune sans la somme en question... D'autre part Don Carlos en a plein le dos des luttes pour la couronne... Moi je crois toujours qu'il y a un magot, en Espagne, là où Las Tablas se battait en dernier lieu, et que nous ne ferions de tort à personne en y puisant, provisoirement, quelques ressources...

— Caramba !... Bono, bono !

— Oui, et puis allez y fourrer le nez dans le portefeuille aux billets ou le sac aux écus... Où le dénicher ?

— Ah cela c'est le chiendent !

— Caramba ! »

Et Sanchez frappait à tour de bras sur la table où les deux carrés de parchemin étalaient leurs quatre lettres, leurs quatre chiffres.

— Assez, hein, vous, le marchand de vaches enragées, pas besoin de démolir le mobilier ! On vous le ferait payer comme bon ; et puisqu'il n'y a plus de bourse en perspective, mieux vaut faire des économies...

— Sanchez, conclut le marquis, nous irons en Pologne, au printemps, nous nous rendrons compte de ce qu'est ce fils aîné de Czarkowski, et nous le ferons marcher avec nous, de gré ou de force... On pourrait toujours sous un prétexte voir son parchemin à lui, et ne rien dire des nôtres si ses lettres formaient Bi, ou chercher à la bonne place si sa syllabe unie à nos lettres donnait un nom de pays... Nous réfléchirons au truc, rien n'est perdu... C'est seulement au retard ennuyeux... »

On se sépara.

L'Espagnol reprit le chemin de la *corrida de toros* en tendant le dos, mais tout de même un peu plus à son aise que le pauvre marquis ; il n'avait point de Lucienne pour lui écorcher le nez.

La fille de l'ancien régisseur vomissait toutes les injures de son répertoire contre une démarche qu'elle considérait maintenant comme un four, une absurdité.

Elle se trompait.

C'était le marquis qui avait raison.

Ce voyage n'avait pas été inutile pour leurs desseins.

C'était une semence jetée au vent, mais une semence qui lèverait plus tard.

Qui lèverait en fruits de mort, par exemple, tout en conduisant à l'or enfoui.

Et puis qui lèverait pour d'autres que ceux qui l'avaient semée.

Qui avaient eu tort de la semer.

La vie du marquis rentré au château fut plus dure qu'auparavant.

Il ne quittait plus les bois, les huttes de charbonniers, y vivant en trappeur, avec une croûte de pain et un morceau de fromage, afin d'échapper le plus longtemps possible aux fureurs, aux coups, aux crachats de la mère du petit Auguste.

Sans l'enfant, il eût fui, disparu à jamais.

Mais à cause de lui, pour le voir, l'entendre, l'embrasser, le père supportait tout.

Puissance et aveuglement de l'amour paternel !

Car Auguste se rapprochait de plus en plus du sang, du caractère des Gobert.

Aux environs de Noël, un après-midi, à la nuit tombante, sous un ciel lourd de neige, quatre charbonniers rapportèrent le marquis au château.

Un vieux sanglier, blessé seulement au lieu d'être tué raide comme les autres victimes du chasseur, s'était rué sur lui avec la vitesse d'un formidable coup de canon et lui avait ouvert le ventre d'un formidable coup de boutoir : le marquis était perdu.

Le premier mouvement de Lucienne fut de se réjouir.

Elle allait donc être libre !

Cependant en face de la mort, Frédéric d'Ambleuse se retrouvait lui-même, redevenait le descendant du marquis d'Ambleuse.

Le bon sang ne ment pas.

Il avait demandé le curé, son vieil ami, le maire, le notaire, des témoins.

— Cette femme, dit-il au prêtre, en parlant de Lucienne, a été mon mauvais génie; mais l'enfant n'est point cause de mes faiblesses, de mes erreurs, je vais tout réparer... Pardon pour moi-même comme je pardonne aux autres... »

Trois heures plus tard Lucienne Gobert était marquise, héritière du manoir, tutrice de son fils.

Le petit Auguste devenait marquis d'Ambleuse.

Cet enfant, c'était tout ce que Frédéric d'Ambleuse regrettait sur la terre.

Quelle serait sa destinée ?

Il le laissait aux mains d'une mauvaise mère, d'une femme qui au lieu de réprimer ses penchants vicieux ne ferait que les développer par son exemple, par ses lâches indulgences.

Par trois fois il l'embrassa en lui posant sa main fiévreuse sur la tête.

Il appelait sur lui, sur cet enfant du péché, la bénédiction de Dieu.

Sa dernière recommandation, sa prière suprême fut pour Lucienne, Lucienne veillant son agonie, seule et face à face avec lui:

— Lucienne, donnez-moi une consolation, je ne vous demande rien autre chose, rien : jurez-moi d'en rester là de l'affaire Las Tablas jusqu'à la date sacrée de la trentième année... Un pressentiment me dit que mon fils et vous en serez récompensés. »

Lucienne haussa légèrement les épaules; mais tout de même elle jura.

« Autant le laisser mourir en paix, cet homme, n'est-ce pas ? »

IV

L'ORGUEIL DU TORÉADOR

Oh les belles fêtes sous le ciel doré de l'Espagne ! Oh les triomphes de l'arène dans le fracas des applaudissements, avec les étoffes aux mille couleurs, le sang des monstres abattus, les bouquets et les présents, les triomphes du toréador à la mode porté sur les épaules des hommes et écrasé sous les baisers des femmes!

C'était la vie de chaque jour de cette première épée de toutes les Espagnes qu'était Diégo Sanchez.

Il allait de ville en ville, attendu, escorté, acclamé comme un chef d'armée.

Avec un bonheur insolent il décrochait toutes les couronnes, il domptait les animaux les plus féroces.

Les amateurs, les passionnés des combats de taureaux et aussi les propriétaires de troupeaux, de parcs d'élevage se disputaient sa compagnie.

Il fallait le voir sur son char triomphal dans sa veste et sa culotte de soie blanche brodées d'or, avec sa figure rasée ; et il fallait encore le voir avec son manteau de velours pourpre roulé sur un bras et son épée étincelante dans l'autre main.

La mort le frôlait de son aile vingt fois par bataille dans le cirque, et il n'y songeait même pas.

N'était-il pas le favori de la destinée ?

Il triomphait dans son art.

Mais il triomphait encore plus à son foyer.

Sa femme était morte en lui laissant trois enfants.

Deux fils, Juan et Gaspar, une fille, Pépita.

Quand il nous faut venir en Espagne pour y retrouver le camarade carliste du prince Czarkowski et du marquis d'Ambleuse, quinze années se sont écoulées ; l'année qui court c'est l'année mil huit cent quatre-vingt-dix-neuf.

A Paris on est à la veille de la Grande Exposition.

Sanchez est encore dans toute la force de l'âge, mais il n'a rien ramassé dans sa vie de saltimbanque héroïque, rien que de la gloire, pas même de la gloire, de la gloriole.

Et l'avenir l'inquiète.

Non seulement pour lui-même, car un coup de corne est vite reçu qui fait du triomphateur de la veille un misérable invalide, mais encore pour sa fille.

Il voudrait du pain, et du pain avec du beurre dessus, la tasse de chocolat et le cigare chers à tout Espagnol, il voudrait cela garanti, à perpétuité.

Et puis encore une dot de reine pour Pépita.

C'est son orgueil que sa fille.

Bien plus son orgueil que tous les lauriers moissonnés dans les courses de taureaux depuis vingt ans.

Et il faut dire tout de suite que l'orgueil paternel du toréador Diégo Sanchez est légitime.

S'il est, lui, la première épée des Espagnols, elle en est, elle, la plus belle senorita.

Et cependant elles ne manquent certes point les créatures enchanteresses par les rues de Madrid, de Tolède, de Séville, dans la moindre bourgade de cette terre au type admirable.

Mais c'était Pépita la reine des reines.

Et quand Sanchez quittait l'arène avec au bras sa fille, les foules les suivaient pour crier leur enthousiasme.

On venait de loin pour contempler le visage radieux de Pépita.

Pourquoi essayer de dépeindre ce qu'il faut voir afin de le comprendre ?

Des pieds à la tête c'était une perfection : taille élevée, yeux splendides, cheveux d'un noir bleuâtre, lèvres de carmin, dents de nacre, teint d'ambre et de roses, pieds et mains de fée.

Et elle était aussi intelligente que belle.

Elle enveloppait ses auditeurs de séduction avec sa voix harmonieuse, elle gagnait chacun à ses idées après lui avoir déjà pris le cœur.

La modestie, par exemple, n'était point sa vertu dominante.

Elle avait d'elle-même la plus haute idée.

Quant à ses frères, deux grands gaillards vaniteux et paresseux, ils vivaient dans le sillage glorieux et rémunérateur de leur père d'abord comme ils comptaient bien ensuite vivre aux crochets de leur divine cadette.

Les moyens à prendre pour mener un train de seigneurs sans qu'il en coûtât autre chose que parader, leur importaient peu.

Ces messieurs n'étaient point scrupuleux.

On conçoit qu'avec de telles dispositions, de tels appétits dans un milieu de comédiens où les dépenses surpassaient toujours les recettes, où il n'y avait point d'épouse, de mère pour prêcher un peu de modération, de sagesse, la question du trésor Las Tablas avait été souvent débattue.

En mil huit cent quatre-vingt-dix neuf, Juan et Gaspar avaient vingt et dix-neuf ans, Pépita en avait seize.

Mais ce qui l'avait surtout refroidi c'était la droiture intransigeante de la veuve et du fils aîné du prince.

Deux agents consulaires espagnols, l'un à Rio-Janeiro et l'autre à Varsovie, auprès desquels il s'était informé par correspondance, sans dire ce dont il s'agissait au juste, l'avaient amplement renseigné.

Rien à faire pour un coup anticipé, rien à s'approprier par ruse.

Il fallait attendre.

« Mais c'était diablement ennuyeux cette attente; c'était presque enrageant.

« A l'heure où Pépita, dot et beauté réunies, eût été en mesure d'épouser un duc propriétaire de parcs d'élevage pour taureaux de combat.

« Comme cela aurait bien fait dans la famille Sanchez qu'un million ou deux !

« Les savoir là, à vous, et ne point pouvoir mettre la main dessus !

« Encore sept ans!

« Mais dans sept ans Pépita serait presque en âge de coiffer sainte Catherine! Elle la beauté de toutes les Espagnes!

« Dans sept ans les trois Sanchez, hommes, seraient peut-être morts!

« Malheur de malheur ! »

La fille et les deux fils harcelaient leur père sans cesse, l'accusaient de paresse, de sottise, de caponnerie.

« Ah si c'eût été à eux qu'autrefois le capitaine défunt eût remis le petit billet, comme ils auraient su en tirer profit !

« Ce n'était point la peine d'être Espagnol pour ne pas savoir déterrer les trésors... des autres, caramba! »

Sanchez levait en l'air des bras impuissants ; il protestait qu'il avait fait autant et plus que n'importe qui à sa place.

« Mais la fatalité s'en était mêlée.

« Cependant il tenait le bon bout et c'eût été stupide de jeter le manche après la cognée.

« Un peu de patience.

« Même pas pendant sept ans.

« Pendant quelques mois.

« Quelques mois ? Oui.

« Mais comment ?

« Comment ? Eh bien, par suite de tout un concours de circonstances et par le réveil d'un camarade. »

Car enfin le toréador avait reçu non seulement deux, mais trois lettres.

Une du Brésil.

Une de Pologne.

Et une de Champagne.

Celle du Brésil lui apprenait la mort de la fille de Las Tablas, Blanca.

Celle de Pologne que le prince Stanislas, fils du prince Casimir, s'était marié et tâchait de placer une ribambelle de sœurs n'ayant guère de fortune relativement.

Celle de France que le fils du marquis d'Ambleuse, ce gamin qu'il avait vu jadis à Bordeaux, maintenant un monsieur de vingt-deux ans, allait lui rendre visite, une visite sérieuse.

Alors ça marchait.

Plus d'entraves au Brésil où la succession de Las Tablas était ouverte et d'où peut-être on allait les prévenir qu'un dépôt à leur nom les attendait.

Dispositions avantageuses pour entamer le Polonais récalcitrant.

Résolution du jeune d'Ambleuse, lequel ne devait point avoir froid aux yeux s'il tenait de sa mère, de ne point faire le pied de grue plus longtemps.

Sa visite annonçait cela.

Le petit Auguste d'autrefois fit en effet son apparition à Madrid, chez le toréador Sanchez, vers la fin de l'année mil huit cent quatre-vingt-dix-neuf.

Il y avait à peu près quinze ans que son père était mort.

Qu'avaient fait pendant cet espace de temps et la veuve Lucienne et son rejeton, son incarnation, son idole?

Ils avaient végété dans leur trou d'Ambleuse, mais végété en se préparant à une revanche.

La fille de l'ancien domestique, ainsi qu'il arrive toujours du reste, était plus dominatrice, plus méprisante, plus avare, plus vaniteuse que ne l'eussent jamais été, réunies, vingt-cinq véritables marquises d'Ambleuse.

Son fils, beau comme elle était belle, avec en plus toute la finesse de race qu'il tenait de son père, vivait tel un jeune loup élevé en liberté.

Astucieux, passionné, orgueilleux, ne respectant rien, ne croyant ni à Dieu ni à diable, il avait aiguisé ses crocs et ses griffes pendant quinze années.

Ils s'apprêtait à jouir.

Cavalier intrépide, rompu à l'usage de toutes les armes, instruit suffisamment de ce qu'il faut d'orthographe, de calcul, de géographie, pour faire ses affaires, cela au moyen des leçons du maître d'école du village, car sa mère n'aurait jamais toléré qu'il la quittât, Auguste d'Ambleuse était un gars préparé pour les luttes de la vie à outrance.

Il plaisait, il séduisait, il savait convaincre au premier abord.

Les observateurs superficiels du moins.

Car quelqu'un d'attentif eût vite constaté la violence de certains de ses mouvements, son regard fuyant, l'hypocrisie de son perpétuel sourire, le grincement de sa mâchoire lourde à la moindre contradiction, ses lèvres de jouisseur, son front barré par une volonté de fer.

Tout de suite Juan et Gaspar furent au mieux avec lui.

Les deux chacals flairaient une hyène qui les mènerait à la curée.

Sanchez se frotta les mains.

« Le fils de la furie de Bordeaux, de celle qui lui hurlait : « Cana ! Cana ! Marchand de vaches enragées ! » dans les oreilles, ce fils-là n'avait point dégénéré.

« Débrouillard, audacieux, point de scrupules.

« On allait décrocher la timbale.

« Il n'y avait plus que le Polonais à craindre.

« Mais s'il ne voulait pas marcher, ce sale Cosaque, on trouverait bien moyen de mettre la main sur son carré de parchemin sans sa permission.

« On avait assez drogué comme cela.

« Les Las Tablas ne ressusciteraient pas.

« Les princes étaient morts ou voyageaient à travers le monde et se moquaient pas mal d'une restauration monarchique.

« Faut pas être plus royaliste que le roi.

« En avant pour le magot ! »

Mais ce fut surtout Pépita qui fut aimable avec le marquis d'Ambleuse.

Elle l'avait, en plus de son titre et de sa beauté d'homme, trouvé si élégant, si poli, si souple, si parfait de cette distinction de manières qu'ont seuls les Français, qu'elle avait jeté son dévolu sur lui.

Être marquise, aller habiter la France, Paris, ajouter, à sa part à elle du trésor, la part de l'arrivant : l'ambition de Pépita ne visait pas plus haut pour l'heure.

Plus tard, quand celui-là serait usé, ruiné, vidé comme un citron dont on a pressuré le jus, elle verrait ailleurs.

Quant à lui, Auguste d'Ambleuse, il fut terrifié au bout de deux ou trois jours d'existence autour des jupes courtes et de la mantille de Pépita.

Lui le fanfaron, le sceptique, le vicieux, qui ne connaissait ni frein ni limites à ses passions, à ses caprices, à ses égoïsmes féroces, il avait senti qu'une griffe d'acier s'abattait sur son crâne et que des chaînes rivaient à jamais sa volonté, son cœur, sa chair à la triomphante Espagnole.

La fée de Madrid, la gloire du toréador ami de son père, la fille de Sanchez et la sœur de Juan et de Gaspar avait immobilisé le fils de Lucienne, la gredine française.

Cette femme-là tenait le marquis d'Ambleuse numéro deux, l'indépendant, le sans-scrupules, l'aventurier capable de tous les crimes; elle le tenait aussi bien et même plus fort, cent fois, que la fille de son domestique, du garde Gobert n'avait tenu le marquis d'Ambleuse, première manière, le marquis d'Ambleuse à la volonté faible, mais au cœur doux, généreux, loyal.

Pépita était autrement puissante que Lucienne. Il fallait avouer du reste qu'elle était autrement belle.

Et qu'elle avait un autre théâtre, d'autres relations que Lucienne Gobert, simple femme de chambre dans un manoir perdu au fond des bois.

Pépita avait deviné que le Français serait un instrument merveilleux pour arriver, ou tout ou moins pour gravir les premiers échelons d'une très haute situation.

Et le loup des forêts de Champagne, la vulgaire canaille, le malfaiteur à ses débuts qu'était le fils de Lucienne avait baissé la tête et ployé le genou ou fave de la fille du toréador.

Il reconnaissait en elle une reine de bandits.

Elle l'avait musclé, et du premier coup.

Les cinq personnages discutèrent leur affaire, sans vergogne.

Ils n'avaient, eux, que les deux tiers du secret.

Le dernier tiers, les deux mots et les deux chiffres qui leur manquaient, il fallait se les procurer au plus vite.

Il y avait trois façons d'arriver à cela.

Amiablement, en persuadant au prince polonais qu'il eût été niais d'attendre davantage.

Par ruse, en copiant le contenu de son enveloppe ou en la lui subtilisant, au cours d'une visite.

Par force en la lui arrachant par menaces, ou en la lui volant avec effraction.

Les Espagnols étaient pour la ruse.

« Trouver un truc qui permît de se faire montrer l'intérieur de l'enveloppe, sous un prétexte louable, vertueux, comme par exemple une demande de renseignements du liquidateur de la succession Blanca.

« Cela n'était pas malin de fabriquer une fausse correspondance; et puis ces Cosaques ne devaient point y voir plus loin que le bout de leur nez.

« Ou même mieux, sans que le prince s'en doutât, à la suite d'une intrusion chez lui sous forme de valet de chambre, d'institutrice, un décachetage et un recachetage là où il était caché,

« Cette dernière méthode aurait eu pour mirifique bénéfice de pouvoir partager à deux seulement, alors que le Cosaque, l'imbécile, la poire, croirait toujours avoir quelque chose en mains. »

En constatant les manœuvres des Espagnols pour évincer le Polonais, le marquis se ressaisit un peu.

Il se dit que les yeux doux et les cajoleries de Pépita avaient peut-être tout simplement pour but de l'endormir, et qu'après avoir débarqué le Cosaque, ce serait lui que l'or débarquerait.

Or il entrevoyait un résultat tout différent : celui de s'approprier au contraire deux parts, et même trois au besoin, et facilement puisqu'il connaissait leurs lettres et leurs chiffres, en roulant les Espagnols.

Non pas qu'il voulût essayer de se guérir de sa passion commençante, et terriblement commençante, pour Pépita.

Mais il croyait avoir trouvé le moyen de rester le maître de toute la situation, de garder pour lui seul le magot entier.

Quitte, bien entendu, à en faire profiter sa belle Espagnole et Sanchez, et Juan comme Gaspar, mais à les en faire profiter en mendiants qui sollicitent leur morceau du gâteau.

La jalousie s'éveillait déjà en lui.

Et il se disait encore qu'au moins ainsi il pourrait écraser les rivaux que la coquette senorita ne se gênerait point pour lui donner.

Sa fourberie méchante, son besoin de mettre le talon sur la tête de chacun, le farceur sinistre qu'était le fond de sa nature l'emportèrent sur la passion pour la femme.

Il n'y renonçait pas du reste, il en reculait la jouissance seulement.

Et il la reculait afin de la savourer sans hâte, sans craintes, avec la volupté de couvrir son idole de bijoux, de lui faire une vie de princesse de l'Eldorado.

« Ah, ah, ah, quand ce serait lui le banquier de l'association, le nabab à la cassette, comme les quatre Espagnols, la fille et les hommes, lui lécheraient les bottes !

« Être mené à la cravache par Pépita, devenir son esclave, ce qui l'attendait évidemment, étant donné son amour fou pour la superbe créature, eh bien cela il y avait un moyen de l'éviter.

« C'était de tenir les cordons de la bourse.

« Une fois qu'il disposerait des subsides réservés par ce Jocrisse de Las Tablas à une guerre royaliste, le toréador, ses fils et sa Pépita rugiraient si bon leur semblait.

« Le maître du quatuor, le chef d'orchestre, ce serait lui. »

Il tenait de sa mère une cervelle ingénieuse pour les combinaisons du mal.

Elle le conseillait du reste, elle venait à la rescousse avec sa vieille expérience de drôlesse quand il était embarrassé.

Par lettres confidentielles et dont il détruisait immédiatement les réponses, à lui remises en mains propres dans ces officines primitives, ces boîtes singulières que sont les bureaux de poste espagnols, il l'avait tenue au courant.

Et la gredine solitaire du château d'Ambleuse lui avait répondu de ne rien précipiter, tout en amorçant la belle Pépita.

Deux trucs existaient dont elle lui avait seulement parlé à mots couverts.

Mais qu'il avait suivis.

Elle s'était renseignée, et elle estimait qu'en bien manœuvrant, son Auguste pouvait mettre la main sur la totalité du trésor à découvrir.

Le jeune marquis s'offrit donc à tenter seul une démarche du coté de la Pologne et à revenir ensuite à Madrid pour y combiner l'attaque définitive, d'après ce qu'il aurait constaté de ses yeux.

Auparavant il allait passer chez sa mère afin d'y prendre un peu d'argent et de l'embrasser, car elle était souffrante, raconta-t-il.

Les Espagnols qui, tous, escomptaient l'influence fascinatrice de la demoiselle sur le Français ne virent aucun inconvénient à lui laisser faire la corvée.

Il reviendrait au colombier, pour sûr, le pigeon.

Alors c'était autant de bénéfice de lui permettre de se brûler les doigts en tirant les marrons du feu.

On les mangerait ensuite avec lui.

M. d'Ambleuse eut donc la permission de rouler vers la Champagne et d'en profiter pour une entente complète avec la digne marquise.

Il lui raconta longuement ce que son voyage en Espagne lui avait appris, inspiré.

Sans même lui cacher sa passion pour la belle Pépita.

Mais la maman, qui s'y connaissait en fait d'intrigues de fille ambitieuse, lui fit davantage encore rejeter cette passion au second plan, en lui assurant que le calcul plus que la sympathie inspirait la senorita quand elle semblait partager sa flamme.

Les affaires d'abord, les bagatelles du cœur après.

Et elle lui fredonna la chanson du gars pratique :

« En fait de sentiment d'amour,
Que ce soit Titine ou Nonore,
Les femmes, je les adore,
Avec des biftecks autour... »

Le jeune homme dissimula donc une partie de cette ardeur qui le poussait malgré lui, et il le sentait bien, malgré lui comme pour toujours du côté de l'héritière de Sanchez.

Elle le dominait de toutes manières ; elle était le complément parfait, nécessaire de sa nature fourbe, tyrannique, orgueilleuse, jouisseuse, avide, cruelle, une nature de brigand à large envergure.

Mais pour l'instant il ne fallait point trop exciter la jalousie de la mère qui prétendait garder à jamais de l'empire sur son fils.

Que combinèrent-ils ?

Nous n'allons point tarder à le savoir.

L'essentiel est de se rappeler, dès maintenant, que le but des représentants du marquis d'Ambleuse, un des trois appelés à partager le trésor de Las Tablas, un seulement, ce but était de l'accaparer exclusivement, d'éliminer les deux autres.

Et plus que jamais ils crurent en avoir trouvé les moyens.

Moyens directs ou moyens indirects.

Si les moyens directs ne réussissaient pas, eh bien on en passerait par les moyens indirects, bien plus longs, bien plus ennuyeux.

Cependant quelque mère et fils ne fussent ni timorés, ni croyants, ces moyens directs, violents étaient si étranges, si terribles que la tigresse des forêts d'Ambleuse et son compagnon renaclaient un peu avant de partir en chasse.

V

LA HYÈNE DES CIMETIÈRES

Si le précautionneux toréador Sanchez s'était occupé de la richissime et unique enfant de Las Tablas, Bianca, pour savoir ce qu'elle devenait, là-bas, au Brésil, la marquise d'Ambleuse s'occupa, elle, de ce que cette même Bianca aurait bien pu faire dans les Pyrénées, autour de la tombe de son père, dès qu'elle apprit, par une lettre de son fils, qu'elle était morte.

On n'avait plus à craindre de la voir vous tomber sur le dos au moment où on s'y attendrait le moins et surtout pour pousser des cris de putois, exercer des représailles, mettre les gendarmes sur pied en cas d'histoires.

Les histoires qu'elle ruminait.

Car ayant la même conception des choses, les mêmes procédés, les mêmes ruses et les mêmes trucs, les femmes se devinent et par conséquent se craignent.

Alors qu'elles se moquent de ces nigauds d'hommes.

Donc, plus roublarde que jamais, Lucienne s'était dit : la fille du défunt, pour laquelle la question des dépenses à faire n'existait pas, sera certainement venue en France d'abord, puis elle aura passé la frontière jusqu'au petit village espagnol où on lui a dit que son père avait été enterré.

Double pèlerinage de s'agenouiller dans la cabane du dernier soupir et sur la terre du dernier repos, en suivant exactement le même chemin que les soldats dévoués qui avaient porté le blessé, recueilli ses suprêmes volontés, creusé sa fosse.

Pèlerinage peut-être même devenu annuel par la facilité des voyages rapides sur les grands et luxueux paquebots.

Oui, très bien, mais plus certainement encore la piété filiale de la millionnaire n'en

sera point restée là, elle aura mieux fait que des visites.

Elle aura consacré le souvenir du mort héroïque par des constructions.

Et Lucienne se demandait : « Qu'a-t-elle fait ? »... Si elle a fait beaucoup, bâti des chapelles grandioses, toutes dorées, il n'y a rien à espérer ; mais si au contraire la cabane du pâtre comme la tombe du cimetière de village sont restées modestes, bien que devenues la propriété particulière de la senorita Bianca, alors c'est qu'il faut frapper là, pas ailleurs !

Et la dame conclut énergiquement : « Je vais aller voir de quoi il retourne, sur place, et sans tarder... En route et au galop ! »

La châtelaine d'Ambleuse n'oubliait point en effet que la réunion des lettres et des chiffres mystérieux du parchemin de son mari avec les lettres et les chiffres mystérieux du parchemin de Sanchez avaient donné les deux syllabes *an ca;* il n'en restait plus qu'une à trouver, celle détenue par les Polonais.

Or, pour la fille de l'ancien domestique Gobert, cette dernière syllabe devait être *bi,* et ne pouvait être que *bi.*

Au total. *Bianca.*

C'était Bianca qui était la gardienne du magot, c'était elle qu'avait voulu parler le capitaine dans son mot de passe.

Certainement que la jeune fille, renseignée sur sa mission, avait déposé l'argent en lieu sûr et à portée des trois bénéficiaires.

Lieu qui ne pouvait être que ce coin de terre espagnole où le mourant avait supplié qu'on le fit reposer à jamais.

La marquise d'Ambleuse partit donc pour Paris, où elle prit le train pour Bordeaux, Tarbes, les Pyrénées, avec cette conviction qu'elle allait trouver des indications dans le chalet où M. de Las Tablas avait expiré, dans le cimetière espagnol où il avait été enterré.

La tombe y serait, dans ce cimetière,

d'apparences simples, sans rien qui excitât l'envie, attirât l'attention des passants dangereux.

Mais le marbre en porterait, incrustée, la clef de l'énigme, l'explication du secret, le nom de Bianca.

Nom, mot qui voudraient dire : il est là, ici vous le trouverez.

Lucienne Gobert raisonnait avec assez de justesse et les événements ne firent que confirmer ses présomptions.

Une fois arrivée dans les gorges de montagnes qui avoisinaient le chalet de la mort, elle opéra avec les plus grandes précautions.

Il ne fallait mettre personne sur ses traces.

Elle avait acheté une carte détaillée à l'usage des touristes des villes d'eaux.

Et aussi un album sur lequel elle semblait reproduire le paysage avec des crayons de couleur.

Peu à peu elle s'élevait sur les pentes rocailleuses, embaumées de lavande, montant vers les neiges éternelles.

Cependant elle devait s'arrêter souvent pour donner du repos à ses jambes rompues, à ses pieds meurtris, et aussi pour s'orienter, pour se reconnaître.

Elle ne voulait se renseigner auprès de personne.

Et des années et encore des années s'étaient enfuies depuis le soir où le chef carliste avait été étendu sur un lit de fougères dans une masure en ruines.

Existait-elle encore, seulement, cette masure?

Non, si la fille de Las Tablas ne s'en était point occupée.

Et tout à coup la voyageuse qui enfonçait son bâton ferré dans les interstices des rochers pour ne point rouler au fond de l'abîme, eut un tressaillement de joie.

Elle voyait le chalet!

Et il semblait en fort bon état, réparé, blanchi, protégé par une petite enceinte.

C'était déjà une excellente preuve de l'intérêt porté à ces lieux par la fille de l'homme au trésor.

On allait voir le reste.

Et avec de plus en plus de hâte la marquise d'Ambleuse grimpa vers le chalet.

Elle était absolument seule dans ces vastes solitudes, au milieu de ce panorama grandiose avec quelques chèvres sauvages, des lézards sur les crêtes lointaines, quelques aigles tournoyant dans le bleu du ciel.

Les troupeaux n'avaient point encore pris possession des pâturages à cette époque printanière.

Il était environ deux heures de l'après-midi, et l'excursionniste marchait depuis le matin, marchait en montant.

Elle ne pouvait compter sur aucune aide, aucun secours là-haut.

Du vide, du silence, pas une habitation, pas une âme.

En sautoir elle portait une couverture, et dans un sac bouclé sur les épaules il y avait des provisions de bouche, un cordial.

Mais tout de même il fallait à cette femme, qui n'était point montagnarde d'origine, une énergie farouche pour s'aventurer ainsi dans les parties élevées de la chaîne pyrénéenne.

Un éblouissement et elle allait se fracasser les membres à cinq cents mètres de profondeur, un faux pas et une entorse l'immobilisait sur un rocher où elle serait morte de faim, de froid.

Le monceau d'or aperçu dans ses rêves et qu'elle croyait déjà toucher de la main, ce monceau d'or c'était l'étoile qui la guidait, son porte-bonheur.

Avec un soupir de joie elle s'assit enfin contre le mur de clôture du chalet, à l'abri du vent glacial des altitudes, et enveloppée dans sa couverture elle dormit pendant quelque temps.

Puis elle but et mangea.

Et enfin elle se mit à examiner cet abri dans lequel Las Tablas était mort après avoir remis aux trois camarades la clef de la cachette au gros héritage, mais une clef en morceaux.

Elle en tenait déjà deux, de ces morceaux, et il s'agissait de mettre la main sur le troisième sans avoir recours aux Polonais.

Une déception cependant.

L'enceinte avait une porte, une grille, mais fermée.

La marquise monta vers la partie supérieure de cette enceinte, là où le mur était bien moins élevé au-dessus du sol, le franchit en s'écorchant un peu les mains et parvint au seuil de la maisonnette.

Ici encore une porte, et une porte fermée, une porte pleine, en fonte.

Lucienne Gobert avait prévu le cas.

Elle était femme de ressources et avait sans doute crocheté plus d'une fois les portes du château d'Ambleuse, avant et après son mariage avec le marquis Frédéric.

Elle introduisit successivement trois ou quatre rossignols pris dans son sac dans le trou de la serrure, une grosse serrure commune, sans complications puisqu'en définitive il n'y avait rien à voler dans le chalet, elle exerça des pesées, tourna et retourna son crochet, finit enfin par faire grincer les gonds rouillés.

Elle était dans la place.

Double avantage.

Elle y trouverait des renseignements, peut-être, mais, en tous cas, un abri pour la nuit.

Et c'était la chose importante, car il ne lui fallait point songer à descendre vers le village espagnol avant l'aube du lendemain.

Dans le chalet toutes choses avaient été pieusement laissées dans l'état où elles se trouvaient au lendemain de l'enterrement du capitaine.

Le lit de feuillages, de foin odorants, le brancard grossier, les pierres et les cendres du feu de nuit, des espadrilles usées.

Mais dans la muraille de laves superposées, à la tête du grabat, une plaque de marbre blanc à lettres rouges était encastrée.

Et sur cette plaque on pouvait lire en français :

A la mémoire de Pedro de Las Tablas, mort pour sa foi religieuse et politique dans cette solitude, fin mars mil huit cent soixante-seize.

Priez pour lui et pour sa fille inconsolable.

Vive Dieu et vive le Roi ! — Bianca.

Tout le reste de l'inscription importait peu à Lucienne Gobert.

Ce qui la fit hurler de joie ce fut ce nom de Bianca, ce mot composé de six lettres, de six lettres partagées en trois groupes de deux et distribuées à chacun des trois soldats carlistes.

Elle en avait déjà quatre, celles de la fin au ca.

Celles qui lui manquaient c'étaient le b et le c.

Il était vrai que ces lettres avaient comme accompagnement des chiffres indiquant pour chacun un rang qui eût formé accolé au lieu de anca, 3 4 5 6.

Mais il n'était point nécessaire d'être bien malin pour comprendre que leur ordre avait été intentionnellement renversé.

Les deux dernières lettres du parchemin des Polonais devaient être, sûrement, b 1, avec 8 7.

Le tout formait : Bianca.

Ce nom répété sur la plaque commémorative.

Et qui le serait encore sur la tombe du cimetière.

Ce nom qu'il était si naturel qu'un père eût pris pour devise, pour indice, pour dernière parole, dernier cri d'amour, legs suprême.

Bianca, c'était la clef du trésor.

Là où il serait répété une seconde fois, sur la tombe, c'est là qu'il faudrait fouiller.

Et pour confirmer encore davantage la tigresse en chasse dans ses présomptions, aiguiser son flair en quête de proie, une flèche suivait le nom de Bianca.

Flèche dont la pointe aboutissait à un S, un E, un M, tout en se retournant, en se dressant vers la partie supérieure et droite de la plaque de marbre.

La chercheuse comprit vite.

Cela voulait dire : «Allez vers le Sud-Est.»

Et l'M n'était que la première lettre du nom du village espagnol à la tombe cachée dans un angle du cimetière.

Nom qu'elle connaissait d'avance : *Medina.*

Allons, tout marchait à souhait !

Et la marquise d'Ambleuse, dédaignant de contempler le magnifique spectacle du soleil qui se couchait derrière les pics neigeux, se roula dans sa couverture et s'étendit, sans vergogne, sur le lit de Las Tablas, dans la poussière et les toiles d'araignées.

Elle ne croyait pas aux revenants, et son soleil, à elle, c'étaient les écus.

Dès le petit jour elle dégringola les pentes au-delà de la frontière française.

Cette descente était encore plus rude et plus périlleuse que la montée.

Les bottines de la dame étaient en lambeaux.

Elle ne se pressait cependant point, car elle ne voulait pas entrer à Medina avant la nuit.

C'eût été le moyen d'attirer l'attention sur ses moindres actions, de donner des soupçons aux gens, de se dénoncer pour plus tard quand le coup prémédité aurait été accompli.

Elle attendrait le clair de lune.

Puis son exploration terminée, elle re-grimperait vers le chalet français.

Vers midi donc, alors qu'elle était parvenue aux trois quarts de la descente, elle se retira dans l'ombre d'une anfractuosité de rochers et y dormit jusqu'au coucher du soleil.

Elle prenait des forces.

Alors seulement elle continua son chemin.

Vingt fois elle s'était fait raconter par le marquis les détails de l'expédition mystérieuse des trois fossoyeurs de Las Tablas.

Elle savait là où il fallait passer, là où était située l'enceinte des tombes.

Et elle en apercevait les taches blanchâtres, les arbustes noirs depuis les hauteurs où elle perchait pour l'instant.

La nuit vint, et la lune inonda de sa lumière bleuâtre les maisons, le clocher du village espagnol.

Les fumées ne sortaient plus des toits, les chiens s'étaient tus.

Lucienne Gobert se glissa vers le cimetière.

Elle n'était point très exposée du reste à une rencontre fâcheuse, parce que l'enclos funèbre s'allongeait sur la pente venant précisément de la montagne, en dehors des maisons, plutôt groupées dans le fond de la vallée.

Facilement elle y pénétra, découvrit la tombe dans son angle.

Tombe superbe pour le pauvre village espagnol, mais néanmoins modeste comme dernière demeure d'un homme colossalement riche.

Pas de chapelle, mais une dalle de marbre traversée en long et en large par le fût et les bras d'une croix.

La voyageuse avait tiré de son sac une lampe microscopique ; elle fit un peu de lumière à l'abri de sa couverture, la lune n'étant point suffisante pour observer les détails.

Et elle constata que l'inscription de la dalle était en langue espagnole.

Langue qu'elle ne comprenait pas.

Elle reconnut cependant les noms de Las Tablas et de Bianca.

C'était l'essentiel.

Pas d'erreur, le magot était enfoui là, sous cette dalle.

Son fils y viendrait et l'emporterait.

Victoire !

Elle repartit comme elle était venue, ne comptant pour rien les fatigues, le danger, la souffrance.

Quatre jours plus tard elle était rentrée dans son manoir d'Ambleuse avec les pieds ensanglantés, les mains écorchées, mais contente tout de même.

Elle avait eu plus de nez que Sanchez et que les Polonais.

Maintenant elle se moquait pas mal d'eux et de leurs jérémiades.

Et elle écrivit à son fils qu'il pouvait revenir, qu'elle avait en mains des moyens aussi efficaces qu'imprévus.

Nous savons ce que le jeune marquis tira de ces renseignements pour prendre une attitude à l'égard de Pépita et de Sanchez

Il leur raconta l'histoire d'une maladie de sa mère et qu'il allait faire des démarches en Pologne.

Il voulait surtout gagner du temps.

Et à peine rentré au château d'Ambleuse il en repartait pour prendre la piste tracée par sa mère.

La prendre avec plus de précautions que sa mère et une série d'instruments nécessaires, sans parler de provisions de bouche sérieuses.

Car peut-être lui faudrait-il séjourner quatre ou cinq jours dans le chalet.

Personne, il ne voulait personne pour l'aider.

Donc il dut faire d'abord deux fois le voyage entre une petite station des environs de Bagnères-de-Bigorre et le chalet afin d'y laisser, sans se faire trop remarquer, des cordes, des outils, des victuailles.

Ensuite il descendit au cimetière pour en étudier la disposition des lieux, la forme, le poids de la dalle du tombeau.

Il y revint.

Son quartier général était établi dans le chalet, en pays français, et il allait à la maraude, travailler du plus terrifiant et du plus infâme des travaux en pays espagnol.

Il fut découragé, désespéré à ces deux premières tentatives, et il vit le moment où il lui faudrait s'adjoindre un complice.

Nécessité dangereuse.

Enfin il put soulever la dalle avec un cric, la caler, la jeter de côté, descendre dans la fosse, y promener sa lanterne, déclouer le cercueil, fouiller.

Le vampire s'arrêta à vingt ou trente reprises, croyant à chaque minute qu'il allait abandonner le squelette du capitaine et s'enfuir.

Mais toujours l'espoir du trésor à saisir le courbait à nouveau sur sa besogne immonde et sacrilège.

Rien, rien, rien !

Pas la moindre cassette, le plus petit portefeuille, rien !

Rien que des restes de vêtements, le manteau de campagne dans lequel le capitaine avait été roulé sans doute, des os, de la pourriture, une ou deux bagues que le fouilleur de tombe n'eut point l'impudeur de dérober, et trop compromettantes du reste.

« Sa mère s'était illusionnée !

« Bianca n'était point le mot au sens caché, la clef de l'énigme.

« Tout son temps, toute sa peine, tout son sacrilège n'avaient abouti qu'à une prostration absolue, à un soulèvement de cœur inguérissable peut-être.

« L'odeur de ce cadavre profané le suivrait maintenant partout, il la retrouverait dans chacune de ses tentatives autour du trésor.

« Malédiction !

« Avoir tant fait, risqué si gros, et pour aboutir à un échec, à un retour au logis avec des mains vides, empestées ! »

Le misérable s'était assis sur la dalle, et dans la nuit silencieuse il grinçait des dents, il avait des envies folles de tout briser, à coups de pioche, la dalle du riche et les humbles croix de bois des pauvres.

Mais de sa mère il tenait une énergie rare.

Peu à peu il ravala son amertume, remit chaque chose en place, effaça toutes traces d'une profanation.

Et chargé de ses outils, il regrimpa dans la montagne avant l'aurore.

Épuisé comme il l'était le voleur déçu ne put aller loin.

Juste assez seulement pour se placer en dehors de la circulation des habitants du village.

Car sa présence, à lui étranger, coïncidant avec de vagues détériorations aux alentours du tombeau de Las Tablas, aurait pu amener des complications redoutables, moins au point de vue de poursuites judiciaires, difficiles de nation à nation, qu'au point de vue de l'avenir du partage.

Si Sanchez, par exemple, Sanchez qu'une distance relativement courte séparait de Medina, s'était avisé de venir en personne au tombeau de son ancien chef et qu'il y eût constaté des traces de fouilles, n'aurait-il point soupçonné que le traître, le pillard c'était lui ?

Surtout si les habitants, interrogés, avaient pu le dépeindre.

Alors, alors que serait-il advenu ?

Et pour rien, puisqu'il avait fait buisson creux.

Personne au monde ne devait se douter de cette œuvre inutile, infamante, personne !

Et pour arriver à ce résultat, il ne s'agissait que de sauvegarder les apparences pendant quelques semaines.

Les gens de Medina n'allaient sans doute jamais dans ce recoin de leur cimetière.

Qu'il fît un orage un peu violent et les piétinements, les cassures, les amas de terre remuée se trouveraient effacés, nivelés.

Mais encore ne fallait-il point attirer les curieux vers cet angle des murs mousseux, écroulés en se montrant dans le pays avec des cordes, un sac, des outils.

La journée s'écoula sans que le vampire, la hyène de cimetière remarquât quoi que ce fût dans l'enclos, qu'elle surveillait depuis sa retraite.

La nuit suivante fut encore lumineuse.

Et il put, peu à peu, avec mille précautions pour ne point glisser et disparaître dans les gouffres, rejoindre son chalet.

Là du moins il dormit sans peur des gendarmes espagnols, le remords ne comptant point dans les causes d'insomnie pour le fils de Lucienne.

Il fit disparaître son matériel compromettant dans une des mille excavations de la montagne, referma soigneusement le chalet et revint à pied jusqu'au chemin de fer, mais dans une autre gare que celle où il était descendu.

La marquise rugit en voyant son fils rentrer avec les mains vides.

Mais elle s'entêta dans ses calculs.

Elle ne sortait pas de là.

Le mot de l'énigme c'était Bianca.

Et si la tombe du capitaine ne contenait rien, c'était celle de sa fille qui renfermait le trésor.

Les deux syllabes connues étaient une preuve ; une preuve encore ce soin de répéter le nom sur chaque table de marbre.

Il fallait en avoir le cœur net.

Le jeune marquis subissait toujours l'ascendant de sa terrible mère.

Il ne protesta guère.

Et avant la fin de la semaine il s'embarquait secrètement pour le Brésil.

Après avoir écrit aux Sanchez qu'avec des ruses nombreuses il allait envelopper le domaine des Czarkowski d'un espionnage profitable dont il leur ferait connaître le résultat en temps utile, jusque-là ils ne devaient point bouger afin de garantir la sécurité de ses opérations.

Et pendant que les Espagnols le croyaient du côté de Varsovie, il mettait le pied sur le sol qui avait vu naître Bianca, l'avait vue mourir et servait de couche à son éternel sommeil.

Il ne lui fallait point attirer l'attention sur sa personnalité, chose cent fois plus périlleuse dans la grande ville américaine que dans la bourgade espagnole.

Aussi s'y prit-il de très loin, de très loin pour apprendre ce qu'il désirait savoir et se glisser jusqu'à la sépulture de la morte aux millions.

Il marchanda des cafés pour le compte d'une maison de commerce de Bordeaux, visita des plantations, se donna des allures de commis-voyageur, sous le nom de Gobert.

Mais de fil en aiguille il arriva à connaître tous les détails de la fin prématurée de Bianca de Las Tablas.

Elle n'avait jamais eu qu'une santé fragile, cependant elle eût survécu à ses maladies et même au chagrin de la mort de son père, continuant la mission qu'elle s'était donnée : faire du bien, vivre en religieuse tout en administrant sa colossale fortune, le coffre inépuisable de ses charités.

Mais la fièvre jaune, cette plaie de son admirable patrie, avait enlevé Bianca surnommée *La Sainte*, Bianca portant ses consolations au chevet de tous les malades.

Ses millions étaient allés à ses seuls amis : les pauvres.

Le marquis d'Ambleuse découvrit dans une place choisie et voilée par des arbres, au centre d'une nécropole aussi vaste qu'une cité, le monument bâti par la reconnaissance publique à Bianca de Las Tablas.

Oui, mais ici il y avait des gardiens, de jour et de nuit ; il y avait la vénération des milliers de familles, secourues du vivant comme depuis le décès de la regrettée bienfaitrice, qui formait une sorte d'atmosphère de protection autour de son tombeau.

Sans cesse des cierges y brûlaient, sans cesse des gens entraient dans le magnifique mausolée pour s'y agenouiller, y pleurer, y prier.

C'était sous du marbre et encore sous du bronze que les reliques de la Sainte échappaient au contact de tous ceux qui eussent voulu les voir, les baiser, leur faire toucher des souvenirs.

Œuvre formidable, même pour plusieurs hommes et pendant plusieurs heures, que d'arriver jusqu'au cercueil de plomb, après avoir soulevé tout un autel de pierre et de métal, après avoir fracturé la première bière en ébène.

Donc impossibilité absolue, pour un seul travailleur nocturne, d'opérer avec quelques chances de succès.

Se faire prendre au cours de l'attentat, c'était la mort sans phrases, c'était être déchiré en mille morceaux par une foule furieuse.

Alors rien, rien à tenter !

Et le marquis d'Ambleuse rôdait autour de la sépulture de Bianca comme une fouine, un renard auraient rôdé autour d'un poulailler soigneusement, solidement fermé et à quelques pas du chenil de toute une meute de chiens de chasse.

Il rôdait avec des yeux avides, des lèvres sur lesquelles passait et repassait une langue gourmande, des grognements sourds de rage impuissante.

Un second voyage inutile, encore du temps et de l'argent perdus ! Quelle guigne ! Non, cependant, non.

Le gredin eut plusieurs consolations.

La première fut que le nom de Bianca n'était inscrit nulle part d'une façon spéciale dans le mausolée, donc il semblait peu probable que quelque lieu rattachât cette tombe de la fille au secret du père, au chalet et à la sépulture espagnole.

La seconde ce furent les paroles d'une vieille négresse, l'ancienne nourrice de la demoiselle, avec laquelle M. d'Ambleuse parvint à s'aboucher en se présentant comme un parent éloigné de Las Tablas, un parent d'Europe venu tout exprès pour s'agenouiller sur la tombe de la Sainte.

La vieille négresse lui raconta que tout, tout ce qu'avait possédé sa chère maîtresse était allé aux pauvres, tout, excepté une somme considérable réservée par le maître, autrefois, et qui avait dû servir à faire la guerre.

Somme déposée, lui avait souvent confié la demoiselle dans leurs longues conversations, somme déposée dans un lieu sacré, un asile inviolable où les soldats du roi espagnol ami du maître, l'avaient sans doute trouvée, ou la trouveraient aux jours de besoin.

Le fils de Lucienne savait à quoi s'en tenir maintenant.

« La cachette existait quelque part.

« Et son nom, s'il comprenait dans l'ensemble les lettres A N C A, n'avait cependant aucun rapport avec le nom de la ville de Las Tablas.

« Il fallait posséder le dernier parchemin, celui des Polonais, les comparer tous trois, en faire jouer les lettres et les chiffres dans plusieurs assemblages et arriver à la désignation d'une localité de la frontière française.

« Probablement une petite ville, un couvent peu éloigné des lieux où l'officier carliste avait combattu dans les derniers temps, jugé la cause royale désespérée pour l'heure et souhaité réserver des fonds pour l'avenir, pour une prise d'armes opérée dans de meilleures conditions.

« Sa mère et lui avaient fait fausse route.

« Il fallait, et bien vite, manœuvrer du côté de la Pologne. »

Quinze jours plus tard le marquis débarquait en France et, sans même repasser par Ambleuse où il envoyait une information désolée, il gagnait la Pologne par le nord de l'Allemagne.

Déjà trop longtemps on avait tenu les Sanchez avec le bec dans l'eau.

Ils pouvaient se défier.

Aussi à peine avait-il touché terre à Varsovie qu'il leur écrivait une très longue lettre expliquant aux Espagnols, fort peu documentés sur la région probablement, que la différence de température l'avait rendu malade, qu'il avait voulu apprendre un peu la langue afin de saisir les mots essentiels prononcés autour de lui, qu'il s'était créé une autre personnalité, une personnalité de domestique français ayant déjà servi dans le pays et se présenterait incessamment chez les Czarkowski.

De cette manière le temps perdu au Brésil était regagné.

Les Sanchez ne pouvaient plus contrôler ses jours de départ de Champagne et d'arrivée en Pologne.

Et de fait il se mit immédiatement en campagne et s'en vint rôder dans les environs du domaine des Czarkowski.

Comment devait-il s'y prendre pour poser ses griffes sur le dernier des trois morceaux de parchemin ?

Il n'était pas homme à reculer devant une effraction.

Mais encore fallait-il savoir à quelle porte s'adresser, où la précieuse enveloppe avait été cachée.

Le château habité par les Czarkowski était situé au centre de plaines immenses et presque désertes, plaines qu'enceraient de toutes parts de sombres et profondes forêts de sapins.

De pauvres villages ici et là, très éloignés les uns des autres et avec des fondrières en fait de routes.

La ville la plus proche était à cinquante verstes, autrement dit à plus de douze lieues.

Et le château en lui même était bien plutôt une grosse maison d'exploitation agricole avec des dépendances qu'une demeure seigneuriale.

Des centaines de paysans avaient groupé leurs cabanes autour des bâtiments plus élevés, plus solides, plus vastes des Czarkowski, et tous travaillaient, vivaient sur le domaine, les uns dans les champs, les autres dans les forêts ou sur les étangs.

Ruinés par les anciennes guerres de Pologne, les Czarkowski n'étaient pas riches, tant s'en fallait, mais ils étaient quand même généreux, justes, accueillants.

Tous les travailleurs du domaine les aimaient.

La famille vivait sur elle-même, avec pour distractions les seuls plaisirs de la campagne, rarement alla visiter ses voisins, rarement elle allait à la ville.

Autour du domaine c'était le vide en fait d'autres agglomérations d'habitants, et sur le domaine même rien que des gens connaissant les maîtres du château, leur obéissant, leur rapportant tout ce qui se passait.

Le jeune marquis d'Ambleuse n'avait pas prévu cela.

Il ne pouvait aborder en cachette le théâtre du coup prémédité, étudier le château sans y pénétrer. ni non plus s'en sauver brusquement sans que chacun le sût.

D'autre part il sut que les seuls domestiques dont les Czarkowski réclamassent les services étaient des paysans et des paysannes de leurs terres, à part une institutrice française pour les jeunes filles, leur fortune ne leur permettait aucune dépense de luxe.

Là encore rien à faire comme introduction sournoise dans la place.

Pourtant l'aventurier ne pouvait revenir encore bredouille chez sa mère.

Il se décida pour une exploration de touriste. d'écrivain visitant la Pologne afin de publier ensuite des récits de voyages illustrés, toujours sous ce nom de Gobert qu'il avait déjà pris au Brésil.

Muni d'un appareil photographique, il s'arrêtait ici et là dans les auberges, explorant les environs. et il comptait arriver ainsi jusque chez les Czarkowski, s'y faire héberger, amener la conversation sur le passé de la famille, pouvoir étudier sous le masque ce qu'il y avait à faire.

Malheureusement pour ses calculs le domaine forestier des Czarkowski plus sauvage, plus froid que d'autres régions, se trouvait très en retard comme saison printanière.

Les étangs étaient à peine dégelés, les bas-fonds avaient encore de la neige, des mares couvraient encore des chemins que l'été devait rendre plus tard.

Et puis, et puis le fils de Lucienne ne réfléchit point qu'il était arrivé à l'âge d'homme fait et qu'à quelque chose près il ressemblait au marquis d'Ambleuse qu'avait autrefois intimement fréquenté le prince Czarkowski.

De ces deux circonstances devait résulter pour lui une prise au piège.

— Ses combinaisons criminelles furent déjouées et il fut brutalement placé en face de la simple vérité.

On lui avait appris, à son hôtel de la petite ville, qu'en fait de dames et demoiselles il n'y en avait guère moins d'une vingtaine au château des Czarkowski.

Et il se dit que le diable s'en mêlerait si pendant que cet essaim de beautés se livrerait aux mains du photographe amateur et gratuit, une occasion ne se présentait pas de fouiller les tiroirs, d'ouvrir le coffre-fort.

Avides de distractions ces Polonais allaient le retenir, lui raconter toutes leurs affaires. le laisser fureter partout, trop heureux de bavarder, de rire. de festoyer en compagnie d'un gai Parisien.

Notre faux touriste se risqua donc dans la direction du domaine de l'ancien compagnon de son père, le prince Casimir.

Celui-ci était mort, comme on le sait.

Mais son fils Stanislas le remplaçait.

Il crut pouvoir le gagner pédestrement avec sur le dos son sac et ses instruments de photographe, tenant à bien jouer son rôle et se réservant d'envoyer plus tard prendre ses malles à la ville si on le retenait comme hôte.

Ce sur quoi il comptait bien.

La plaine s'étendait triste et nue avec son horizon de bois noirs.

Le voyageur s'embourba dans des marais, perdit des heures, confondit les points de repère qui lui avaient été indiqués et se vit égaré, à la nuit tombante, dans une sorte de clairière sinistre.

Que faire, que devenir ?

Il était couvert de fange, il avait froid, il avait faim.

Pas une fumée, pas une âme si loin que la vue pût porter.

Rien que des nuées de corbeaux, les corbeaux gris de Pologne. qui tournoyaient au-dessus de sa tête en croassant à la charogne, comme si déjà il fût tombé et qu'ils fussent en train de lui arracher les yeux.

N'était-ce point ce qui l'attendait ?

Une nuit en pareil lieu n'était-ce point la mort ?

Et le marquis d'Ambleuse regrettait le foyer de sa mère, maudissait cette interminable histoire des parchemins du secret.

Tout à coup, venant de la lisière la plus prochaine de la forêt, un tourbillon, imprécis et hurlant au travers du brouillard, dévala dans sa direction.

Il crut d'abord à une bande de loups affamés, et il frissonna.

Au lieu d'être arraché en lambeaux par les becs des rapaces de l'air, il allait être dévoré sous les crocs des bêtes sauvages sorties de leurs tanières.

Cependant on n'était plus en hiver et on ne l'avait point prévenu qu'il eût à craindre les loups.

Et de fait ce n'était point des loups, mais une troupe de sangliers poursuivie par une meute.

Derrière cette meute huit ou dix cavaliers galopaient.

Sangliers, chiens, chevaux frôlèrent presque le voyageur égaré sans même paraître l'apercevoir.

Il gesticula, il appela, il alluma des poignées d'herbe sèche.

Et tout à coup, comme une rivière qui déborderait, la flamme se répandit dans toutes les directions. laissant le marquis d'Ambleuse hébété de cette rapidité d'un incendie auquel il n'avait point réfléchi.

De fait il avait atteint et même dépassé son but qui était de se signaler à la charité des passants.

Les cavaliers rebroussèrent vite chemin ; ils abandonnaient leur gibier pour éteindre les flammes.

Flammes qui se fussent changées en un sinistre épouvantable si elles avaient eu le temps d'atteindre la forêt.

Tout le premier du reste, le marquis s'était mis à piétiner l'herbe autour de lui.

Les Polonais, groupés en un escadron compact, passèrent et repassèrent au galop comme un rouleau de fer sur les endroits enflammés.

Ce fut l'affaire de trois minutes.

Puis ils cernèrent menaçants l'homme qui venait de causer cette alerte, de commettre ce crime.

Car c'est un véritable crime que de mettre le feu aux herbes des steppes, d'envelopper les villages d'un océan de feu, de détruire les forêts, d'épuiser les sources de naphte.

Était-ce possible qu'un habitant du pays eût volontairement déterminé un risque pareil ?

Le Français expliqua sa situation, son ignorance, demanda pardon et du pain, un abri au chef de la bande qui comprenait la langue française.

Cependant il eut l'énergie, l'habileté de ne point avouer carrément ses intentions premières.

A la politesse, aux manières distinguées du principal des chasseurs, le marquis s'était dit qu'il se trouvait sans doute en face du prince Stanislas, lequel semblait du reste chez lui sur cette steppe.

Alors ne valait-il pas mieux feindre d'être tout à fait par hasard en ces lieux au lieu de parler d'une recherche du château des Czarkowski ?

Toute défiance de ses hôtes serait encore bien mieux endormie.

Les cavaliers emmenèrent donc le photographe Gobert en le prenant en croupe et à vive allure.

Trois quarts d'heure plus tard, en pleine obscurité, l'aventurier franchissait le seuil de cette demeure où son intention secrète était de jouer la comédie jusqu'à ce qu'il pût voler à ceux qui l'y accueillaient le secret de la troisième enveloppe, leur part du trésor.

Chez les seigneurs polonais c'était l'hospitalité large des châteaux d'autrefois.

On fit asseoir le touriste à la table de famille, c'est-à-dire parmi une légion de dames. de jeunes filles, de grands garçons, d'enfants.

Toutes et tous étaient d'une beauté fière, avaient une grâce souriante.

Ambleuse se sentit écrasé par tant de loyauté, de dignité, de noblesse vraie.

Ces Czarkowski étaient d'un autre monde, avaient une autre âme que le gredin, fils de Lucienne Gobert.

L'aventurier mit cependant tous ses efforts à ne point rester trop au-dessous de ses hôtes.

Il était beau, spirituel, passionné, et sans avoir été rompu à tous les usages mondains il avait une certaine tenue, de la finesse, grand air.

Dans le fond d'une pauvre province de Pologne on n'est pas aussi exigeant que dans un salon du Faubourg Saint-Germain ; surtout quand l'hôte se présente comme un simple voyageur pour illustrations, comme Gobert, et non comme marquis.

Le voyageur français plut donc beaucoup et on lui fit promettre de rester pendant au moins une semaine.

Il accepta, en offrant comme échange de bons procédés ses talents d'artiste : il photographierait le château sous ses divers aspects, puis chacun de ses habitants.

La douairière cependant, la vieille princesse auprès de laquelle on l'avait fait s'asseoir, regardait attentivement le singulier visiteur que son fils lui avait ramené de cette clairière lointaine de leurs forêts qui se nommait : *La Steppe aux Loups.*

Et rentrée dans sa chambre, elle consulta un album où, parmi cent autres, se trouvait un portrait du compagnon fidèle de son mari parmi les troupes carlistes, le marquis d'Ambleuse.

Il n'y avait point à s'y tromper.

Ce mystérieux touriste était un fils du marquis.

Il en avait les lignes du visage, l'attitude, l'ensemble, bien qu'avec des nuances dans l'expression de la physionomie, plus de beauté et moins de bonté.

Le fils de Lucienne croyait, lui, ressembler à sa mère.

Mais dans l'enfant le père et la mère se retrouvent toujours, par reflets, avec plus ou moins d'exactitude d'après les époques de la vie.

Et le lendemain le faux photographe sursauta, quand lui frappant sur l'épaule avec un rire rassurant, le prince Stanislas s'écria :

— Farceur, vous avez voulu nous rendre visite sans crier gare, mais c'était chez nous que venait le pèlerin égaré de la Steppe aux Loups, et ce pèlerin du souvenir c'était le fils du meilleur ami de mon père... Vous êtes le marquis d'Ambleuse ! »

« Zut ! Le truc était éventé, plus de vol possible, des gens sur leurs gardes ! Fichu pour le quart d'heure ! »

Mais le fils de Lucienne était comme les chats ; il retombait toujours sur ses pattes.

Il posa donc un doigt sur ses lèvres, tout en faisant de grands yeux au prince.

Et il lui murmura à l'oreille :

— Je voulais apprécier, sans qu'elles s'en doutassent, toutes vos charmantes sœurs, avant de choisir celle dont je vous aurais demandé de me faire l'honneur immérité de m'accorder la main... Voilà tout le secret du masque provisoire sous lequel vous m'avez recueilli... »

Le prince Stanislas serra dans ses bras le photographe, le conduisit à sa mère, et tous deux l'autorisèrent à garder l'incognito.

« C'était une merveilleuse et très raisonnable idée qu'il avait eue ; il pourrait à loisir éplucher ces demoiselles au naturel, juger de leurs qualités, aimer secrètement avant une déclaration.

« Déjà une de casée ! Ah ce cher marquis ! »

Le bandit amoureux de Pépita se vit donc embarqué dans une histoire de fiançailles avec une des sœurs du prince au moment où il s'y attendait le moins.

Pas moyen de reculer sans exciter les plus dangereux soupçons !

Pas moyen non plus de poser sur le tapis la question du secret et d'une prise de possession anticipée du trésor, ce qui, avec des imbéciles d'honnêtes gens pareils, eût été de la dernière goujaterie et la plus prompte manière de se faire jeter à la porte.

Il fit contre fortune bon cœur.

« Puisqu'il lui fallait jouer la comédie de prétendant à la main d'une des jeunes filles de la princesse Czarkowska, il la jouerait.

« Quitte à se dégager à la première occasion.

« Si, par exemple, son futur beau-frère avait la naïve confiance de lui communiquer le contenu de son enveloppe personnelle, ou de lui indiquer si bien où elle était qu'il pût s'en emparer et *filer à l'anglaise.* »

Trois des nombreuses sœurs du prince Stanislas étaient d'un âge qui se rapprochait assez de celui du marquis pour qu'une union entre lui et elles se présentât dans des conditions normales.

L'aînée était déjà mariée.

La seconde, résolue à se dévouer à sa mère, à la famille, refusait de se marier.

La troisième, Marie, venait donc à son rang comme choix d'une épouse.

Non seulement la galanterie demandait à ce que la recherche du marquis ne passât point à la suivante sans s'occuper d'elle, mais encore elle avait tout ce qu'il fallait pour fixer l'attention de l'homme le plus difficile.

Marie Czarkowska était aussi admirablement belle que modeste, douce, bonne.

Même parmi les siens, où les qualités physiques et morales étaient chose ordinaire, elle était chérie, fêtée, bénie comme une petite reine, comme la meilleure de toutes les femmes du groupe.

Le marquis d'Ambleuse commença donc à l'entourer de prévenances, à lui parler plus fréquemment qu'à ses sœurs, à se poser devant elle comme un grand seigneur français, qui rêvait d'en faire le plus bel ornement de son château, l'orgueil et la consolation de sa vie.

Et, sans se livrer trop vite, toujours humble et digne, Marie Czarkowska l'écoutait cependant.

L'écoutait surtout parce qu'un mariage avec ce Français, tombé comme du ciel dans le manoir de Pologne, semblait enthousiasmer d'avance et sa mère, et son frère, et toute la famille.

L'écoutait avec l'effroi de la colombe au-dessus des plumes blanches de laquelle tournoie l'épervier aux ailes sombres et déployées.

Effroi tout intime, effroi qu'il lui fallait dissimuler totalement puisque jusqu'à nouvel ordre le marquis prenait l'attitude d'un soupirant poli, réservé, conciliant.

Mais les femmes ont un instinct merveilleux en amour ; et quelque chose disait à la pauvre Marie, dans le tréfonds de son cœur, que ce beau garçon cependant, à la parole musicale, berceuse, était une menace pour la paix de son existence si heureuse parmi les siens, qu'il ne l'aimait point mais la recherchait par calcul, pour des vues mystérieuses.

« Car quels avantages lui offrait-elle ?

« Aucuns en apparence.

« Elle ne pouvait le tenter par sa fortune puisqu'elle était pauvre ; par la noblesse de sa race puisque lui-même portait un des plus illustres noms d'une nation supérieure à la sienne ; par sa grâce, sa distinction, puisqu'il avait le choix parmi toutes les filles de Paris au lieu de venir chercher une fiancée dans les steppes glacées, sauvages d'un pays perdu.

« Et puis il ne la connaissait point, ne l'avait jamais vue, ne savait même point qu'elle existât avant de franchir le seuil du séjour presque misérable des Czarkowski ; alors ce n'était point sa beauté de jeune fille qui lui avait porté le coup de foudre, l'avait ensorcelé, enchaîné ?

« Alors, alors quelle intrigue louche avait attiré ce marquis depuis les splendeurs de sa France jusqu'aux tristesses grises de sa Pologne, à elle ? »

Marie, dans sa modestie, dans sa raison, ne s'estimait point une créature d'une telle exception qu'elle eût pu produire ce miracle par sa seule valeur ; il y avait autre chose dans la démarche du singulier pèlerin, du photographe ambulant.

Quoi ?

Le renard qu'était le fils de Lucienne éventa le danger des réflexions de la jeune fille.

Et il alla au-devant de toute obscurité, des moindres doutes.

« La beauté des princesses Czarkowska ? Mais elle était légendaire, et son père, sa mère s'en étaient souvent entretenus dans leur château de Champagne où ils vénéraient aussi la mémoire du prince Casimir.

« Donc, lui le jeune homme à marier savait d'avance trouver, au foyer du meilleur et du plus noble des amis de son père, tout un choix de perfections.

« Pourquoi il s'était glissé jusqu'au seuil du manoir polonais sous des habits d'emprunt et comptait y séjourner sous le prétexte de vues à photographier, de province à étudier ? Cela il l'avait expliqué à la princesse douairière et au prince Stanislas dès qu'ils s'étaient doutés de sa véritable personnalité ; il ne s'en cachait plus, même aux yeux de Mademoiselle Marie, de ce pourquoi, du masque des débuts, puisque son choix était fait, puisque Mademoiselle Marie lui avait pris le cœur.

« S'il était venu jusqu'en Pologne pour y chercher une épouse à laquelle il ne demandait point d'argent, c'était que sa fortune à lui donnait toute liberté à son choix : il en avait pour deux, de la fortune, il préférait, aux sacs d'écus français ou même de dollars américains, le passé glorieux des princes Czarkowski, tous morts pour l'indépendance de leur patrie, pour les plus nobles causes historiques.

« Et puis, et puis il y avait le suprême désir de son père.

« De son père lui léguant le souvenir de son compagnon de la guerre d'Espagne, lui faisant promettre qu'il ne chercherait point une épouse ailleurs que dans la famille des Czarkowski, qu'il mêlerait leurs deux sangs. »

Comment ne point estimer un aussi généreux visiteur, un fils si respectueux des volontés paternelles ?

Comment se défier d'un homme si riche, si désintéressé ?

Tous les Czarkowski eussent, malgré leur affection, lapidé Marie si elle n'eût point profité d'une aussi magnifique occasion de faire un mariage inespéré, d'habiter la France.

Et Marie écoutait le marquis d'Ambleuse.

Lui, le bon apôtre, espérait que le prince allait répondre à ses hâbleries par une confiance aveugle.

Et que même, un peu honteux de rester pauvres Polonais en face du richissime et généreux Français, ils lui souffleraient à l'oreille :

— Marie n'a point de dot pour le quart d'heure, c'est vrai, mais patience, le jour de partager le trésor du capitaine arrivera bientôt et alors... On pourrait peut-être s'entendre pour y fourrer le nez et les pattes dès maintenant, si vous le désiriez... »

Mais les Polonais étaient de braves gens.

L'échéance du partage n'avait point sonné.

Ils ne savaient pas même si quelque chose du trésor leur reviendrait, puisqu'une reprise des hostilités carlistes pouvait en amener la remise aux mains du roi.

Alors pourquoi en parler ?

Pourquoi se donner la tentation d'une curiosité malsaine ?

Quoique du pays des ours, ils n'avaient point l'habitude d'en vendre la peau avant de les avoir tués.

Mettre la question sur le tapis c'eût été à leurs yeux un manque de délicatesse et montrer qu'ils supposaient que le marquis d'Ambleuse y songeait lui même, qu'il n'était venu en Pologne que pour cela et qu'il ne paraissait coulant sur la question de dot que parce qu'il avait l'arrière-pensée du magot commun.

Et ils n'y firent même point allusion.

Ils n'indiquèrent pas qu'ils tenaient le mot de l'énigme dans ce coffre-ci ou dans celui-là.

Or comme, suivant la mode slave, il y avait des bahuts énormes dans tous les coins, c'eût été un peu difficile pour le malfaiteur d'y fouiller avec quelques chances de succès.

Il lui fallut ronger son frein.

Et pendant qu'il se prodiguait en courbettes, que sa langue et ses lèvres étaient tout miel, il amassait sans cesse du fiel contre ces empêcheurs de danser en rond.

« Ah ! la comédie de l'amour que cette mijaurée de Marie le contraignait à jouer, comme il en prendrait sa revanche plus tard !

« Dans de la boue, des larmes ou du sang, peu importait, mais la totalité du magot il l'aurait.

« Malédiction ! Songer que la sottise de ces Cosaques-là et deux lettres, deux chiffres, suffisaient à l'arrêter, à dresser une barrière entre lui et la mine d'or, n'était-ce pas à rendre fou de colère, à pousser aux pires extrémités ?

« Les deux lettres, la simple syllabe qui devait compléter les quatre leurs, à Sanchez et à lui, elle était là, sous ce toit, avec ses deux chiffres destinés à indiquer la place de chacune des six du total et à former le mot, là, mais où, où, où ?

« Quand il égorgerait une douzaine de ces Czarkowski, quand il mettrait le feu à leur baraque, il n'en serait pas plus avancé!

« Sa mère serait peut-être plus habile ?

« Elle ferait parler les femmes. »

Et le fiancé de Marie annonça son départ, en faisant promettre à la douairière qu'elle viendrait en France, au château d'Ambleuse, en même temps qu'à l'Exposition Universelle qui allait s'ouvrir à Paris.

Puis en hâte il sauta dans un train pour rentrer auprès de la marquise et tendre, en sa compagnie, leurs filets au mariage.

VII

LA MAISON DES FOUS

Lucienne Gobert et son fils ne perdirent point de temps.

Il faut battre le fer pendant qu'il est chaud.

On remit un peu le vieux château en état, à la surface.

Car vraiment il ressemblait trop, même en mal, au manoir des ours de Pologne.

Mais on fit mieux.

Et ce mieux fut de louer pour six mois, à crédit, un appartement luxueux dans un quartier opulent de Paris, afin de le présenter, cet appartement, comme le séjour habituel de la marquise.

Elle passerait, aux yeux de ses hôtes, pour une Parisienne ne mettant les pieds à Ambleuse qu'aux heures de la villégiature, et par conséquent n'y faisant aucuns frais.

« Mais une fois marié, le jeune marquis restaurerait l'antique demeure, expliquerait-elle.

« Les Czarkowski devaient du reste en avoir soupé de la campagne, et ils seraient bien plus flattés d'une réception fastueuse dans ce Paris qui est la ville du rêve pour les étrangers.

« Des Cosaques venus de la steppe et de leurs villages de loups surtout !

« En avant la musique ! »

Ils avaient prié les Sanchez de patienter en leur assurant que tout était en bonne voie, que l'amoureux toujours fou de la divine Pépita travaillait pour les intérêts exclusifs des Sanchez et des d'Ambleuse contre les Czarkowski.

Et chose étrange, trop belle même, les Espagnols acceptaient comme bon jeu et bon argent tout ce que les gens de France leur racontaient, ne trouvaient point le temps trop long, n'exigeaient pas des détails précis.

« Allons, tant mieux, cela donnait le temps de se retourner et de plumer les Polonais ! »

L'Exposition, la grande foire aux lanternes magiques, était ouverte depuis un mois, tout commençait à y être en ordre.

La princesse douairière Czarkowska, sa belle-fille la jeune princesse Stanislas, les trois de ses filles dont l'âge permettait des fiançailles avec le marquis, Marie, Thécla, Marpha, et une jeune femme de chambre, sœur de lait de Marie, très dévouée à sa maîtresse, arrivèrent à Paris, selon la promesse faite, mais moins pour visiter la ville et son exposition que pour faire plus ample connaissance avec la veuve de ce d'Ambleuse qui avait été l'ami intime, le compagnon d'armes fidèle du défunt prince Casimir et resserrer les liens de la famille polonaise avec la famille française par une alliance.

Ce voyage était une démarche méritoire, un sacrifice pécuniaire que s'étaient imposé le prince Stanislas et sa mère en vue de l'établissement de leur chère Marie, la perle de leur maison.

Car il y a loin du fond des steppes de Pologne aux boulevards parisiens, et la dépense d'un tel voyage pour six personnes était lourde à la maigre bourse des Czarkowski, gens généreux, dignes, faisant les choses simplement mais en conformité avec les exigences de leur rang.

Ils s'en étaient du reste consolés d'avance par la presque certitude d'aboutir.

Marie était si belle, si bonne, si supérieure à la généralité des filles de son âge, qu'elle ne pouvait manquer de plaire à la marquise d'Ambleuse ainsi que déjà elle avait semblé charmer son fils.

Le charmer jusqu'à l'enthousiasme.

Et de fait les Polonaises n'eurent point à se plaindre de l'accueil de la marquise.

Tout de suite il fut, en apparence, plein de cœur au moral de même que fastueux au point de vue matériel.

Ces braves Polonaises n'étaient point capables, dans leur simplicité rustique, dans leur droiture de femmes qui ne sont jamais sorties d'un milieu très honnête, de saisir les nuances de la situation.

De comprendre que la marquise d'Ambleuse, malgré ses démonstrations aimables, n'était qu'une dangereuse comédienne, que son luxe n'était qu'une mise en scène.

« Pourquoi du reste se fût-elle montrée si sympathique, eût-elle fait fête aux arrivantes ?

« Comment s'y serait elle prise pour être logée en plein cœur de Paris, être aussi bien servie sans une fortune véritable ?

« C'était sa préférence de grande dame pour l'illustration de la famille polonaise, son désir de donner pour épouse à son fils unique Marie Czarkowska, malgré sa pauvreté, qui la faisaient agir. »

Les Polonaises ne songeaient guère au trésor du capitaine brésilien, ne pouvaient point supposer une machination, une intrigue.

Elles étaient trop naïves, trop innocentes, trop désintéressées, trop de leur pays, comme on dit vulgairement, pour cela.

Des Françaises d'un monde pareil au leur, et surtout des Parisiennes, ne s'y fussent point laissé prendre, quand bien même elles n'eussent possédé qu'aussi peu de renseignements que les Polonaises en avaient sur le passé de Lucienne Gobert, les circonstances vraies de la mort de son mari, les voyages louches de son fils en Espagne, au Brésil.

Elles eussent surpris des grossièretés dans le langage de la marquise d'Ambleuse, flairé le postiche de son installation.

Et de là à découvrir le pot-aux-roses il n'y aurait pas eu loin.

Le pot-aux-roses qui, pour la situation réciproque des deux familles, ne pouvait être que l'histoire du magot à partager.

« Car quel intérêt autre aurait bien pu avoir la fille d'un ancien domestique, épousée par un marquis d'Ambleuse devenu presque pauvre, à jouer la comédie d'une grande dame habitant Paris, à y faire les frais d'une résidence temporaire au bénéfice de Polonaises elles-mêmes sans fortune ?

« Pour jeter de la poudre aux yeux d'une millionnaire exotique quelconque, laquelle eût été friande d'un titre de marquise et fût venue apporter son argent à ce gueux de marquis d'Ambleuse et à sa coquine de mère, soit.

« Mais pour elles, elles les Polonaises, qui n'avaient en fait de dot à offrir que la noblesse, le charme de leur Marie, cela n'était-il pas bien étrange que des dépenses, tout un effort de politesses, que cette exhibition de faussetés ? »

Voilà ce que se seraient dites des Françaises, des Parisiennes, mais les Polonaises ne voyaient pas, ne savaient pas, y allaient bon jeu bon argent.

Et puis Paris, ce Paris de rêve contribuait si bien à les fasciner, les engourdir, les aveugler !

Pendant que sa mère accaparait la vieille et la jeune princesses, le fils se prodiguait en galanteries autour de Marie et de ses sœurs.

On leur laissait à peine le temps de respirer.

Et on eût bien voulu que grisées, ahuries, rompues jusqu'à l'épuisement elles ne songeassent plus qu'à s'en retourner en Pologne après avoir posé les bases d'un accord qui permit au marquis de les y suivre à brève échéance à titre de fiancé, d'arriver à faire accoucher le prince Stanislas de sa part du secret ou même au besoin la lui voler.

Malheureusement pour la hâte et les ressources des deux comédiens, la vieille princesse prenant au sérieux leurs désirs de mariage avec sa fille Marie, crut devoir s'arracher aux délices de Paris pour faire un pèlerinage à la demeure familiale des d'Ambleuse, connaître les lieux où sa chère enfant, transplantée si loin de la Pologne, serait appelée à vivre, pour enfin s'incliner et prier sur la tombe de celui qui avait été le frère d'armes de son mari.

« Diable ! diable ! Une pilule amère à avaler ! »

Cependant ils l'avaient prévue, bien qu'ils eussent espéré pendant quelque temps pouvoir l'escamoter.

Se dérober, il n'y fallait point songer.

C'eût été une insigne maladresse.

L'essentiel était d'insister, dans la conversation, sur ceci que le château d'Ambleuse avait été négligé depuis des années, mais qu'une fois marié le marquis le transformerait ; et puis encore d'écarter du passage des Polonaises toutes les personnes qui auraient pu les éclairer sur ce qu'étaient en réalité et Lucienne Gobert et son fils Auguste.

Les langues des deux comédiens commencèrent donc à chanter cette antienne dès qu'en compagnie de leurs visiteurs ils prirent le chemin du manoir délabré de Champagne.

Quant à clouer le bec à quiconque se fût mêlé de leurs affaires, ils comptaient bien y parvenir avec facilité.

Ne terrorisaient-ils pas un peu les gens du village d'Ambleuse et des environs ?

Des réparations indispensables avaient été faites, on le sait.

Ils emportèrent de Paris un supplément de choses nécessaires comme meubles.

Et puis, au pays, le bruit, habilement répandu, d'un prochain mariage avec une princesse russe cousue d'or, leur donnerait du crédit pour les fournitures courantes.

« Zim, zim ! Boum, boum ! De l'audace, encore de l'audace, toujours de l'audace, et avec ces paysannes du Danube, ces sauvagesses des neiges de Pologne, on s'en tirerait.

« C'était une jolie collection de bécasses ! »

Le fils de défunt Frédéric d'Ambleuse et sa maman les jugeaient du moins ainsi.

En cela ils se trompaient quelque peu cependant.

Bien que sans défiance et habitant elles-mêmes une sorte de grosse ferme dans des plaines désertes et au milieu de sombres forêts, les Polonaises trouvèrent néanmoins un peu bien en ruines ce château des marquis d'Ambleuse.

Simples, campagnardes, étrangères, soit, mais elles étaient femmes tout de même, et femmes d'un monde délicat, propre, hospitalier.

Or il y avait dans ce repaire de brigands qu'était devenue l'habitation de l'infortuné Frédéric, des détails singuliers, offusquants et qui ne pouvaient échapper à des yeux de femmes soigneuses.

La vieille douairière se dit que des seigneurs aussi riches que la marquise et son fils lui avaient paru être dans leur appartement parisien auraient dû respecter davantage le berceau de la famille, ne pas laisser se réduire à rien les souvenirs d'autrefois.

Cela leur eût si peu coûté.

C'était regrettable.

Cependant elle voulut bien n'y voir en définitive qu'un dégoût de la campagne chez des Parisiens raffinés, séjournant dans les villes d'eau à l'époque où ils eussent pu revenir à leur vieux château.

Et puis les châtelains s'efforcèrent d'effacer ces mauvaises impressions, qu'ils devinaient, par beaucoup de gaieté, par des feux d'artifice quotidiens, des parties en forêt, des promenades aux environs.

De leur manoir branlant, mais ils étaient les premiers à en rire, sans aller toutefois jusqu'à raconter que les paysans du voisinage, qui l'avaient connu jadis tout différent, l'appelaient aujourd'hui : *Le Château de Cadet-Roussel.*

Et les indulgentes Polonaises ne s'y trouvaient pas trop mal.

Le jeune marquis répétait amoureusement à la douce Marie que ce serait elle qui plus tard rebâtirait le nid familial d'après ses idées personnelles.

Il y eut cependant un coup de cloche qui sonna lugubrement pour la vieille princesse et pour sa fille au milieu des bruits de fête dont elles étaient entourées.

Un coup de cloche tout à fait imprévu, et dont les autres personnages s'occupèrent à peine ou même ricanèrent, mais qui devait revenir souvent plus tard tinter en glas dans la mémoire davantage impressionnée des deux femmes.

Plus tard, quand l'heure des épreuves terribles serait arrivée pour la martyre, aujourd'hui la fiancée seulement encore, de cette bête de proie, rejeton de bête de proie, qu'était le petit Auguste de Lucienne Gobert, le petit Auguste ce louveteau imposé par la louve au trop faible marquis Frédéric.

On ne prévoit pas tout, canaille si rusée que l'on soit.

À quelques kilomètres du village forestier d'Ambleuse un immense et superbe monastère de religieux agriculteurs avait été transformé en hospice de fous.

Autres temps, autres besoins.

Jadis les moines couvraient la région de leurs produits du sol, produits distribués à toutes les indigences.

Aujourd'hui c'étaient les médecins, les infirmiers qui essayaient, inutilement presque toujours, de remettre en équilibre les cervelles humaines détraquées par le tabac, l'alcool, la morphine, l'opium, les vices honteux.

Cet asile d'aliénés dans lequel on déverse le trop plein de ceux de la Seine est un des moins mal aménagés de l'est de la France.

Et cependant la population s'en doublant tous les trois ou quatre ans, l'administration ne sait déjà plus où loger ses malades.

Ce qui n'augmente pas les charmes de cet enfer des souffrances humaines.

Une visite à l'asile des aliénés de Saint-Hilaire était une promenade que ne devait point coûter cher à la marquise.

Elle y emmena son monde.

Et tout de suite le directeur de l'établissement, au vu des cartes mêlées de marquis français et de princesses polonaises, se précipita.

« Diable ! diable ! On ne sait jamais ce qui peut arriver... Diable de diable !

« Ces princesses arrivant du côté de la Sainte-Russie deviendraient ses pensionnaires un jour ou l'autre qu'il n'eût point trop fallu s'en étonner.

« On avale tant d'alcool chez ces braves sujets du Tsar ; et puis le proverbe ne dit-il pas : se griser comme un Polonais ?

« Hé, hé, hé ! Fallait voir à cela, ou bien alors à la protection que l'on pourrait tirer de ces visiteuses cossues afin de mettre un peu plus de beurre dans les épinards. »

M. le Docteur Lefol, il y a des noms prédestinés, épanouit encore sa figure naturellement joviale, fit des révérences, agita avec une musique terrifiante son trousseau de plusieurs vingtaines de clefs.

Il fallait une mise en scène de ferraille ajoutée à ces bruits vagues de ruche en travail, à ces odeurs écœurantes de ratatouille qui composaient l'atmosphère des cours, des préaux.

Atmosphère que traversaient soudain des hurlements de bêtes qu'on égorge, hurlements dont personne cependant ne s'émouvait davantage que des éclats de rire sans fin qui leur succédaient.

Des grilles, des cadenas, des femmes échevelées, baveuses, presque nues, que des infirmières poussaient dans des cellules, des hommes entassés sous des voûtes, sur des bancs et gesticulant, déambulant, prêts à se dévorer sans cause, absolument comme à la Bourse ou à la Chambre des députés.

Les visiteurs frissonnaient, mais l'aimable guide souriait toujours, avait une provision de plaisanteries qu'il risquait à certains moments choisis.

« Hé, hé, hé, on fait ce que l'on peut ! »

Et puis toutes ces horreurs de la noble créature qu'est l'homme devenu bête immonde, se débattant dans le plus atroce des martyres, toutes ces horreurs grimaçantes, sanglantes, puantes n'avaient plus prise sur le docteur grassouillet.

« Rien à tenter, pas de guérison, pas drôle, oui, pas drôle, mais c'était comme cela ; inutile de s'en désoler, pas de remèdes : il fallait en rire pour ne point en pleurer et surtout n'en pas perdre un coup de fourchette quand on s'asseyait chaque jour, comme lui, en face d'une bonne table. »

Après les bâtiments, les jardins.

Et là les fous, les folles bêchaient les légumes, cueillaient des fleurs, se promenaient, riant aux anges, ou écoutant les oiseaux.

C'étaient les calmes, les sages.

Et leur médecin expliquait :

— Pas malades pour deux liards, ces messieurs et ces dames, seulement si je les lâche on me les ramènera demain... Pas d'absinthe, pas de rhum, pas de tord-boyaux sous les griffes, et ce sont les plus aimables gens du monde, mais unefois qu'ils plongent le nez dans leurs verres à poison, bernique, plus personne, ils démolissent tout... L'alcool, ah l'alcool, mesdames, c'est lui qui nous amène ici les trois quarts des abrutis que vous voyez, et l'autre quart est composé de leurs fils, de leurs filles, gâteux, crétins, épileptiques... L'alcool, la verte, les apéritifs produisent trois millions de fous là où il y en avait trois mille jadis ; et çà monte, ça monte, le torrent... Plus de place pour les loger, plus de place ! Alors on les laisse dans la rue et ils vous fusillent, ils vous éventrent, ils vous incendient : des fous tout cela, des fous d'alcool, des fous en liberté, des bêtes féroces sans muselières... »

Dans les allées du parc, des pensionnaires affectaient des mines graves, des attitudes recueillies.

Ils semblaient ne rien craindre autant, les femmes surtout, que ce qu'on les prît pour des toqués.

Une grande gaillarde encore pas trop vieille, qui avait dû être fort belle, à la figure ravagée mais intelligente, passait en toilette excentrique.

Le Docteur Lafort l'arrêta.

— Mesdames, permettez-moi de vous présenter une de nos plus célèbres cartomanciennes de Paris, Mademoiselle Jacquemard, qui a prédit l'avenir aux empereurs, aux rois et tiré la bonne aventure à des milliers de personnes... Une de nos gloires locales, car Mademoiselle Jacquemard est de la région, ce qui explique qu'elle soit ici pour rétablir sa santé fatiguée par son terrible métier d'évocatrice des choses de l'autre monde... Mademoiselle Jacquemard, vous êtes en présence de princesses... »

A ce nom de « Jacquemard » la marquise eut un mouvement de recul.

Mais il était trop tard pour éviter une rencontre.

Lucienne Gobert connaissait en effet Anaïs Jacquemard, et de longue date.

Elle la connaissait même trop bien.

Anaïs n'était cependant point du village d'Ambleuse mais d'une autre commune, Longeville, à trois kilomètres.

C'était la fille d'un meunier.

Aussi belle, aussi ambitieuse, aussi intrigante que Lucienne, autrefois.

Les deux demoiselles, reines des bals, coqueluche des garçons de tout le canton, étaient devenues forcément rivales, ennemies mortelles.

La vie les avait séparées.

Et elles se retrouvaient nez à nez, trente ans plus tard, tellement changées que d'abord leurs mutuelles figures ne leur avaient rien dit du tout.

Maintenant elles se remettaient.

Et les yeux de la somnambule en déconfiture lançaient des éclairs vers la marquise escortée de princesses.

Trente ans de vie parisienne dans les milieux les plus divers, les plus étranges, avaient singulièrement aiguisé la vision morale de Mlle Jacquemard.

Et sa vieille rancune, son infernale jalousie féminine doublaient encore cette vision.

Elle n'eut donc point de peine à deviner la vérité, le fond de l'intrigue dont les personnages muets défilaient sous ses yeux.

Marie Czarkowska si belle, si pure, si douce, avec dans son regard angélique la mélancolie des prédestinés de la souffrance.

Le jeune marquis d'Ambleuse aux allures souples, rampantes de panthère guettant sa proie.

La fille du régisseur Gobert, gredine comme son père avait été gredin, la Lucienne d'autrefois déguisée en marquise et tentant avec ses bassesses de capturer de vraies grandes dames.

Rien de tout cela n'échappa à la diseuse de bonne aventure.

Et comme, avec la bouche en cœur, M. Lefol lui demandait :

— Vous pouvez, mademoiselle, prédire l'avenir à ces dames ; ce sont des clientes dignes de vous, et des clientes de la gratitude desquelles, moi votre médecin, je prends la charge... »

Mademoiselle Jacquemard s'empressa de répondre :

— Mais volontiers, mais ce sera trop d'honneur vraiment... »

Une facile vengeance, une âpre satisfaction, quelque chose comme un coup de poignard dans le dos de cette rosse de Lucienne était à sa portée.

Quelle aubaine !

Affectant de ne point entendre, ni encore moins comprendre, le Docteur Lefol qui ajoutait, pour lui faciliter son horoscope et éviter qu'elle ne dit de trop grosses bêtises :

— Vous avez déjà des indications, car deux au moins de vos personnages sont du pays, votre mémoire doit avoir gardé leur nom nobiliaire d'Ambleuse... »

Elle marcha droit sur Marie Czarkowska.

Instinctivement la vieille douairière avait étendu les bras pour s'interposer entre la folle, la soi-disant folle puisque n'ayant plus d'alcool à sa disposition Mlle Jacquemard était d'un absolu sang-froid, et sa fille.

Mais Marie, la douce et bonne jeune fille, comprenant ce qu'une sorte de terreur aurait d'humiliant pour cette folle sans l'être, avait repoussé sa mère et tendu d'elle-même, avec un sourire triste, sympathique, ses deux mains ouvertes, blanches et mignonnes, aux mains sèches, brusques, plus ou moins nettes de la somnambule.

Toutes les autres personnes avaient formé le cercle.

Les jeunes filles curieuses, la marquise et son fils sombres, le docteur goguenard.

La manière de procéder de Mlle Jacquemard ne fut guère ce que les autres attendaient.

Des gesticulations, des simagrées, toute une mise en scène destinée à la rendre intéressante, à satisfaire la folie des grandeurs d'une aliénée.

Non, rien de tout cela.

Pendant vingt secondes elle fixa la belle Polonaise, plongeant ses yeux de femme qui a remué toutes les fanges, subi toutes les ignominies dans ceux de la jeune fille aussi pure qu'un petit enfant, de la jeune fille dont le cœur n'a battu que pour sa mère, pour la charité, pour Dieu.

Puis elle saisit les deux mains tendues, mais non point pour en consulter les lignes.

Pour en approcher humblement ses lèvres flétries, pour les baiser avec respect.

— Comme tous les bons, les loyaux, comme tous les êtres d'élite vous porterez la couronne de la douleur, vous mademoiselle ; l'envie vous aboiera après ; hommes et femmes se ligueront contre vous parce que vous serez trop belle pour ces dernières et trop chaste pour les premiers ; on vous exploitera de toutes manières pour finir par vous crucifier parce que vous vous serez révoltée contre les sales machinations auxquelles on aura voulu vous mêler... Fuyez le venin des serpents qui se cachent sous les fleurs si vous voulez ne point en mourir... Il en est peut-être encore temps : fuyez, les gazelles ne s'unissent point aux tigres... Si vous écoutez les paroles mielleuses des lèvres qui savent mentir, vous serez perdue... Trois fois malheur sur vous, alors, la belle, la généreuse, l'innocente et la franche... J'ai dit..... »

Et sans attendre des remerciements ou des reproches, sans s'occuper des autres mains que l'on pouvait lui tendre ensuite, la somnambule parisienne rompant le cercle, en arrière, s'éloigna au travers du gazon, s'enfonça dans des bosquets.

On lui en avait laissé le temps du reste.

Car tous ceux qui avaient entendu sa prédiction sinistre demeuraient là, immobiles, n'osant se regarder.

Les uns avec le pressentiment que la folle avait dit vrai parce que Marie était une trop parfaite créature pour la terre.

Les autres avec la certitude qu'elle ne s'était point trompée, et la terreur que l'on ne s'arrêtât trop à ses paroles, parce qu'ils savaient bien ce qu'ils complotaient contre une pauvre enfant dont ils avaient besoin et dont ils se débarrasseraient ensuite.

La principale intéressée et sa mère priaient Dieu dans le fond de leurs cœurs de détourner d'elles les calices, le présage.

Pas fier de son idée, le médecin des fous se frappa le front avec un petit rire de pitié, un petit rire qui signifiait : « Ne faites point attention... Maboule ! »

Et il s'empressa d'exhiber un petit idiot qui imitait les cris de toutes les bêtes de la ferme de l'asile où on arrivait, cueillit d'énormes bouquets, eut des galanteries empressées, des gaietés bruyantes.

Mais il ne parvint point à dissiper le nuage dont Mlle Jacquemard avait assombri les pensées et les fronts.

La bande de promeneurs rentra en silence au manoir.

Et le lendemain la marquise ne proposa point de retourner auprès de son ancienne compagne Anaïs pour lui faire continuer sa séance de diseuse de la bonne aventure.

Néanmoins comme c'eût été trop peu flatteur pour celle qui les avait reçues, pour celui qui semblait ambitionner de s'unir à leur famille, de sembler attacher de l'importance à l'aventure, d'y même trouver un rapport quelconque avec leur situation réciproque à tous, les princesses Czarkowska avaient vite repris toute leur sérénité, une sérénité apparente du moins.

Elles parlèrent bien de s'en retourner en Pologne.

Mais ce ne fut tout de même point sans inviter le marquis d'abord, puis la marquise aussi, du moins autant que sa gestion de nombreux intérêts le lui permettrait, à venir à leur tour dans le manoir des steppes.

Le jeune homme promit, et pour bientôt, en soulignant qu'il désirait que le prince Stanislas préparât d'avance toutes les pièces se rapportant à un mariage.

C'était bien dire qu'il comptait épouser Marie.

Mais c'était surtout pour amener l'exhibition du parchemin convoité.

VIII

SOUS LE CIEL D'ANDALOUSIE

Il ne faut point se fier à l'eau qui dort.

Les d'Ambleuse, trop absorbés du côté du Brésil d'abord puis de la Pologne ensuite, avaient négligé plus qu'il ne l'eût fallu dans leur intérêt de regarder du côté de l'Espagne.

Ce n'était cependant point naturel que les Sanchez, dévorés par l'envie de sauter sur le magot, y restassent si tranquilles pendant des mois.

Ce n'était surtout point naturel que la belle Pépita ne s'inquiétât pas du refroidissement de son amoureux.

Les femmes flairent mieux et plus vite que cela les trahisons.

Une maîtresse fouine comme Lucienne Gobert ne l'ignorait point.

Alors, quoi ? Que s'était-il donc passé ?

Il y avait tout simplement que les Espagnols avaient manœuvré chez eux pendant que la marquise et son fils manœuvraient ailleurs, en dehors d'eux, autrement qu'il en avait été convenu.

De cela les deux traîtres ne pouvaient se plaindre ; c'était de bonne guerre.

Il n'y avait point du reste dans l'oubli des Sanchez la mauvaise foi qui se trouvait dans l'abandon des d'Ambleuse.

Les d'Ambleuse négligeaient leurs complices espagnols parce qu'ils pouvaient s'en passer, parce que ces gens ne seraient qu'importuns en prétendant partager.

On avait les lettres et les chiffres de leur morceau de parchemin, c'était l'essentiel.

Tandis que les Espagnols, eux, s'étaient tenus cois parce qu'ils se trouvaient gênés avec les projets d'union du jeune marquis, certains de le voir réapparaître plus tôt qu'ils ne l'eussent désiré.

Leur horizon s'était en effet brusquement agrandi.

Agrandi même dans de telles proportions qu'ils en étaient venus à considérer leur part du trésor de Las Tablas comme une quantité négligeable, du moins comme n'étant pas la chose qui méritât de fixer le plus leur attention.

« Pour le quart d'heure du moins.

« Ils y reviendraient après.

« Et ils y reviendraient avec le couteau à la main pour le cas où l'on eût essayé de les voler.

« Mais le Français n'aurait pas eu cette audace.

« Du reste ne le tenaient-ils point par son amour ?

« Amour qui les dérangeait actuellement, au sujet duquel ils ne voulaient point de discussions, et qu'ils gardaient dans leur jeu quoiqu'il n'eût plus dû s'y trouver, qu'ils gardaient dans leur jeu pour faire travailler le Français à leur profit mutuel.

« Quitte à lui découvrir ensuite le pot-aux-roses, quand il aurait dépouillé les Polonais. »

Renards contre renards.

Que s'était-il donc enfin passé sous le toit du toréador ?

Oh ! un événement qui n'avait rien d'imprévu !

Car le pareil se produisait au moins trois ou quatre fois par mois.

Pépita avait vu un nouvel adorateur se précipiter à ses genoux, lui faire cortège ; elle l'avait entendu pinçant de la guitare, depuis le lever du soleil jusqu'à l'aube, sous ses fenêtres.

Elle en pouvait compter comme cela quelques douzaines.

Oui, mais cependant il y a amoureux et amoureux, fiancés et fiancés comme il y a fagots et fagots.

Ce dernier venu avait une importance considérable.

Et la jeune personne eut vite fait d'écarter les autres donneurs d'aubades pour n'écouter que celui-là.

Ces autres, redoutant et le papa et les frères de la demoiselle, s'envolèrent comme une bande de pigeons dans laquelle on a tiré un coup de fusil.

Et le nouvel ensorcelé que Pépita tenait dans ses griffes d'or n'eut plus de rival.

Plus d'autre rival du moins que ce Français dont on parlait encore quelquefois autour de la senorita.

Mais il était si loin ; et puis il n'avait plus donné signe de vie depuis si longtemps qu'il ne devait pas être bien dangereux maintenant.

En Espagne tout le monde bat monnaie, pour l'excellente raison qu'habituellement personne n'a le sou en poche.

Les grands seigneurs comme les autres.

Et souvent ces grands seigneurs élèvent en parc des troupes de taureaux de combat afin de les vendre aux arènes des villes, lesquelles en consomment toujours une certaine quantité à chaque spectacle.

En sa qualité d'éventreur émérite de taureaux, Sanchez servait d'intermédiaire entre les éleveurs et les arènes.

Il y gagnait sa commission.

Or les bêtes qu'il recommandait comme les plus sauvages, celles contre lesquelles le combat devait être le plus terrible, c'étaient les taureaux des parcs d'Andalousie du duc de Santa-Maria.

Le duc vivait seul et triste là-bas dans des prairies perdues, au pied de sommets neigeux, sous un ciel admirable et dans un vieux castel datant de l'époque des Sarrasins.

Jamais il ne venait à Madrid.

Rien ne lui était plus rien depuis qu'il avait perdu une épouse adorée.

Rien, excepté l'avenir de son fils Alphonse.

Un fils unique.

Un fils dont il avait entouré l'enfance, la jeunesse de toutes les précautions matérielles et morales dont un bon père se sert pour garantir son enfant.

Un fils instruit par les meilleurs maîtres.

Un fils qui tenait tout à la fois de son père et de sa mère par les qualités les plus éminentes de chacun d'eux.

Un beau, un noble garçon de vingt-deux ans que don Alfonso.

Plein de cœur, de science, de courage il ne songeait qu'à consoler son cher père, qu'à faire du bien autour du château de Santa-Maria.

Malgré sa naissance, sa fortune, les recherches dont il était l'objet, il ne s'écartait jamais, lui non plus, des hautes tours du castel, tout à son père, tout à la tombe de sa mère, aux pauvres du domaine.

Ce fut dans ces conditions que le jeune duc se trouva un jour face à face avec la reine de beauté de toutes les Espagnes, la triomphante Pépita : c'était trop pour une première épreuve.

L'effet produit sur lui par la fille de Sanchez, lui qui ne fréquentait point la société pas plus qu'il ne courait les fêtes populaires, devait être foudroyant, absolu, définitif.

De grandes courses de taureaux se préparaient dans plusieurs cités espagnoles au sujet de la guérison d'une maladie du petit roi.

Sanchez avait tenu à faire par lui-même un choix de taureaux dans les parcs de M. de Santa-Maria.

Et il s'était transporté dans les solitudes andalouses, suivi de sa fille qui avait exigé qu'il l'emmenât.

Les portes du propriétaire des garderies de taureaux s'étaient forcément ouvertes pour une hospitalité large.

Les deux ducs, le vieux et le jeune, ne se doutaient certes guère qu'ils bouleversaient toute la suite de leur existence en accueillant chez eux la première épée et le plus radieux visage de la terre espagnole.

Toujours généreux, toujours polis, les deux nobles hommes le furent encore davantage avec le toréador qui leur faisait des achats, avec la jeune fille qui apportait quelques heures de rire dans leur sombre séjour.

Sanchez et Pépita ne demeurèrent qu'une semaine dans les parcs ou dans les appartements des Santa-Maria, mais quand ils reprirent le chemin de Madrid ils emmenaient avec eux autre chose que vingt superbes taureaux de combat.

Ils emmenaient la paix du castel.

Pépita emportait le cœur de don Alfonso.

Le jeune homme était arrivé sans trouble aucun, sans autre affection que son père jusqu'à cette vingt-troisième année qui venait de sonner pour lui.

Et brusquement il s'était pris à aimer de toutes les énergies de son corps et de son cœur cette enchanteresse qu'était la fille du toréador.

Mais à l'aimer comme un être de loyauté tel que lui pouvait, devait aimer une fille quelle qu'elle fût.

A l'aimer pour en faire une duchesse de Santa-Maria.

Duchesse, la fille du toréador Pérez !

Pérez une espèce de saltimbanque, de coureur de foires, du boucher à panache !

Mais oui, car il ne faut pas oublier que l'Espagne ne voit point les acteurs de ses combats de taureaux avec le même œil qu'on les pourrait voir en France.

C'est un métier de choix que celui de toréador. Et celui qui s'y distingue parmi les autres marche dans une sorte de gloire.

— Mon père, je voudrais bien, si vous le permettez, épouser la fille de Sanchez, avoua, implora Alphonse.

— Croyez-vous, mon fils, que ce soit la personne digne de remplacer ici votre sainte mère? répondit le duc... Elle est charmante, je ne la méprise point, mais...

— Tout ce que vous pourriez m'objecter, mon père, je me le suis représenté à moi-même d'abord et ne suis venu vous parler de mes désirs qu'après... Je me sens frappé au cœur et que désormais j'y porte une blessure dont je ne guérirai pas... Folie peut-être, mais précisément la folie n'est-elle point la plus cruelle et la plus incurable des maladies ?

— Si, mon fils, si, et vous pouvez même ajouter que parmi les folies diverses la pire des folies est celle de l'amour, la vôtre, hélas !... Mais ne maudissons personne, ne récriminons point contre les hasards de la destinée; je vous connais assez, Alphonse, pour savoir que vous n'avez point voulu ajouter, à la légère, un chagrin à mes autres chagrins... Il faut que vous soyez, en effet, bien malade pour m'avoir confié le secret qui vous ronge... Apportons-y donc le remède qu'il comporte, le seul remède... J'irai à Madrid, je m'informerai discrètement, je parlerai à Sanchez, puis je vous ramènerai, si elle y consent toutefois, et encore si aucune tache ne la sépare impitoyablement de nous, je vous ramènerai la femme de vos rêves ou plutôt de la fatalité...

— Pouvez-vous imaginer qu'elle ne consentirait point à devenir duchesse de Santa-Maria ?

— Sait on jamais, mon fils?.. Cette belle créature n'a certainement point attendu jusqu'au jour où elle a pris la route de l'Andalousie pour pencher sa jolie tête vers les sérénades du dessous de son balcon ; qui vous assure qu'elle n'avait pas déjà donné son cœur à un autre homme ?...

— Mon Dieu !... Non, non, j'ai compris à la complaisance tendre avec laquelle Pépita écoutait mes aveux timides qu'elle était libre...

— Sait-on jamais, encore une fois, mon fils ? Vous n'avez point l'expérience de la vie et les femmes sont des comédiennes habiles... Je ne t'accuse pas; je ne sais rien: elle peut parfaitement être libre, ou si elle ne l'est plus avoir le rare courage de le déclarer en repoussant les offres inespérées d'un duc... Très belle elle peut être aussi très modeste, très franche, sans ambition: tout arrive en ce monde... Ce qu'il faut, et cela de toute nécessité, c'est qu'elle ait été toujours d'une conduite irréprochable ; car dussiez-vous en mourir, et moi du même coup car je ne vous survivrais certainement pas, jamais je n'ouvrirais mes bras, je ne donnerais mon nom à une fille souillée, fût-elle une princesse, jamais !

— Ni moi non plus, mon père ! ajouta dans un élan immédiat le dernier représentant des Santa-Maria ; nous ne sommes point de ceux qui transigent avec l'honneur... Je m'arracherais le cœur, voilà tout !

— Ou vous le reporteriez exclusivement vers Dieu, mon fils, ce qui vaudrait mieux pour tout le monde... »

Un père, si sévère soit-il, un pauvre père qui n'a plus qu'un fils à aimer devient bien indulgent quand ce fils souffre, l'implore.

L'enquête, à Madrid, du duc de Santa-Maria ne dut point être méticuleuse, défiante.

Car, un mois plus tard, ce n'étaient plus le père et le fils qui s'entretenaient de projets de mariage dans le fond de l'Andalousie, c'étaient les deux amoureux eux-mêmes qui tournaient ensemble, dans le salon d'un grand hôtel de la capitale espagnole, les pages du livre de leur vie, de leur vie en projet.

Une vie enchanteresse, à deux.

Les pages de la préface tout au moins.

Pépita semblait transportée au troisième ciel.

Mais le duc ne l'avait-il point dit à don Alfonso : les femmes savent si bien jouer la comédie !

La comédie d'une affection qu'elles n'éprouvent nullement, mais qu'il est leurs intérêts, de leurs intérêts les plus bas, les plus vils de feindre.

Quant au jeune homme il voyait son idole avec des yeux sur lesquels était noué un triple bandeau.

C'était donc, cette idole, une perfection pour le cœur, pour l'esprit, pour l'âme comme c'était une perfection pour la beauté corporelle ; un ange ayant revêtu les apparences d'une jeune fille.

Don Alfonso ne se trompait ni au point de vue de la splendeur des formes, du charme émané de tout l'être, ni à celui de l'esprit.

Il ne faisait erreur que sur l'essentiel : la candeur, la bonté de l'âme de la demoiselle.

Et la fille de Sanchez, voyant à quel naïf elle avait affaire, baissait les yeux, répondait en tremblant, s'étonnait de toutes choses comme une petite fille échappée aux bras de sa maman, une jolie poupée que l'on aurait sortie la veille de sa boîte de coton.

L'amoureux, lui, se prodiguait en paroles enflammées ; il eût voulu décrocher la lune, la lune resplendissante des nuits parfumées de son Espagne, pour en faire hommage à la future duchesse.

— Oh don Alfonso, oh ! minaudait Pépita, jamais je n'oserai mettre les pieds en maîtresse de maison dans la demeure seigneuriale de vos ancêtres... Moi, la fille du toréador Sanchez, moi !

— Puisque c'est mon père lui-même qui vous en prie, Pépita adorée, puisque tout le bonheur de ma vie, à moi, et par contre-coup du restant de la sienne sont attachés à ceci que vous acceptiez d'être sa fille, à lui, et... ma femme, à moi... Ma femme ! Vous avoir pour femme, Pépita, pour compagne dans notre chère et vieille solitude d'Andalousie, au milieu de ces populations qui vénèrent notre nom et auxquelles nous continuerons à porter secours, quel rêve réalisé, mon Dieu ! »

Pépita se disait sans doute intérieurement que de croupir dans l'obscurité d'un château campagnard cela ne ferait guère son affaire, qu'elle se souciait peu de la gratitude des pouilleux andalous et qu'elle échangerait le castel silencieux contre le brouhaha des fêtes madrilènes dès qu'elle serait la maîtresse, dès qu'elle tiendrait en main la cravache avec laquelle, bonne dompteuse, elle savait faire marcher les hommes, les ducs comme les autres.

Mais ce n'était point encore l'heure d'exhiber le fond de son sac aux pensées intimes, de son joli petit réticule aux scorpions et aux vipères.

Et la sœur de ces deux bandits qu'étaient Juan et Gaspar, la fille de cette grotesque fripouille de comédien bariolé de rouge et de jaune qu'était l'éventreur de taureaux, répétait, mot pour mot, d'une voix adoncie, reconnaissante:

— Être votre femme, don Alfonso !... quel rêve réalisé, mon Dieu, quel rêve ! »

Le duc était heureux puisque son fils l'était.

Sanchez crevait d'orgueil.

« Sa Pépita, duchesse ! Propriétaire de parcs où grouillaient des centaines de taureaux ! Par l'enfer c'était décrocher une timbale de première grandeur au mât de cocagne, cela !

« Toute la famille allait rouler sur l'or, caramba!... Sur l'or, demonios !

« Les écus du papa Santa-Maria, une brave vieille bête, à ajouter au magot de cet autre cornichon en bocal qui s'était, de son vivant, appelé Las Palmas : quelle noce, messeigneurs, quelle noce !

« Car cette part du trésor de guerre ne pouvait lui échapper, tout au moins à la date fixée par le testateur.

« Le marquis français, cette petite canaille d'Ambleuse n'avait sans doute point réussi dans ses tripotages puisqu'on n'en entendait plus parler, mais à cela près l'heure sonnerait, les trente ans s'achèveraient, de par le diable ! »

Et la conviction qu'elle possédait des écus enfouis dans un trou quelque part, enflait encore cette grenouille qu'était le toréador aux côtés du bœuf, aux côtés du buveur de taureaux.

Il en était venu à traiter avec lui de puissance à puissance.

Il laissait entendre au père de don Alfonso que s'il avait des bêtes dans ses pâturages, il avait, lui, des pièces d'or dans ses coffres.

Sans compter le premier des trésors : les beaux yeux de sa fille.

Cependant, rusés tous quatre, ni le père,

ni les enfants ne s'expliquaient carrément au sujet de cette sorte de mine du *Pérou* à laquelle il n'y avait que de vagues allusions.

Les Santa-Maria étaient trop scrupuleux.

Inutile d'en faire des gendarmes pour le cas où on parviendrait à défoncer le coffre de Las Palmas avant l'échéance.

Vogue la galère !

Toute la bande Sanchez laissait sa nacelle aller au gré du vent.

Un bon vent, paraissait-il.

Don Alfonso et Pépita étaient fiancés.

Le jeune homme avait couvert la belle fille des anciens bijoux de sa mère, puis encore de parures nouvelles, de mille colifichets à la mode et venus de Paris.

Pépita s'extasiait vraiment, cette fois.

Les diamants, les pierreries, l'or avaient plus d'influence sur elle que toutes les déclarations enflammées de son fiancé.

— Que vous donnerais-je qui pût rivaliser avec ces splendeurs, Alfonso ?... Je n'ai rien, moi, je suis pauvre ; ou du moins ce que je pourrais offrir est si peu de chose que j'ai honte...

— Mais, venant de vous, adorée, tout me sera précieux, une de vos bagues de fillette, une simple fleur pourpre morte dans l'ébène de vos cheveux, un de vos colliers de corail, une de ces mantilles où s'est refroidie votre haleine, un rien... De vous ce sera encore un trésor...

— Mille grâces, Alfonso ! Vous êtes facile à contenter et trop charmant ; je cherche ce qui serait le moins indigne de mon époux de demain... Oh oui, enfin, je crois avoir trouvé quelque chose... »

Et dans un petit coffret d'argent doublé de soie jaune, Pépita avait été prendre une griffe.

Une griffe aiguë, bleuâtre, teintée par places de taches brunes qui avaient dû être des gouttes de sang, sertie à sa base d'une garniture d'or que terminait un anneau.

Dans cet anneau passait une mince chaînette, d'or aussi, une chaînette faite de deux morceaux de maillons aux nuances différents.

La chaînette primitive d'or vert avait ensuite été doublée en longueur avec de l'or rouge.

Pourquoi ?

Parce que d'abord la griffe avait été suspendue, comme fétiche, au cou étroit d'un enfant, pour encercler ensuite l'encolure plus puissante d'une grande personne.

Cette griffe était une griffe de panthère.

Tout un symbole !

Pépita expliqua :

— Ceci est ancien, très ancien, Alfonso, c'est la griffe d'un fauve tué jadis en Afrique et que les bijoutiers arabes ont transformée en porte-bonheur... Ma nourrice, une gitana de Grenade, la tenait de ses aïeules du temps des rois maures, elle me l'avait mise au cou pour la protection de ma toute petite enfance... Puis comme elle est morte subitement, je l'ai gardée... Plus tard, en songeant aux dangers terribles qui planent comme un vol de corbeaux au-dessus de la tête de mon père, j'ai voulu qu'il la cachât sur sa poitrine et qu'elle le protégeât contre les cornes acérées des taureaux .. Elle a été couverte de son sang, et la chaînette en a été rompue dans la mauvaise course de Tolède du mois dernier, course qui a failli être la dernière de sa célèbre épée : c'est pour cela que la griffe se trouvait dans mon coffret, elle a été rapportée ces jours-ci de la réparation... Prenez ce porte-veine, cette égide mystérieuse des gitanas de Grenade ; mon père la remplacera par autre chose, je veux que ce soit vous qui l'ayez désormais... Votre vie, Alfonso, n'est-elle point pour moi la plus précieuse de toutes les vies ?... »

Et Pépita passa au cou d'Alfonso la chaîne que terminait la griffe de panthère.

Une chaîne ! Une griffe !

Était-ce pour le protéger ou au contraire pour l'asservir, dans le secret de ses pensées de créature aussi dominatrice que superstitieuse ?

IX

LA DANSEUSE ÉTOILE

Vogue la galère !

Oui, parfait, mais à condition que la galère ne se heurte point à des écueils.

Et tout à coup la galère des Sanchez en rencontra, des écueils.

Les choses allaient trop bien.

Et dans la vie, la triste vie, il faut se défier quand tout marche sur des roulettes, puisqu'il est entendu que l'homme n'a point été jeté sur cette terre d'exil pour y trouver un bonheur durable.

L'écueil des Sanchez devint, naturellement, l'écueil aussi pour les Santa-Maria.

Quand on va marier sa fille à un duc on tient à faire largement les choses.

On met les petits pots dans les grands.

Sanchez voulut se surpasser.

Jusqu'à en devenir sourd et myope.

Ou bien fût-ce parce qu'il ne portait plus sa griffe-fétiche ?

Le fait dans tous les cas, fait éminemment regrettable pour tout le monde, à commencer par lui-même, fut qu'il reçut, en foudre, et d'un taureau arrivé au paroxysme de la fureur, un coup de corne dans la poitrine sur les arènes de Burgos.

Il ne broncha point, resta debout, attendit un second choc de son adversaire qu'il cloua net.

Mais le lendemain il était mort.

Remise des noces de la senorita Sanchez endeuillée jusqu'à nouvel ordre.

Et résurrection du marquis d'Ambleuse.

Lequel, s'il fut oublié pour les lettres de faire-part, connut néanmoins la nouvelle par les journaux et jugea opportun de ne point abandonner l'orpheline à elle-même.

La visite au manoir de la steppe aux loups fut remise à un peu plus tard.

Le fils de Lucienne estimant que pour le quart d'heure le balai de ses amours et de ses intérêts rôtissait en Espagne.

« Il avait trop tardé peut-être à y retourner.

« On ne chasse pas deux lièvres à la fois.

« Qu'allait-il trouver chez le toréador défunt ? »

C'était du moins ce qu'il se demandait dans le train entre Paris et la frontière espagnole.

Il frémit en face des complications qui lui apparurent à l'arrivée.

Mais il n'en laissa rien paraître.

Il se fit un visage de marbre et, dans le secret de l'appartement où on l'hospitalisait, il regarda en face la situation telle que les événements la lui avaient modifiée.

Il la regarda avec des yeux de fauve : clairs, intrépides, sans pitié.

C'eût été bien plutôt lui qui aurait dû porter au cou la griffe de panthère.

Elle se fût ajoutée aux siennes : une de plus, voilà tout !

Sa mère et lui avaient bien' décidé de s'emparer du trésor mystérieux, et par tous les moyens, fût-ce au besoin par un mariage avec la Polonaise.

Mais mariage de comédie, mariage qui ne faisait point renoncer le marquis à ses vues sur Pépita, à sa passion pour elle.

Rien même ne prouvait du reste que la drôle serait obligé d'en arriver jusqu'au mariage chez les Czarkowski et qu'il ne les aurait pas dupés ou volés auparavant.

Et voici maintenant que Pépita allait lui échapper alors qu'il n'en avait point fini avec les dernières syllabes de l'énigme, avec la clef de la cachette ?

« Ah mais non, non !

« Perdre d'un côté ce qu'il aurait gagné de l'autre ?

« Jamais ! »

Il comprit vite que la belle Espagnole n'aimait nullement don Alfonso, mais qu'elle le prendrait pour sa fortune, son nom, comme aide dans le rôle qu'elle espérait jouer sur la scène du monde, quitte à le débarquer ou même à le faire disparaître quand elle aurait tiré de lui tout ce que l'on en pouvait tirer, à le rejeter comme un citron vidé.

Absolument ce que lui-même comptait faire avec Marie Czarkowska, à la dernière extrémité.

Alors on pouvait s'entendre.

Ils restaient secrètement unis par un pacte intangible, elle et lui.

Leurs deux natures d'orgueil, de fourberie, de jouissance, de rapine, de férocité étaient trop pareilles pour ne plus s'attirer, ne plus se plaire.

Les fauves restent avec les fauves.

Néanmoins sa jalousie souffrit plus qu'il ne l'aurait cru des jongleries de Pépita avec son fiancé pour rire, le peu redoutable duc de Santa-Maria.

Et il voulut écraser le duc avant que ses amours éloignassent plus loin, l'annihiler aux yeux de la famille du toréador.

La mort de Sanchez lui en donnait le temps, avec ses retards de convenance.

Quant aux moyens, il connaissait fort bien l'Espagnole et ses deux frères pour ne pas être certain de les posséder.

Ce qu'ils voulaient c'était de l'or, c'était la domination, le luxe, la grande vie à perpétuité.

Eh bien tout cela c'était lui, lui le marquis d'Ambleuse, qui le leur donnerait, lui seul.

Cet imbécile d'Alfonso au contraire ne leur serait qu'une entrave, une cause de ruine.

Et il se dressa frémissant, terrible entre les projets de mariage de ce fiancé sorti de terre pendant son absence et les conventions anciennes.

Les trois enfants du toréador, qui cependant n'avaient point froid aux yeux et croyaient s'y connaître en fait de canailleries, retrouvèrent dans le Français un monsieur dont ils ne se seraient jamais doutés, ils tâtèrent de la supériorité malfaisante d'un chef.

Le fils de Lucienne était plus fort qu'eux, sinon comme cruauté implacable dans les moyens, du moins comme intelligence des situations, comme pratique des milieux sociaux, instruction, savoir-vivre.

Et un soir que les deux ducs, que la foule des amis de Sanchez, des soupirants de Pépita, tout un flot renouvelé de visiteurs, de consolateurs, d'intrigants, de curieux les avaient laissés face à face, eux quatre, le marquis d'Ambleuse arracha les masques.

Le sien et ceux des autres.

Il n'y alla point par quatre chemins et leur cracha tout de suite ses injures, se moqua de ce qu'ils estimaient être une victoire, leur mit sa botte sur la gorge.

Leur révolte, leurs rugissements, leurs crocs, le Français ne les craignait pas.

Il savait là où il lui fallait frapper la panthère et les deux loups, là où il lui fallait pointer son trident de dompteur pour arrêter tout net leur élan et les faire rentrer dans la cage.

Tandis qu'eux ne le tenaient que par un côté, un seul : sa passion pour la demoiselle.

Passion qu'il allait feindre de jeter elle-même par-dessus bord.

Alors rien, plus rien, ils seraient à sa merci, ces trois sauvages !

Ces trois sauvages qui avaient toujours eu conscience d'en être, des sauvages, auprès du marquis de France, du Parisien, même depuis qu'un seigneur du pays de Don Quichotte parlait de les faire entrer dans son château.

Les châteaux en Espagne, on sait ce que cela vaut, même et surtout quand on est Espagnol !

— Alors parce que les hasards d'une guerre de pacotille, les coude à coude forcés d'un régiment du Mardi-Gras ont rapproché et le marquis mon père et le prince Czarkowski du toréador Sanchez vous nous croyez donc de la même cambuse, espèce de marchands de vaches ?... Et vous vous permettez de me ridiculiser, de mentir comme des valets de chiens à toutes vos promesses ?... Vous profitez de ce que je suis absorbé par une opération lointaine et coûteuse dans notre intérêt commun pour me jeter à l'eau ?... Je vous faisais l'honneur de vous traiter en amis de toujours et pour toujours, en partageurs d'un même secret de vie ou de mort et vous profitez de ce que je tourne le dos pour me poignarder par derrière... Oh c'est bien fait pour moi, voilà ce qu'il en résulte de se lier à la canaille !... Mais, mes drôles, vous avez été encore plus sots que gredins en vous lançant dans cette aventure des Santa-Maria..

— Qui vous dit que... que je... glapit Pépita...

— Tais toi, toi !... Tu as cru faire une brillante opération en me reniant pour te fiancer à ce duc de quatre sous ; eh bien, ma fille, tu t'es tout bonnement fourré le doigt dans l'œil ; tu as échangé la proie contre l'ombre ; on peut t'appeler : la belle et la bête... Il te coûtera cher, ton mari, sans compter qu'il t'assommera et qu'avant six mois tu l'auras ruiné et planté là...

— Mais encore une fois, caramba, qui vous dit que... que...

— Que... que... quoi ? Je travaillais dans les neiges de Pologne, mais cela ne m'empêchait pas d'être renseigné sur ce qui se passait ici... Alors quand j'ai su que malgré tes yeux de velours levés au ciel, les baisers de ta main mignonne et les serments de tes lèvres de carmin tu me préférais le Nicodème des parcs de taureaux, je t'ai lâchée moi-même dans les grands prix. Toi et ton bonhomme de papa, Dieu ait sa vilaine âme, et tes deux polissons de frères, lâchés à fond... Vous n'êtes pas de force, pauvres ignorants ; vous avez beau rouler des boules de loto, grincer des mâchoires de requins, contorsionner vos figures de pain d'épice, vous ne me faites pas peur mais pouffer de rire... Idiots, va, triples idiots ! Le trésor du capitaine, trente millions, c'est moi qui l'ai maintenant ; j'épouse la sœur de Czarkowski ; nous le partagerons en famille et nous nous fichons de vous... Le papa Sanchez, l'éventreur de taureaux, qui avait sans doute soufflé ses espérances à l'oreille du vieux duc afin de le décider tout à fait à prendre la belle Pépita comme bru, le papa Sanchez est capable d'en sortir de son cercueil pour protester... Trop tard, porteur d'un des trois parchemins, trop tard, l'affaire est terminée, tu peux rentrer dans ton trou et définitivement...

— Demonios ! hurlèrent dans un ensemble touchant la demoiselle et messieurs ses frères... Demonios ! »

Et ils bondirent tous trois vers le Français, eux avec chacun un couteau catalan dans la main, elle avec une fine lame de poignard qu'elle avait tirée de sa jarretière sous sa jupe mauve aux dentelles noires.

Le marquis d'Ambleuse les reçut en leur braquant un revolver américain sur la poitrine.

Pan, pan, pan, et il les envoyait rejoindre leur toréador de père !... Attention !

On a beau être Espagnol, un pruneau de revolver dans le creux de l'estomac, c'est malsain.

Pépita en fut persuadée la toute première.

— Bas les pattes ! Bas les pattes ! cria-t-elle... Faut pas vous disputer : le marquis est si gentil quand il le veut... Discutons, entendons-nous, moi d'abord je l'ai toujours aimé et je l'aime encore... Pourquoi, unique ami de mon cœur, ne point m'avoir laissé achever ma phrase ?... Qui vous dit que... que...

— Que quoi ? interrogea le marquis d'Ambleuse tout en remettant son revolver en poche pendant que Juan et Gaspar renfonçaient leurs couteaux dans les plis de leurs ceintures et que Pépita reglissait le poignard dans sa jarretière.

— Que c'était sérieux ce mariage avec le duc ? Jurez-moi de planter là votre Polonaise et moi je renvoie l'Andalou dans ses parcs...

— Et moi est-ce que je ne le suis pas, fiancé ?

— Oui, mais moi j'ai donné une parole contre le secret, contre les deux dernières lettres, les deux derniers chiffres qui ont permis de composer le vrai mot de passe, d'ouvrir la porte du coffre aux millions... Alors je ne suis pas libre... Ma parole d'honneur...

— Un honneur qui ne vous empêche pas de nous voler puisque nous avions le tiers...

— Allez le réclamer aux Polonais, votre tiers !... Moi, je garde ma moitié, à moins que...

— A moins que quoi ?

— A moins que ce soit le tout, le magot en bloc que je t'apporte, Pépita, que je t'apporte à toi, toi la compagne rêvée pour mes projets d'avenir, toi la seule femme capable de me comprendre, de m'aider, toi la seule créature qui m'attire et me retienne au monde, moi qui n'aime rien et personne... »

La voix du marquis d'Ambleuse s'était assourdie jusqu'à ne plus être qu'un souffle.

Souffle de passion violente qui passait, rauque, sur ses lèvres sèches, frémissantes.

Ses yeux fixes brûlaient.

Pépita, elle, eut un tressaillement de tout le corps.

Quelque chose comme une marée de joie envahit son être entier.

Elle comprit qu'elle avait repris tout son empire sur cet homme de fer, cet homme satanique, qu'elle ne l'avait même jamais perdu.

Il ne tenait pas plus à sa princesse polonaise qu'elle ne tenait à son duc espagnol.

La fiancée de là-bas était une poupée aux griffes d'acier du marquis, de même que le fiancé d'ici était un pantin sous ses ongles roses.

Museaux au vent, prunelles dilatées, Juan et Gaspar attendaient comme deux hyènes auxquelles le belluaire va jeter leur part de proie.

Les deux chenapans sentaient d'instinct le plus ou moins de puissance des yeux de velours de Pépita.

Leur sort qui se confondait avec la question de sa part dans le magot volé.

Ils n'avaient garde de la déranger dans le nouveau rôle qu'elle croirait devoir jouer.

Rôle qui paraissait bien n'être plus celui de future duchesse, au contraire.

Ce rôle, Pépita le joua avec chaleur, presque avec sincérité.

Car si elle n'aimait point d'amour le marquis d'Ambleuse, puisque comme lui, créature d'égoïsme fou, elle n'était capable d'aimer vraiment qui que ce fût, du moins avait-elle pour lui l'admiration de la tigresse pour le mâle plus fort.

Qu'il fût un monstre, elle n'en doutait pas ; mais qu'était-elle donc aussi, elle ?

Son énergie terrifiante dans le mal, elle en avait besoin pour y greffer ses vices à elle.

Sans sa volonté, son bras de démon, à lui, sa perversité somnolente, ses ruses dans l'ombre, à elle, n'aboutiraient pas à des résultats.

Elle le complétait, oui, mais encore davantage elle avait besoin de sa supériorité intellectuelle, physique, sociale : ils s'accoupleraient pour dévorer.

Elle se jeta sur la poitrine du jeune Français avec cette fougue que connaissent seules les filles de son pays, ou leurs cousines-germaines, les Mauresques d'Afrique.

Oh ! combien pâles les caresses des amantes de la douce France auprès des morsures auxquelles les amantes du royaume du soleil, des bosquets d'orangers et de lauriers roses, des palais de marbre blanc sous le ciel indigo ensanglantent leurs dents et leurs lèvres !

Amours de colombes et amours de lionnes : les premières ne sont-elles pas plus vraies, plus humaines et les secondes seulement plus bestiales ?

— Je t'aime, toi, je n'ai jamais aimé que toi, je n'aimerai jamais que toi ! » cria-t-elle éperdûment.

Puis sa voix devint lente, basse, réfléchie, volontaire pour ajouter :

— Et l'autre, je le hais, puisqu'il a pu te causer quelque ombrage, te faire de la peine, alors cependant que je ne m'en servais que comme moyen... Veux-tu pour preuve de ce que je te jure, veux-tu comme éponge passant sur les jours des fiançailles simulées que je...

— Que quoi ?

— Que je lave tou affront apparent dans la réalité de son sang ?

— Non, cela nous créerait des ennuis, des obstacles, des retards...

— Oh ! non, pas difficile, de mes bras, dans lesquels il aurait fermé ses yeux adorateurs, je le pousserais au pied des rochers... Certain endroit, où il emporte notre couple de tendres rêveurs, est à cent pieds au-dessus d'un abîme...

— Inutile !... Il ne nous gênera pas !... Je te crois ! ..

— Dis-moi tes projets, marquis, je serai ton esclave... J'accepte ce que tu décideras...

— Je vais te dérouler mon programme...

— Combien y avait-il dans le coffre ? intervinrent Juan et Gaspar.

— Silence, vous autres, les brutes ; vous viendrez quand on vous appellera ! » ordonnèrent ensemble Pépita et le marquis d'Ambleuse.

Les vues du marquis sur la belle Espagnole étaient triples.

Mettre d'abord la main sur ce à quoi les Sanchez auraient pu prétendre dans le trésor de Las Tablas.

Ensuite tirer parti, comme miroir à alouettes, de ses grâces éclatantes.

Enfin satisfaire sa propre passion avec une fille incomparable dans son genre, genre qui était le seul susceptible de s'adapter au caractère du personnage.

Pour entraîner la smala du toréador à sa suite, sur le théâtre où il voulait opérer, et qui était Paris, il fallait lui mentir impudemment.

Et il lui mentait, on l'a vu, en affirmant qu'il était déjà en possession du coffre mystérieux, un coffre bondé de pièces d'or.

Trente millions !

Juan et Gaspar en bavaient d'envie.

Oui, mais alors ce mensonge lui créait tout de suite une situation périlleuse.

Quand on dispose de millions, on jette volontiers autour de soi quelques poignées d'écus, on ne laisse pas tendre la langue aux amis dans la gêne.

Or, pour le quart d'heure, quelques billets de mille eussent rendu tout à fait service aux Sanchez.

Et le marquis d'Ambleuse avait lui-même les poches à peu près vides.

« Comment leur expliquer que, tout en disposant d'une fortune colossale, il était obligé de remettre à plus tard la joie de partager la galette en leur compagnie ?

« Cela n'allait-il point leur sembler louche ?

« Et puis pour se lancer dans la carrière, pour placer Pépita sur l'estrade où il la voulait voir et où elle battrait monnaie tout de suite, pour attendre qu'il eût enfin escamoté ou arraché, par un moyen ou par un autre, à ces Polonais récalcitrants la clef dont il avait absolument besoin, il fallait une mise de fonds, de l'argent d'avance.

« Qui la fournirait, cette monnaie ?

« Pas la maman pour sûr, pas la marquise...

« Elle avait épuisé ses dernières ressources à jeter de la poudre aux yeux des princesses.

« Alors... alors, quoi ? Comment s'y prendre ? »

Le fils de Lucienne, le petit-fils du papa Gobert, voleur émérite, ne fut pas embarrassé pour si peu.

Il parut se recueillir.

Puis se frappant la poitrine, il confessa son aveuglement, son repentir :

— C'est tout de même stupide de ma part, ma chère Pépita, de te faire perdre une fortune par ma jalousie... Tu en étais arrivée à mettre la main sur les richesses des Santa-Maria et voici que je t'impose un recul avant de pouvoir moi-même remplacer, avec le magot déniché. ce que tu vas perdre... Car ces trente millions du capitaine, je sais où ils sont, je les ai entrevus, mais des gardiens les entourent que nous ne serons pas trop de nous quatre, nous cinq même avec ma mère, pour écarter... Comme tu le disais admirablement, ton duc n'était qu'un moyen, une tire-lire, et moi j'étais un idiot de m'offusquer des œillades avec lesquelles il te fallait l'attirer dans le piège ; ce serait vraiment trop bête de nous priver de cette ressource après que tu as perdu ton temps à le ménager... Plumons Santa-Maria dès avant la cérémonie nuptiale, puis nous nous éclipserons, à l'anglaise, pour courir plumer les Polonais ; jetons à l'eau ton futur mari comme nous jetterons ensuite à l'eau ma future femme, et après nous pourrons rouler carrosse... Compris, hein ?

— Compris !.. Je marche du moment où tu ne fais plus les gros yeux ; tu vas me voir lui soulever son porte-monnaie... Il y gagnera encore puisque je t'offrais même de le précipiter du haut de son observatoire, là-bas dans les rochers d'Andalousie...

— Je te servirai d'allumeur ; il grimpera à l'échelle comme un singe auquel on promet un morceau de sucre ; et en avant... la guitare ! »

Ils arrêtèrent leur plan.

Tous quatre y avaient un rôle.

Et les très nombreux adorateurs de la señorita merveilleuse y eurent aussi le leur dans la coulisse.

Pépita confia successivement, et dans le tuyau de l'oreille, aux uns et aux autres, que la mort affreuse, imprévue de son illustre père lui créait des obligations nouvelles, qu'elle ne pouvait rester ainsi sans protecteur, sans ressources, qu'elle devait se préoccuper de l'avenir de ses frères.

Et ce fut à qui lui offrirait l'appui de son bras, lui ouvrirait son escarcelle.

Les soupirants, prêts à s'entre-dévorer, ne désemplissaient plus la maison du défunt.

Quand l'un sortait par le jardin, l'autre rentrait par la cour.

Pépita, le plus redoutable des rivaux, le marquis français, n'en sortait même pas du tout ; il y semblait déjà chez lui.

Les Santa-Maria offraient à l'orpheline, escortée de ses deux frères, l'hospitalité de leur campagne lointaine : des dames de compagnie y tâcheraient de dissiper son chagrin, y prépareraient avec elle son trousseau.

Mais, sous des prétextes divers, Pépita refusait de les y suivre.

Et ils commençaient à s'inquiéter sérieusement ; ils suppliaient.

La fiancée s'entêtait comme une mule à rester auprès de la tombe paternelle.

Le coup de grâce fut donné à Alfonso par l'arrivée de la propre mère du marquis d'Ambleuse.

Ce second fiancé dans l'ombre, l'épouvantail de tous les amoureux espagnols.

Ils ne doutèrent point qu'elle débarquait à Madrid pour en emmener la reine de beauté, la perle des Espagnes.

Le jeune duc se décida alors à une démarche solennelle ; sa dignité et son désespoir ne pouvaient en supporter davantage.

« Oui ou non, Pépita consentait-elle à l'épouser et sur-le-champ, dans le plus court délai possible ? »

Pour cet entretien suprême on avait laissé les fiancés seuls ensemble.

Le vieux duc n'avait point accompagné son fils.

Les frères de la jeune fille, la marquise française et M. d'Ambleuse s'étaient rendus en cortège au cimetière pour y déposer une couronne apportée de Paris.

Alors, timidement, rougissante de confusion, l'innocente Pépita, dont la leçon avait été apprise, exposa au doux Alfonso, à son fiancé tant aimé et encore plus respecté, la cause secrète de ses hésitations, de ses reculades.

— Mon père a emprunté, pendant la guerre carliste, de grosses sommes au marquis d'Ambleuse, sommes qu'il n'a jamais pu rendre et qui, avec les intérêts accumulés, forment un capital... Très délicats, les héritiers du marquis, sa femme et son fils, ne me réclament rien autre chose que ma personne ; je paierai la dette en épousant le jeune Français et l'acquittement de l'emprunt de mon père sera ma dot... Devoir sacré... Je ne puis me dérober... Chagrin cruel... Situation déchirante, mais l'honneur commande...

— Qu'à cela ne tienne ! s'exclama Alfonso, remboursons le Français et renvoyons-le dans son pays... Ma fortune est la vôtre ; combien vous faut-il ?... Mon père vous enverra l'argent d'ici à deux ou trois jours... Combien ?

— Oh peu de chose pour un duc de Santa-Maria ; l'impossible pour les enfants du toréador....

— Mais enfin, combien ?

— Trois cent mille francs... »

Le jeune Alfonso eut un saut involontaire en arrière.

Diable de diable ! Trois cent mille francs !

À Paris comme à Rome, à Londres comme à Bruxelles c'est toujours quelque chose que trois cent mille francs.

Mais que n'est-ce point à Madrid, dans le pays du gousset vide et où un oignon, une plaque de chocolat et une cigarette composent les repas du plus opulent seigneur ?

Le châtelain d'Andalousie avait cru à une dette de quelques centaines d'écus.

« Diable de diable ! Trois cent mille francs !

« Tous les taureaux du papa Santa-Maria allaient y passer.

« Était-ce possible que Sanchez eût croqué pareille somme sous les drapeaux et même depuis en élevant ses enfants et en paradant sur les arènes ? »

— Les intérêts, les intérêts de vingt années.... gémissait Pépita, afin d'atténuer les objections qui se reflétaient sur le visage épouvanté du jeune duc.

— Mais ce sont donc des usuriers que ces Français ? finit-il par s'écrier, pour répondre quelque chose et se faire pardonner les retards de son ahurissement.

— Non, non, non, mon père avait lui-même fait des avances à un prince polonais, mort depuis sans avoir restitué... Question de fournitures de guerre ; dévouement à la cause royale... Oh pas pour leurs besoins personnels, grand Dieu !... Enfin vous voyez vous-même que c'est très lourd, cette dette d'honneur, et que pour l'acquitter le plus simple est encore que j'épouse...

— Mais pas du tout !... La somme est évidemment forte ; cependant mon père la paiera, je vous en réponds !... Du reste j'aimerais mieux me ruiner que de vous perdre... Accordez-nous une huitaine de jours, peut-être quinze.

— Tous les délais qu'il vous faudra, et mille remerciements... Cependant réfléchissez que plus vous tarderez à payer le Français et plus tard vous posséderez votre petite Pépita... »

La demoiselle jetait du pétrole sur le feu de la cheminée.

Alfonso prit ses jambes à son cou et s'en vint implorer la générosité du vieux duc.

Lequel leva les bras en l'air.

Mais vendit ses taureaux, fouilla ses coffres, mit en gage les bijoux de la défunte duchesse, et réunit les trois cent mille francs.

« Une chère perle tout de même que cette belle Pépita !

« Enfin il valait encore mieux l'acheter que ce que son pauvre Alfonso mourût, enfin ! »

Et Alphonse, le doux Alphonse, l'amoureux Alphonse, le naïf Alphonse s'en vint, triomphant, déposer les trois cent mille francs aux pieds de l'adorée.

C'était la somme jugée à peu près suffisante par le marquis d'Ambleuse pour une entrée en campagne.

Et avoir amené l'adversaire à fournir lui-même cette somme, n'était-ce point un coup de maître ?

Il n'y avait plus qu'à marcher de l'avant, mais, par exemple, sur un tout autre terrain que celui de Madrid.

Car, sans aucun doute, et l'amoureux Alfonso et son papa eussent poussé des cris si, après leur avoir pris leur argent, la charmante Pépita leur eût encore dérobé sa personne.

De gré ou de force, ils l'eussent emmenée dans leur forteresse de Barbes-Bleues.

Et non-seulement c'était ce qu'il ne fallait point mais encore il ne fallait ni bruit, ni scandale.

Disparaître subitement, s'évanouir sans laisser de traces, être escamotés comme par un magicien dans les dessous du théâtre : voilà ce qui parut le plus pratique au chef de la bande.

« Oh si plus tard le fiancé récalcitrant essayait de jouer de la musique, de vouloir remettre les mains sur la jeune personne qui l'avait trompé, quitté, volé, ridiculisé, on se trouverait chez soi, en France, sur un terrain solide pour le recevoir !

« Et du reste il ne s'y risquerait pas ; il était trop bien élevé pour cela.

« Il avalerait en silence son humiliation, son infortune jusqu'à ce qu'il en mourût probablement.

« Ce qu'il aurait de mieux à faire, ainsi que son vieux duc de père, pour la tranquillité de chacun. »

Sur ces réflexions consolantes, la troupe des comédiens-escrocs fit ses paquets.

Qu'elle se partagea afin de n'attirer l'attention de personne.

Et le marquis d'Ambleuse, accompagné des deux frères Juan et Gaspar, s'en fut se promener cigare aux lèvres, canne à la main par les rues de la capitale, histoire de flâner, de prendre un peu l'air, d'admirer les senoritas en mantille, en fleur rouge derrière l'oreille.

Pendant qu'en longs voiles de deuil, gémissantes, se soutenant à peine la fille du toréador et la digne marquise française se dirigeaient vers le cimetière pour y orner de bouquets, de couronnes la tombe du cher et glorieux défunt.

À la maison, un garni de location, une femme de service, à la semaine et payée d'avance, prépara le repas du soir, reçut les cartes des visiteurs, ouvrit les couvertures des lits pour le repos nocturne des deux dames et des trois messieurs.

Mais les deux dames et les trois messieurs ne rentrèrent point pour manger et pour dormir.

Ni ce soir-là, ni le lendemain, ni même le surlendemain.

Longue promenade, longue visite au cimetière, très longues !

La femme de service en fut quitte pour achever elle-même les provisions de cuisine et remettre les clefs au propriétaire.

Rien, rien, pas même pour cent sous, rien, les disparus ne laissaient rien derrière eux.

Et rien non plus, pas même une malle, pas même un coffre, rien, ils n'avaient rien emporté.

C'eût été dire qu'ils partaient.

Et puis quelle nécessité, puisqu'ils allaient faire peau neuve ?

Ah il fallait être habile et pratique en ce monde !

Le marquis et sa maman Lucienne ne l'ignoraient pas.

Quant à la jeune Espagnole et à ses renards de frères, ils ne demandaient qu'à suivre les conseils de leurs nobles amis.

Si, ah si, il y avait quelque chose qu'emportaient précieusement les cinq personnages soudés les uns aux autres, à la vie à la mort.

Ce quelque chose c'était le portefeuille aux trois cent mille francs de cet excellent et si niopye Alphonse de Santa-Maria.

Ce que la douce, l'honnête Pépita, laquelle avait à l'occasion le mot pour rire, appelait : ma dot.

Ah, caramba, il n'eût point fallu y toucher à cette dot si proprement acquise !

Ou du moins y toucher sans que les trois mâchoires Sanchez prissent part au festin.

De même qu'elles complaient bien encore prendre part au festin du magot Las Tablas.

Ce que les trois enfants du toréador appelaient, cette fois : l'héritage de notre papa.

Et tous trois, en attendant, se serraient contre les d'Ambleuse avec des yeux de braise, des griffes prêtes à déchirer, des jarrets tendus, des langues gourmandes.

Ils fussent devenus terribles si leurs cornacs eussent essayé de leur retirer l'écuelle à la pitance.

Mais ceux-ci n'y songeaient guère à se débarrasser de Pépita, avec le sans-gêne que Pépita avait elle-même usé envers les Santa-Maria.

Quitter Pépita ? Jamais !

Parce que Pépita c'était un trésor plus assuré que celui du Brésilien.

Magot que l'on ne tenait pas encore, que l'on ne tiendrait peut-être jamais, et qui, quand on le tiendrait, consisterait peut-être en un stock de fusils à tabatière, de boîtes de conserve ou de godillots à semelle de carton.

Est-ce que l'on pouvait savoir ! Un trésor de guerre pour une guerre de chenitts !

Tandis que Pépita c'était un trésor en chair et en os, la poule aux œufs d'or, et une pondeuse de première qualité sans avoir besoin de poudre spéciale, la vraie cocotte, quoi !

Il ne s'agissait que de lui trouver un beau grand poulailler.

Or le poulailler était tout trouvé.

C'était Paris.

Et dans ce poulailler d'offrir à la jolie pondeuse un panier de soie, de dentelle et de rubans parfumés, un perchoir de bois de rose verni au ripolin.

Quelques coups de grosse caisse, des

affiches collées et une distribution de prospectus autour du nid de la poulette étrangère, et le marquis n'aurait plus qu'à ramasser les œufs.

— Des œufs d'or? Mieux que ça, des œufs de diamant!

— Et vous auriez voulu qu'il se séparât d'un trésor pareil, d'une aussi magnifique amorce à gogos?

— Sans compter qu'il l'aimait, sa poule.

« Viens, poupoule, viens ! » dit la chanson.

Les trois cent mille francs de Santa-Maria devaient servir à acheter le panier et le perchoir, à payer la musique et les prospectus.

Le marquis et sa mère connaissaient les trucs.

Ils se mirent à l'œuvre dès le débarquement à Paris.

Avec le nerf de la guerre en mains, ils purent mener les affaires rondement.

Et, moins de six semaines plus tard, les badauds en habit noir et cravate blanche s'étouffaient aux portes d'un music-hall dont les places étaient toutes retenues d'avance à cent francs le fauteuil.

Ils y voulaient admirer, applaudir la nouvelle, l'incomparable, la suave, l'éblouissante danseuse espagnole, la merveille des merveilles, l'étoile, Pépita Sanchez.

Et plus encore se faire remarquer par elle, obtenir la permission de lui offrir des bijoux, des chevaux, un palais, une couronne.

Pauvre Alfonso de Santa-Maria, comme il était déjà loin avec ses trois cent mille francs ! Quel renfoncement ! Quel corbillard de première classe !

Et, aux autres comme à lui, Pépita riait au nez.

Tandis que son dompteur satanique lui soufflait dans l'oreille :

— Marche! marche! Nous n'en sommes qu'aux débuts !

X

MARIAGE BLANC

Il y a dans Paris des rues singulières, toujours ignorées du gros flot des foules qui suit sans cesse le même courant, mais dont quelques individualités savent profiler après les avoir découvertes.

Ces rues sont à quelques pas des boulevards, des avenues, des places, des gares où le mouvement acquiert la plus extraordinaire intensité, et, cependant, elles restent calmes, silencieuses, sombres comme les rues d'une province lointaine.

Pas de voitures publiques, pas de sergents de ville, point de curieux allant et venant; on peut s'y réfugier comme dans un port ignoré pour le temps nécessaire et se remêler ensuite, en trois sauts, au tumulte, à la ruée de la capitale.

On conçoit facilement combien ces rues sont avantageuses pour certaines espèces de gens.

Surtout pour les aventurières qui, une fois ourdies leurs toiles d'araignées, vont s'y tapir dans un coin sombre comme les corsaires qui, dissimulés dans une crevasse de rochers, scrutent de leurs yeux avides les horizons de la haute mer et y cherchent le navire qu'amènera le flot, la proie attendue.

La rue de la Sourdière, parallèle à l'avenue de l'Opéra, joignant presque d'un bout les grands boulevards et de l'autre le Louvre, le Palais-Royal, est de celles-là ; la rue du Mont-Thabor, sa propre voisine et qui touche à la place Vendôme, à la place de la Concorde, aux Champs-Elysées, est encore de celles-là.

Il y en a d'autres, plus détournées encore.

La bande du marquis d'Ambleuse s'était partagée en deux groupes, afin de moins attirer l'attention et de se ménager des retraites.

Alors que Pépita, avec ses deux frères comme défenseurs contre les importuns, comme porte-respect point trop effarouchants pour les papillons millionnaires désireux de venir brûler leurs ailes, sous forme de billets de banque, aux chandelles de la danseuse espagnole, s'était installée dans un somptueux appartement du boulevard des Italiens, cadre et réclame nécessaires, le marquis prenait un logis de garçon, avec bureaux et caisse, rue du Mont-Thabor, et sa mère se juchait dans trois ou quatre pièces d'une maison bien terne de la rue de la Sourdière.

Il y en avait pour tous les goûts, pour tous les buts, pour tous les rôles, pour toutes les comédies, pour tous les pièges, pour tous les étouffements.

A pied, en quelques minutes, les uns ou les autres se rendaient, d'après les besoins, dans les salons de l'étoile, dans les bureaux du financier ou dans la paisible demeure familiale de la si bonne marquise.

Ils s'évanouissaient ou sortaient de derrière une tenture sur un coup de téléphone, apportant aux manœuvres de leur association le concours exigé par les événements, les nécessités du quart d'heure.

Les frères Sanchez écumaient plus particulièrement les champs de courses, les expositions d'art, les cercles où l'on joue.

Le marquis brassait soi-disant des affaires industrielles à l'étranger, y fouillait des mines, y creusait des canaux, amenait en tous cas une procession de gogos dans son escalier.

La marquise s'occupait d'œuvres de charité, de mariages aristocratiques.

En trois mois, ils connaissaient des milliers de gens huppés, avaient des listes entières d'adresses amies, de protecteurs éminents.

On les accueillait, on les fêtait, on leur confiait des secrets et des valeurs.

Et pas une seule de ces notabilités parisiennes, françaises ou exotiques, qui fréquentaient la senorita Sanchez, ses frères, le marquis d'Ambleuse ou sa mère, c'est-à-dire une célébrité de théâtre, des noceurs de boulevards, un homme d'affaires inconnu la veille, une douairière semblant plutôt quêter pour elle-même que pour les pauvres, pas une seule n'eût pu dire d'où ils sortaient, qui ils étaient en réalité.

Mais on les portait tout de même aux nues, et en toute tranquillité pour son honneur et pour sa bourse, parce que chacun ou chacune pouvait citer la garantie du très chic Monsieur X... ou de la vénérable Madame Trois-Etoiles qui les recevait, chez qui on les lui avait présentés.

Le premier maillon de la chaîne de fleurs qui rattachait les bandits à tout ce beau monde imbécile partait de chez la danseuse.

C'était d'abord elle qui avait fasciné un état-major de soupirants appartenant au dessus du panier de la société riche, et qui, de ces soupirants, pris chacun à part, s'était fait un porte-voix, un introducteur pour ses frères, pour le marquis, pour la marquise.

A cause d'elle, avec l'espoir de devenir son préféré, s'il y en avait jamais un (car un renom de personne vertueuse, d'artiste pure s'affirmait de plus en plus autour de l'Espagnole, renom ne faisant que multiplier le nombre des concurrents à sa préférence), même pour un mariage, à cause d'elle, pour en recevoir un long regard de velours, un sourire des lèvres de pourpre, une pression des toutes petites mains chargées de bagues, que n'eussent point fait tous ces beaux messieurs ?

L'association avait néanmoins des frais si considérables que malgré ce que la danseuse touchait à son théâtre et les trois cent mille francs des Santa-Maria elle vit venir pour bientôt le fond de son sac.

Comme financier le marquis ne s'était point encore permis de voler, pas plus que sa mère comme organisatrice d'œuvres de bienfaisance, ou les frères Sanchez d'escroquer trop fort comme joueurs.

Ils ne se sentaient point encore les reins assez solides pour pouvoir se moquer de la police, pour pouvoir graisser la patte aux juges avec sécurité et chances de succès.

Les millions du trésor de Las Tablas leur étaient nécessaires avant de se permettre d'opérer en grand.

D'autre part Pépita était surveillée jalousement, férocement par le marquis et n'acceptait rien de personne, rien, pas même un bijou, rien que des bouquets, des applaudissements, des servines, de la réclame dans les journaux, de même qu'à tous elle ne distribuait que des sourires, des poignées de main.

Elle voulait épouser le marquis, quand l'heure de leurs louches calculs le permettrait, et par conséquent elle devait ne lui donner jamais prétexte à une dérobade.

Pour le tenir en laisse, elle sentait bien qu'elle l'y tenait, lui la bête fauve, mais encore fallait il ménager ses susceptibilités, éviter un éclat, une colère, un meurtre peut-être.

De quoi n'aurait-il point été capable sous l'empire de la passion ?

Et sa conduite était méticuleusement, peureusement irréprochable.

Aimait-elle le marquis ?

Non, mais elle voulait arriver par lui, se soutenir au premier rang par lui, et comme elle le connaissait bien elle en avait l'effroi.

Cet effroi et son ambition lui servaient de conscience de femme.

Mais sans aimer d'amour une femme peut tout de même souffrir.

Elle souffre dans son amour-propre.

Et c'est ce qui arriva quand le marquis parla de repartir pour la Pologne et d'y épouser Marie Czarkowska, s'il n'y avait pas moyen d'arriver autrement à la possession des deux dernières lettres de l'énigme.

Il fallait en finir avec ces Polonais qui tenaient fermée, avec leur honnêteté, la porte du coffre mystérieux.

En finir par les mesures les plus subtiles comme par les dernières violences, mais en finir.

Et le fiancé pour rire aux regards du reste de la bande, mais le fiancé de mort pour la douce Marie, s'achemina vers la Pologne.

La Pologne où on commençait à trouver le temps long de ne l'avoir point encore vu arriver après ses promesses de l'époque de la visite à Paris, du séjour au manoir d'Ambleuse.

Il avait bien entretenu les espérances de la famille Czarkowski par une série de lettres d'excuses, explicatives, prétextant mille affaires d'intérêt conséquence de son futur mariage.

Du mariage auquel il était toujours, et plus que jamais, jurait-il, décidé.

Du mariage qui comblerait ses vœux les plus chers à lui d'abord, mais encore ceux de sa vénérée mère, ceux de son père de mémoire si respectée.

Le drôle comptait bien s'éclipser dès que la confiance de la famille pour un homme devenu presque déjà l'un de ses membres lui aurait eu permis de fouiller dans les paperasses de la maison et d'y voler le parchemin indispensable.

On lui fit l'accueil le plus sympathique dans cette hospitalière demeure de celui qui avait été l'ami de son père et qui eût dû lui être sacrée.

Et il crut d'abord toucher au but.

Mais son illusion fut de courte durée.

Quelques réflexions que lui fit spontanément le prince Stanislas et auxquelles il fut obligé d'adhérer avec une hypocrisie d'autant plus enthousiaste qu'il lui fallait cacher davantage son jeu, devenu mauvais, lui montrèrent qu'il n'y avait rien à faire.

Rien qu'à se marier.

— Nous vous sommes d'autant plus reconnaissants, que ma sœur n'a point de dot, ou du moins si peu de chose pour notre rang, pour nos obligations sociales, auprès de votre fortune à vous que cela ne saurait entrer en ligne de compte... Merci donc, merci au nom de la mémoire de mon père, au nom de ma mère : vous préférez l'illustration de notre famille, les exquises qualités de votre fiancée à des sacs d'écus, cela ne nous étonne point de la part du marquis d'Ambleuse, mais tout de même nous sommes heureux de bénéficier de sa générosité d'âme pour l'établissement de Marie...

— Ne me faites pas meilleur que je ne le suis ; votre charmante sœur, prince, vaut tous les trésors du monde... Et puis, et puis je suis certain que votre modestie vous fait exagérer et que vous lui trouverez, dans le fond des coffres de la famille, plus que je n'en demande...

— Mais non, vraiment, mais non, cher ami, nous vivons en pasteurs sur le domaine, en laboureurs, en chasseurs ; nous n'avons jamais guère d'argent liquide et nous ne saurions aliéner une seule parcelle de ce domaine séculaire... Voyons, mettons cinquante mille francs ; qu'est-ce que cela pour vous qui en avez peut-être davantage en rentes ?

— Il est vrai que c'est peu de chose, mais ma fortune suffira pour deux...

— Et puis, aussi, Marie est si ordonnée dans tout ce qu'elle fait, si peu dépensière, qu'elle ne vous sera point une lourde charge... Tout ce que vous voudrez comme économies, elle le voudra...

— Je me considère d'avance comme cent fois plus heureux et riche avec elle qu'avec une millionnaire fastueuse, car quelle est aujourd'hui la fille à grosse dot qui ne se croie point le droit de jeter par les fenêtres dix fois plus d'argent qu'il ne serait nécessaire d'en jeter, même en vivant largement, grandement ?... Alors...

— Ma sœur a bien ce billet de loterie de sa part dans le trésor de guerre espagnol, s'il nous est partagé un jour... Mais, ainsi que nous vous l'avons déjà dit, il ne faut point compter là-dessus ; c'est un gain aléatoire au premier chef, nous ne savons de quoi il se compose et si même il ne nous sera point repris avant l'échéance...

— Nous n'avons plus guère de temps à attendre pour savoir à quoi nous en tenir...

— Eh, eh, quelque chose comme cinq années et plus... Enfin, là n'est point la question ; ce trésor est un dépôt auquel des gens d'honneur ne doivent même point arrêter leur pensée de crainte d'une tentation mauvaise... S'il nous en revient quelque chose un jour, tant mieux ; mais, en attendant, le titre qui en attribue un tiers au prince Casimir, mon père, a été mis en lieu sûr et il ne sortira de sa cachette que quand l'heure fixée par le donateur aura sonné, bien sonné... Je suppose que c'est aussi votre manière de voir, et, du reste, nous en avions déjà parlé, ceci n'a rien à faire avec vos intentions matrimoniales et la valeur de Marie...

— Evidemment... Evidemment... On reparlera de la succession Las Tablas plus tard, quand il en sera temps... Qui sait, peut-être une farce du Brésilien ?

— Non, non, cela non, puisque le prétendant carliste devait être, dans sa pensée de mourant, le premier bénéficiaire de son legs ; il n'eût point osé se permettre une plaisanterie à l'égard du souverain pour la cause duquel il venait de donner son sang... Je crois, au contraire, que la somme doit être une somme digne d'un roi... S'il n'y a pas de nouvelle prise d'armes carliste d'ici à cinq ans, nous en aurons le cœur net... »

Ainsi donc, bien qu'il crût à beaucoup d'or, beaucoup d'or dont il lui eût été facile de s'emparer en tiers avec les deux autres porteurs du secret, et bien qu'il fût pauvre à ce point qu'il ne pouvait faire une dot de princesse à sa sœur, Stanislas Czarkowski repoussait toute idée de pillage, même de curiosité à cet égard, et il avait enfoui son parchemin comme une relique intangible avant l'heure où ce parchemin lui donnerait de véritables droits :

« Rien à faire avec un idiot pareil.

« Rien à tenter comme fouilles dans une habitation occupée par de nombreux témoins.

« Rien qu'à mettre, sous forme de mariage, les griffes sur la demoiselle.

« Et une fois qu'on la tiendrait de s'en servir comme otage.

« Ah Czarkowski ne voulait point entendre parler du dépôt sacré du Brésilien et encore moins y fourrer le nez en compagnie de son futur beau-frère !

« Il changerait peut être d'avis quand on retournerait sa chère Marie, sa suave Marie sur le gril ; et qu'on lui ferait savoir qu'elle y rôtira jusqu'à ce qu'il remette, en qualité de dot plus sérieuse que ses cinquante mille francs, le parchemin indicateur des deux dernières lettres à lui marquis d'Ambleuse possédant déjà les quatre autres.

« Rirait bien qui rirait le dernier !

« Il fallait jouer la comédie de l'amour, la comédie du mariage ?

« Eh bien on la jouerait.

« Pépita ne l'avait-elle pas jouée avec ces nigauds de Santa-Mar a ?

« Et la jouerait avec les Czarkowski, lui.

« Le mieux était même de tirer les ficelles des marionnettes avec force et promptitude.

« Et d'emmener l'otage au plus vite à Paris.

« Une fois qu'elle serait là-bas on la tenaillerait, on la soumettrait à la question.

« Et malgré la distance, le frère entendrait assez ses plaintes pour en être ému jusqu'à...

« Jusqu'à se démunir en sa faveur du parchemin qu'il cachait si scrupuleusement, si inutilement, si bêtement.

« Ce qui était le but à atteindre. »

Le marquis poussa donc son intrigue, fit sa cour avec plus de chaleur que jamais.

Cependant il y avait parfois quelque chose comme des remords dans le tréfonds de sa nature perverse.

Marie Czarkowska était une créature si angélique ; il émanait d'elle tant de loyauté, de douceur, de grâce, de vertu, de noblesse que le tigre se prenait à l'admirer, à l'aimer.

La comparaison, alors, n'était point à l'avantage de Pépita.

Mais ces dernières lueurs de conscience humaine ne tardaient guère à s'éteindre.

Le marquis d'Ambleuse redevenait le fils de Lucienne Gobert.

Et il marchait froidement vers son but.

Ce but infernal de faire de la douce Marie une martyre.

Une martyre dont les larmes, les cris arracheraient à la droiture de sa famille le secret qu'il convoitait, la clef de ce trésor même taché de sang, tachée du sang de son épouse, ainsi que l'avait fait le cruel Barbe-Bleue de la légende.

Sa mère le pressait du reste ainsi que les deux frères Sanchez, l'association manquant d'argent.

Et d'autre part Pépita se montrait hargneuse, défiante, bien qu'il lui écrivît qu'elle n'avait point à se préoccuper de la Polonaise, une poupée imbécile.

Les femmes ont un instinct supérieur dans les questions de rivalité.

L'Espagnole admettait que la comédie du mariage fût nécessaire.

Mais elle redoutait tout de même l'empire que cette épouse pour rire, cette victime de la bande, pourrait prendre sur le marquis.

Elle la devinait très belle, très bonne.

Et elle en rugissait de jalousie.

Si au moins elle avait pu en juger par ses propres yeux; être là pour s'interposer entre elle et le marquis!

Ce démon haïssait d'avance l'ange de Pologne et se demandait avec une terreur qui, certes, avait sa raison d'être si la noble créature n'opérerait point un miracle, si elle ne parviendrait pas à changer le cœur du marquis d'Ambleuse, à faire d'un gredin un honnête homme, d'une panthère un mouton.

Et l'Espagnole superstitieuse, l'Espagnole qui avait eu pour nourrice une gitane jeteuse de sorts, l'Espagnole courait chez les somnambules pour y consulter la Destinée, pour y faire envoûter la princesse Marie.

Ni la fiancée, ni sa famille ne se doutaient des machinations dont elles étaient le centre.

Le marquis d'Ambleuse se faisait pour elles le plus séduisant des Français, des jeunes hommes, donnait à présager qu'il serait le meilleur des époux.

Toutes les démarches nécessaires ayant été faites auprès du consulat, le mariage eut lieu.

Avec cette seule condition, peu importante en apparence, que le départ des jeunes époux pour Paris suivrait immédiatement la cérémonie; la marquise d'Ambleuse, qui n'avait pu faire le voyage de Pologne, ayant hâte, dit le traître, d'embrasser sa belle-fille.

De leur côté les Czarkowski demandè-rent à ce que la fidèle Lydie, la femme de chambre qui connaissait déjà la France, accompagnât pour la servir indéfiniment sa sœur de lait, sa maîtresse : elle devait être pour elle là-bas comme un souvenir vivant du pays natal.

Elle pourrait lui faire entendre encore la langue nationale, lui préparer à l'occasion un mets de la cuisine polonaise ; elle serait, en tous cas, un gros adoucissement à l'invincible angoisse des premières heures d'exil.

Et non seulement le marquis d'Ambleuse ne s'y opposa point, mais en parut satisfait: on eût dit qu'il tenait à ce que dès la minute où il franchirait le seuil des Czarkowski jusqu'à celle où il entrerait dans l'appartement parisien, préparé par les soins de sa mère aux jeunes époux, un témoin s'interposât entre lui et sa femme.

Pourquoi ?

Afin de bien constater quelle avait été son attitude toute d'indifférence, de froide politesse pendant le temps du long trajet des steppes au boulevard.

Ainsi l'avait exigé Pépita.

Et si la princesse douairière Czarkowska n'avait offert Lydie, le marquis d'Ambleuse eût été le premier à demander cette compagnie de la femme de chambre.

Une des sœurs de Marie, non, il n'en aurait point voulu.

Tandis qu'avec une domestique il comptait toujours pouvoir s'entendre afin qu'elle ne fît savoir par la suite en Pologne que ce qu'il voudrait qui y fût su de la position étrange, douloureuse de la marquise Marie.

« Une domestique ? Est-ce que cela ne s'achète point toujours, quand on sait y mettre le prix ? »

Comme un comédien qui jette de côté son masque dès que le public ne peut plus l'apercevoir, le marquis d'Ambleuse changea de physionomie, de ton, fut un tout autre homme, de la tête aux pieds, dès qu'il eut échappé aux étreintes, aux regards de la famille de la mariée.

Il ne se contraignit plus, tout en ne montrant de lui-même cependant que ce que la pauvre Marie pouvait constater sans de trop gros dangers immédiats.

Plus tard, une fois sur son terrain, il serait davantage lui-même.

Mais pour l'instant il ne fallait encore révéler du complot dont Marie était la très innocente victime que ce qui n'entraverait point les manœuvres subséquentes.

Son programme devait être de ne pas donner l'ombre d'un sujet de jalousie à Pépita, en traitant la nouvelle marquise d'Ambleuse avec un parfait dédain, mais aussi de ne pas casser les vitres.

Son attitude fut donc celle d'un monsieur quelconque avec une dame qui lui aurait été confiée pour un voyage lointain.

Quel crève-cœur tout de même pour une pauvre jeune femme qui quitte sa mère, les siens, son pays avec celui qu'on lui a donné pour son unique protecteur, son meilleur ami, quel soufflet pour son amour-propre de femme !

Marie ne s'y trompa point du reste.

Si pure, et charitable, si ignorante du mal, si modeste qu'elle fût, elle avait néanmoins les intuitions de la femme dans les choses de l'amour, du cœur.

Elle ne put tout deviner ; il lui était absolument impossible de découvrir immédiatement les raisons secrètes du rôle odieux que le marquis d'Ambleuse avait joué auprès de sa famille.

Mais elle comprit qu'elle était perdue, à jamais perdue.

Fille de devoir, d'énergie, elle n'en laissa toutefois rien paraître.

Elle pouvait, elle souhaitait se tromper.

Et il fallait qu'elle ne se donnât point de torts, elle la victime, auprès du bourreau.

Elle ne cessa pas d'être pendant un seul instant attentive à plaire, à obéir.

Elle feignit de ne remarquer aucune des brusqueries, des impertinences, des grossièretés, des dédains de son mari ; elle parut aussi satisfaite que si les choses eussent marché au mieux de ses désirs.

Lydie, la femme de chambre, se serait volontiers plus vite révoltée qu'elle.

Cependant, au tréfonds d'elle-même, son âme était triste jusqu'à en mourir.

Car elle avait vu la vieille marquise lors de la visite à l'Exposition, et bien qu'elle se défendît contre un jugement téméraire, l'impression qu'elle avait gardée d'elle n'était point si bonne qu'elle pût en espérer du secours contre les injustices de son fils.

Seule, seule, seule, elle allait donc être seule pour lutter.

Et lutter contre qui, contre quoi ?

Elle ne le savait, bien qu'elle sentît quelqu'un derrière son mari, qu'elle entrevît toute une hostilité formidable.

Et lutter seulement avec le charme de sa personne, la bonté de son cœur, ses larmes, son titre d'exilée.

De quel poids serait tout cela aux regards d'autres ennemis, alors que dès les premières heures de leur union le mari lui-même n'en tenait aucun compte ?

D'aucun, hélas !

Et la suite lui prouva qu'elle ne se trompait point.

L'arrivée, l'installation à Paris ne furent qu'une suite de grimaces hypocrites, d'humiliations.

Quelque chose comme un manteau de plomb était tombé sur les épaules de Marie.

Elle ne savait plus quelle contenance garder ni jusques à quand elle pourrait assez se dominer pour ne point éclater en sanglots.

Pépita s'était arrangée pour se trouver sur son passage lors de l'arrivée du couple à la gare du Nord.

Et la beauté souveraine de l'angélique Polonaise n'avait fait qu'exciter jusqu'à une rage folle sa jalousie antérieure, instinctive.

Elle stimulait le marquis.

Et celui-ci, désireux de la calmer, de lui prouver qu'il lui appartenait à elle sans partage, que Marie Czarkowska, belle ou laide, spirituelle ou imbécile, bonne ou mauvaise, douce ou violente n'était qu'une poupée de carton, un mannequin qu'il foulerait aux pieds prochainement, une créature qui ne comptait pour lui que comme otage, celui-ci écrivit tout de suite et en conséquence aux parents de sa femme.

Il leur écrivit dès qu'il fut certain qu'elle leur avait elle-même écrit.

Seulement, comme il jugeait toujours les autres d'après lui-même, il crut que Marie s'était empressée de raconter aux siens la façon dont on la traitait ; de dépeindre ses inquiétudes, ses alarmes.

Tandis qu'au contraire la noble jeune femme s'était évertuée à leur dissimuler son affreuse tristesse pour ne point les peiner, pour ne point les faire se repentir de l'avoir mariée.

Le tigre montra donc ses griffes un peu trop tôt.

Les Czarkowski n'étant point encore dans l'angoisse au sujet de la manière dont leur chère Marie avait été traitée par son mari, accueillie par la vieille marquise, ne s'émurent point autant que la bande l'avait espéré de cette première escarmouche.

Elle était cependant étrange, déconcertante la lettre du nouvel époux, du beau-fils, du beau-frère, de l'ami fils d'ami.

Le marquis d'Ambleuse y déclarait sans ambages que, tous calculs faits, les cinquante mille francs de dot remis par la famille de son épouse étaient trop peu de chose pour le rang qu'il lui fallait tenir dans le monde et que cette famille devait se précautionner pour lui en faire parvenir bien davantage, ou qu'alors il serait contraint de mener, en compagnie de la dite épouse, une vie différente de celle sur laquelle tout le monde, d'un côté comme de l'autre, avait pu compter.

Avant de lui répondre, les Czarkowski voulurent d'abord obtenir des explications de Marie.

Sollicitée par la tendresse des siens, la courageuse jeune femme ne se plaignit encore pas.

Mais aussi, trop loyale pour mentir, elle ne leur put cacher que son mari et sa mère étaient froids, très froids, d'une réserve sombre avec elle.

C'était beaucoup dire néanmoins pour la sollicitude de la princesse Czarkowska, pour le prince Stanislas, ayant de la vie une tout autre expérience que Marie et la sachant trop généreuse pour révéler quoi que ce fût de souffrances intimes peut-être considérables.

La menace se devinait du reste dans le ton des observations tardives du marquis, lequel aurait cependant dû calculer ses affaires avant de s'en venir chercher une épouse dans la campagne polonaise.

Les Czarkowski ne lui cachèrent donc point leur pénible surprise, tout en s'excusant de n'avoir pu mieux faire, en promettant de compléter une somme totale de cent mille francs, c'est-à-dire de doubler la dot « cependant loyalement débattue, loyalement acceptée » croyaient-ils, dans un délai de six mois, un an.

« Mais leurs sacrifices ne pourraient aller plus loin.

« Ils ne supposaient pas du reste que leur fille et sœur, absolument innocente de cette situation pécuniaire, de la pauvreté de la famille, dût en subir matériellement les conséquences : c'eût été vraiment bien peu chevaleresque, bien peu Français. »

Les braves gens se plaignaient doucement mais ne se fâchaient point.

Ils avaient encore la naïveté de compter sur l'influence des qualités physiques et morales de leur Marie.

Pauvres aveugles !

Le marquis d'Ambleuse, après une semaine d'affronts redoublés, d'isolement injurieux pour sa jeune femme, se chargea d'arracher le bandeau qui leur voilait encore la situation exacte de l'exilée, une semaine plus tard.

Une semaine, c'est-à-dire quand il eut estimé que la malheureuse jeune femme avait disposé matériellement d'assez de temps pour se lamenter enfin par lettre secrète, pour attendrir les siens sur le sort qui lui serait fait s'ils n'entraient point dans les vues de son époux.

Et il leur exposa que pour lui il y avait un moyen de tout concilier : c'était de partager en sa compagnie le trésor de Las Tublas, trésor dont lui, marquis d'Ambleuse, était titulaire de deux parts, secret et argent, une part du chef de son père et de sa mère, et une part comme mandataire absolu des Sanchez.

XI

LE FANTOME DU DONJON

Seules, les femmes qui, dès le premier jour de leurs noces, se sont aperçues qu'elles étaient mal mariées, c'est-à-dire à jamais perdues, puisque le mariage constituait tout leur avenir, seules ces femmes-là, et on en compte trop hélas ! peuvent se faire une idée de la détresse de Marie.

Et encore s'en trouve-t-il beaucoup dans des conditions aussi complètement affreuses que les siennes ?

Paris, l'immense Paris, couvert des brumes de l'hiver qui commence, ce Paris au milieu duquel on se sent plus abandonné, plus faible que dans un désert, que sur les flots de l'Océan quand on n'y a point un refuge assuré, des amis véritables.

Paris pour une pauvre jeune étrangère n'en connaissant ni les habitudes, ni les rues, à peine la langue, Paris !

Et Paris avec un entourage de gens hostiles, Paris sans autres ressources que celles qu'il plaisait à ces gens de lui octroyer.

La solitude terrifiante, la menace renouvelée à chaque minute, l'impossibilité d'agir.

Et cela brusquement, après des fiançailles où tout avait été de fleurs et de miel, cela à mille lieues de son pays, des siens : voilà la situation de la victime de la bande.

Sachant bien que, dans un cas comme dans l'autre, il n'y aurait point de vie commune pour la Polonaise et pour lui, le marquis d'Ambleuse ne s'était point gêné pour préparer, par l'intermédiaire de sa mère, une installation à la jeune femme.

Il avait pris, à deux étages au-dessus de ses bureaux et sa propre chambre à coucher, qui se trouvaient à l'entresol, un petit appartement de quatre pièces.

C'est là que Marie et sa fidèle Lydie étaient cloîtrées, ne pouvant descendre ou remonter sans la surveillance de l'entresol.

Une sorte de bonne à tout faire arrivait le matin pour les gros ouvrages et repartait le soir.

Le marquis, lui, mangeait au restaurant, et couchait là où il couchait avant son mariage.

La même bonne à tout faire, une créature de la vieille marquise et toute dévouée aux intérêts de celle-ci et de son fils, faisait son ménage.

Un groom ouvrait les portes aux visiteurs, était chargé des courses et d'espionner les Polonaises.

En somme Marie était prisonnière avec Lydie comme compagne de détention.

A qui s'adresser ? A qui avoir recours ?

Et puis se plaindre, protester auprès des siens, se révolter, la bonne et fière et judicieuse jeune femme hésitait à le faire.

« Pourquoi chagriner les siens déjà tout tristes de son départ ?

« Pourquoi tout compromettre avant d'être bien certaine qu'il n'y avait plus aucun moyen de salut ? »

Car que tout fût perdu, que son mari la détestât, la méprisât, ne souhaitât qu'être débarrassé d'elle ou s'apprêtât à la torturer, Marie, innocente de la moindre faute, qui jugeait du cœur des autres d'après sa loyauté à elle, Marie ne pouvait y croire.

Elle en était même venue à se demander si les siens n'avaient point des torts réels.

Et les d'Ambleuse mère et fils qui veillaient au grain, qui suivaient, dans leur pensée calculatrice, les divers états d'âme de leur victime, les d'Ambleuse en profitèrent pour se faire d'elle une alliée, après s'être rendu compte que la malheureuse penchait de leur côté.

La vieille marquise lui rendit quelques visites au cours desquelles elle laissa supposer que la froideur, la sévérité de son fils n'étaient que temporaires, que tout s'arrangerait pourvu que la famille de Marie y mît du sien.

Et un soir que, plus torturée que jamais par l'angoisse, plus que jamais affolée par son isolement cruel, Marie avait, par un billet, supplié le marquis de lui faire l'honneur de monter jusque chez elle, il s'y rendit.

Alors la captive, la méprisée, la timide prenant, comme on dit vulgairement, son courage à deux mains, lui adressa un appel déchirant, une prière qui eût touché le cœur d'un tigre.

Elle se jeta à ses pieds, saisissant ses mains et les baisant avec un respect, une tendresse que le drôle ne méritait guère.

— Pour Dieu, mon ami, répondez-moi, que vous ai-je fait ? En quoi ai-je démérité ? Dites-moi ce qui pourrait vous plaire et je me précipiterai pour vous obéir… Mais, en grâce, ne me repoussez point, ne m'écrasez point de votre dédain sans qu'au moins je sache pourquoi… Où voulez-vous que j'aille, à qui voulez-vous que je m'adresse, que voulez-vous que je devienne ?… Je n'ai plus que vous au monde, c'est à vous que l'on m'a donnée… Voyez, je pleure, je supplie, je vous renouvelle le serment de mon affection, de mon obéissance… Oh, mon ami, mon protecteur et mon maître, pitié pour votre pauvre Marie, indiquez-lui la route à suivre, mettez-la à l'épreuve et vous vous rendrez compte de sa bonne volonté, de son dévouement… Pitié, pitié !

Marie était si belle, sa voix avait des accents si désespérés et si émouvants, tant de noble franchise, de pure tendresse émanait d'elle que le marquis d'Ambleuse, que le chef de voleurs, que l'ami de Pépita en devint presque honteux de sa cruauté, de son infamie.

Et pour s'absoudre lui-même, pour se justifier à ses propres yeux il voulut bien entrevoir dans le fond de sa pensée une fin de l'aventure où la victime actuelle serait ménagée ; il s'en débarrasserait en douceur et la renverrait, sans affront apparent, broder et jouer du piano en compagnie de ses sœurs dans son désert de Pologne.

Tout le monde y gagnerait.

Il prit donc sa voix la plus hypocritement sympathique et sembla parler le langage de la plus pondérée des raisons, après avoir fait se relever la pauvre Marie et lui avoir avancé un fauteuil.

— Vous ne comprenez pas, ma chère amie, vous ne pouvez comprendre notre situation réciproque, et de là vient votre peine, une peine dans laquelle je ne suis pour rien parce que je ne puis agir autrement que je le fais… Depuis l'heure où nous avons quitté votre famille, ma dignité, mes intérêts me commandaient l'attitude que j'ai gardée, attitude difficile mais que vous me pardonnerez quand vous saurez… Votre père, le mien et un autre personnage qui m'a confié une somme considérable dont j'avais pensé, en vous épousant, réunir la totalité dans vos mains… Oh dans un but louable, très louable, celui d'une vaste entreprise coloniale qui devait faire la gloire de la France en même temps que doubler, tripler la somme en question. J'avais déjà passé des contrats, loué des bureaux et crac, tout croule !... Votre famille me refuse son tiers que j'espérais obtenir pour votre dot, et elle fait plus que me refuser ce tiers, elle m'empêche aussi de profiter des deux autres tiers qui m'appartiennent... Comment ? Pourquoi ? Ah voici, voici, c'est que la totalité de la somme est renfermée dans un coffre dont la porte ne peut s'ouvrir que par une combinaison de lettres... Vous savez ce que je veux dire, n'est-ce pas ? Eh bien il me manque deux lettres pour ouvrir la porte, et votre frère ne consent point à me les indiquer, ces deux lettres, tandis qu'il serait si simple d'ouvrir ensemble votre coffre et d'en partager le trésor...

— Mais, mon ami, je comprends, je vous approuve, je vais écrire à Stanislas, à maman...

— Attendez, attendez, je n'ai point encore tout dit ! Je suis même plus conciliant, plus généreux qu'il ne paraîtrait au premier abord...

— Dites, dites, j'ai si soif de paix, si envie de vous voir content, gai, souriant comme autrefois, chez nous, de vous retrouver tel que je vous ai rêvé, époux généreux, juste, bon avec votre petite Marie. Dites, oh dites, mon ami !

— Eh bien, je ne réclame même pas le tiers des Czarkowski, cette dot sur laquelle j'avais compté, je l'avoue, pour faire de grandes choses, que j'avais espéré finir par arracher à l'entêtement de votre frère, je l'abandonne, je m'en remets à leur volonté, pour plus tard, mais qu'il me mette à même de prendre dans le coffre ce qui me revient,

que diable ! Ce que j'en veux faire ne le regarde point...

— Vous avez raison, mon ami, vous avez raison !

— C'est clair : six lettres secrètes ouvrent un coffre où se trouve une somme que je prétends être à moi pour deux tiers, je n'ai que quatre des lettres qui peuvent ouvrir ce coffre, votre frère a les deux autres... Ouvrons ce coffre, je prendrai ce qui me revient, ce que je veux, lui agira ensuite comme bon lui semblera pour sa part, je m'en désintéresse, c'est son affaire ; mais ma manière de voir n'a pas à être jugée par lui... J'ai besoin de tenir mes engagements ailleurs, moi !

— Je vais lui écrire, mon ami, le rappeler au bon sens...

— Dans de pareilles conditions je me suis juré que je ne capitulerais avec la famille Czarkowski, que je ne vous reconnaîtrais vraiment pour ma femme que quand votre frère m'aurait révélé les deux lettres secrètes qui me manquent...

— Je comprends maintenant votre rancune, mon ami, mais cependant, moi la pauvre Marie, moi je n'y étais pour rien, dans cette histoire du coffre, de la dot sur laquelle vous comptiez ; on ne m'en a point même parlé, chez nous... Alors pourquoi me faire supporter la conséquence de la manière d'agir des miens ?

— Ah c'est que je connais les femmes, surtout quand elles sont aussi belles que vous, madame, je connais l'adresse avec laquelle elles savent profiter de l'influence de leurs charmes, dominer, et je craignais de céder par amour pour vous... Alors j'ai résolument mis une barrière infranchissable entre vous et moi ; c'est la barrière de mon bonheur... Encore une fois, j'ai des engagements qu'il me sera impossible de tenir ; je deviendrai un personnage ridicule, je passerai pour un menteur si je ne fais point face à la situation que j'avais affichée

aux yeux de mes amis, des gens qui avaient eu confiance en moi... Pour cela il me faut mon argent ; votre frère m'empêche de le prendre ; alors je ne vous reconnais pas comme ma femme et je tiens votre famille par votre chagrin, chagrin que je vous cause à mon immense regret, jusqu'à ce qu'elle ait cédé...

— Je comprends, je comprends et, en ce qui me concerne, je vous demande bien pardon de tous ces ennuis que je ne puis croire être la faute volontaire des miens puisqu'ils m'aiment... Mon Dieu, mon Dieu, à quoi songent-ils donc ? Il doit y avoir à leur intransigeance quelque raison que nous ne connaissons pas ; je vais leur demander la cause d'un entêtement dont je souffre...

— Écrivez-leur, écrivez-leur, faites-les capituler en leur expliquant que je ne changerai de manière d'agir à votre égard que quand je connaîtrai les deux lettres secrètes qu'ils possèdent ; je ne demande point autre chose...

— Oui, je vais les leur demander avec instance, car vous ne pouvez exiger qu'une chose juste, mon ami, et j'espère qu'ils vous les accorderont, qu'ils ne voudront pas faire souffrir plus longtemps l'exilée, l'épouse sans l'être que je suis, leur pauvre Marie...

— Obtenez, obtenez, madame, et vous verrez que le marquis d'Ambleuse saura se montrer un époux digne de votre mérite...

Un rayon d'espoir avait pénétré dans la prison parisienne de la Polonaise.

Elle se voyait déjà sauvée, déjà chérie par son mari, par sa belle-mère.

Elle comprenait ou du moins elle croyait comprendre.

« Un malentendu d'argent s'était élevé entre son frère et le marquis.

« Mais ce malentendu se dissiperait sur ses prières, sur ses indications.

« On ne l'humilierait point, on ne la

torturerait pas, on ne briserait point sa vie pour quelques poignées d'or.

« Était-ce possible que son frère Stanislas n'eût point compris quelle situation fausse il lui créait en face d'un mari déçu, irrité ? »

Elle écrivit, elle rapporta, mot pour mot, sa conversation solennelle avec ce mari qui n'avait été jusqu'alors que son geôlier.

Et elle attendit avec impatience une réponse qui serait certainement sa délivrance.

Cette réponse ne fut guère ce qu'elle l'avait espérée.

Et bien que sa mère et son frère eussent usé avec elle des mêmes ménagements dont elle avait usé avec eux, afin de ne point l'écraser d'un seul coup, cette réponse restait encore un coup d'assommoir.

La vérité, la justice, l'honneur sont toujours la vérité, la justice, l'honneur.

Et les braves gens de Pologne ne savaient point truquer avec la vérité, la justice, l'honneur.

Il en ressortit donc de leur réponse que le marquis d'Ambleuse n'avait point dit la vérité à sa femme ; qu'il voulait s'approprier ce qui ne lui appartenait point encore, ce qui ne lui appartiendrait peut-être jamais ; que la famille Czarkowski deviendrait indigne de son passé si elle prêtait la main à un vol, à une sorte de sacrilège.

Il en ressortit encore que ses démarches en Pologne, ses fiançailles, son mariage n'avaient point eu d'autre but que de faire entrer la famille Czarkowski dans la combinaison de ce pillage d'un dépôt confié à l'honneur des ancêtres.

« Le marquis mentait, il avait menti ; il n'aimait point Marie, elle n'était qu'un instrument pour parvenir, sous prétexte de dot, à obtenir les deux dernières lettres nécessaires au cambriolage du coffre-fort.

« Jamais, jamais, eux ne capituleraient avec l'honneur si, d'autre part, lui ne cédait

pas, ne voulait pas céder, déclarait-il, et traiter sa femme comme elle méritait de l'être.

« Ce n'était point avec des menaces que l'on viendrait à bout de leur résistance.

« Et ils connaissaient trop Marie pour ne pas être certains qu'elle non plus ne se soumettrait point à des exigences odieuses, qu'elle préférerait toujours la paix de sa conscience à un repos, à un luxe achetés au prix d'une infamie.

« Cependant ils espéraient encore que le marquis reviendrait sur ses intentions déloyales, que son cœur serait touché par les prières de celle qu'il avait prise pour épouse devant Dieu. »

La femme a besoin d'estimer pour aimer, il lui faut sentir l'homme auquel elle s'est donnée bien au-dessus d'elle afin de grandir à ses propres yeux.

Si elle vient à le mépriser, cet homme, du même coup elle le hait.

La pauvre Marie comprit cette fois qu'elle était perdue, bien perdue.

Le marquis d'Ambleuse était un misérable.

De même que sa mère était une vieille gredine.

L'invitation à venir en France n'avait été qu'une comédie, un piège tendu pour arriver au trésor.

Elle s'expliqua le délabrement du château d'Ambleuse.

Et elle frissonna en se rappelant la prédiction de la folle de Saint-Hilaire, de la tireuse de cartes.

Une prédiction que celle-ci n'avait peut-être point eu grand mal à faire puisqu'elle était originaire du même pays que les d'Ambleuse et n'ignorait sans doute pas les vices de la mère et du fils.

Que devenir ? Que résoudre ?

L'infortunée jeune femme ne put que sangloter contre Lydie, agenouillée à ses pieds et lui donnant avec son cœur dévoué, dans son langage naïf, ce conseil :

— Madame, laissez-moi faire un paquet des objets les plus indispensables et, quand la femme de ménage sera partie, le groom aussi, avant que le concierge ait fermé la porte de la rue et éteint le gaz sauvons-nous, prenons une voiture qui nous conduira à la gare du Nord et rentrons en Pologne... Si vous manquez d'argent, moi j'en ai, j'avais apporté avec moi mes gages des cinq dernières années, plus les cadeaux de la princesse votre mère, des princesses vos sœurs à l'heure du départ, soit mille francs. Ce sera assez n'est-ce pas, assez pour tout au moins aller jusqu'à la frontière où le prince Stanislas nous viendrait chercher, assez pour rentrer chez nous, y retrouver la tranquillité, y oublier les méchants de cette grande ville où nous étouffons... Sauvons-nous, madame, sauvons-nous... Quittez-le, quittez-le, c'est un ogre !

— Non, ma bonne Lydie, non, je n'en ai pas le droit sans son consentement ; il est mon maître ; je lui ai juré obéissance ; que ne serait-il point autorisé à supposer ?.. Je dois attendre sa justification, frapper à la porte de son cœur, y faire naître le repentir du passé ; c'est mon rôle, c'est mon devoir...

— Vous êtes trop sincère, trop bonne, vous, madame, vous verrez que vous en serez dupe...

— S'il n'y a aucun moyen de nous entendre je lui demanderai de retourner, sans scandale, dans ma famille où j'attendrai des jours meilleurs, que la lumière se fasse dans son esprit, en priant pour lui...

— Un homme qui vous a trompée pareillement ne changera pas... Ce qu'il fera ? Il vous brûlera à petit feu jusqu'à ce que...

— Jusqu'à ce que mes parents entrent dans sa combinaison d'héritage anticipé ?

— Où cela je le sais bien qu'ils ne le feront jamais !

— Alors ?

— Jusqu'à ce que vous mouriez !... Et moi je ne veux pas que l'on vous tue !

— Rassure-toi, ma bonne Lydie, le marquis n'en viendra point à se constituer mon bourreau, matériellement du moins, si en fait il me brise le cœur...

— Si, si, si, il le fera ! Maintenant qu'il vous tient il ne vous lâchera plus ; vous êtes une valeur pour lui avec vos droits dans la succession de la famille, avec votre part de ce monceau d'or qu'il voudrait accaparer tout de suite et pour lui seul, il ne vous lâchera pas ; il ne voudra pas rendre les cinquante mille francs versés et arrachera encore les cinquante mille autres à la pitié du prince Stanislas... Vous verrez !

— En tous cas ma captivité ne durerait toujours pas plus que les cinq années qui nous séparent du jour où ce maudit héritage pourra être distribué à chacun en toute justice...

— C'est long, cinq ans !... Qu'arrivera-t-il auparavant ?.. Il n'attendra pas, parce qu'il est talonné par cette peur que tout à coup une guerre éclate en Espagne et qu'ainsi le magot s'évanouisse en fumée... Il doit y avoir aussi une femme par derrière, sa mère peut-être, qui l'excite... Je sens cela, moi ; car c'est honteux de dédaigner une épouse aussi belle, aussi noble, aussi aimante que vous, madame, fût-ce pour tous les trésors de la terre !... Sauvons-nous, vous dis-je, sauvons-nous !

— Non, Lydie, non !.. Mon devoir est encore ici. »

Le marquis cependant n'avait point tardé à se présenter pour connaître le résultat des supplications de sa victime.

Il ne se faisait pas beaucoup d'illusions, mais il voulait un refus catégorique qui l'autorisât à commencer l'application de la torture à la martyre.

— Eh bien, madame, que répondent vos parents ?

— Ils seraient heureux de vous donner satisfaction, de me faire ainsi rentrer en grâce auprès de vous, mon ami, mais vraiment cela leur est impossible.. Cette raison que je pressentais, cette raison d'un refus à votre demande, elle existe...

— Ah oui, elle existe !... Et laquelle, s'il vous plaît ?

— C'est que le coffre en question ne doit être ouvert et son contenu partagé entre les trois compagnons d'armes du donateur qu'autant que le prétendant au trône d'Espagne n'en aurait point disposé avant l'échéance fixée, soit trente ans...

— Nous savons cela... Après !

— Eh bien il reste encore cinq années à courir, alors la parole donnée, l'honneur défendent, à vous comme à nous, de toucher à ce dépôt avant le moment convenu... Pour l'heure il appartient à la cause carliste.

— Qui dit le contraire ? ... Mais d'abord la cause carliste est une cause morte ; et puis je n'avais nullement l'intention de la voler... Ainsi que j'ai pris la peine de vous l'expliquer, ces capitaux, unis aux miens propres, sont destinés à une œuvre française sûre, rémunératrice ; je ne souhaite que prendre, à titre d'emprunt patriotique, ce qui doit me revenir un jour...

— Demandez-le aux prétendants espagnols, mon ami, et s'ils trouvent votre garantie suffisante je comprends très bien que....

— Va-t-en voir s'ils viennent, Jean, vos prétendants espagnols, c'est justement parce qu'il n'y en a plus, ou dispersés ici et là, en déconfiture, sans aucunes chances dans l'avenir, que la saine raison nous conseillait, à votre frère et à moi, d'agir comme je l'ai proposé, comme je le propose encore... Nous étions bons pour rendre à la caisse ce que nous lui aurions pris, tandis que ce sont des capitaux qui dorment inutilement...

— Sans doute, sans doute, mais il y a la volonté expresse du testateur ; il y a la parole donnée... Je ne crois pas que mon frère passe jamais outre....

— Très bien, très bien, alors l'un va tirer sur un bout de la corde pendant que l'autre tirera sur le bout opposé ; tant pis si elle se casse, moi je m'en lave les mains.... En attendant je ne vous considère point comme ma femme et vous ne trouverez pas extraordinaire que je vous traite en étrangère...

— Alors, monsieur, puisque je ne vous suis rien, puisque je ne puis espérer attendrir votre cœur par ma soumission et mon dévouement sans bornes, laissez-moi repartir chez ma mère ; non point, certes, pour me dérober à mes devoirs envers vous, devoirs éternellement sacrés, vous me trouverez là quand vous le désirerez, toujours prête à vous suivre, mais au moins je ne vous importunerai pas de ma présence, je ne vous serai point une gêne, une dépense... Quand l'heure légitime du partage aura sonné, j'ose espérer qu'il n'y aura plus entre nous aucun prétexte d'éloignement... Laissez-moi repartir, autorisez-moi à vous quitter amiablement jusqu'à ce qu'il vous plaise d'en décider autrement ; nous y gagnerons tous les deux ; nos rapports pourront rester passables, de loin ; tels qu'ils sont ils se pourraient envenimer par suite de votre irritation croissante et de mon involontaire souffrance....

— Non, non, vous ne repartirez pas !... Vous m'êtes une étrangère comme épouse, mais non pas comme moyen de sauvegarder mes intérêts... Je vous tiens, je vous garde ; ça ferait trop bien le compte des vôtres qui se moquent de moi, si je vous renvoyais là-bas... Pas du tout ! Je vous défends de bouger d'ici et j'aviserai ultérieurement sur ce que je dois résoudre en ce qui vous concerne... Et n'essayez pas de m'échapper, car alors ma vengeance serait terrible, et d'autres paieraient les pots cassés ; je vous en préviens !

— Je vous ai juré obéissance, j'obéirai ; un jour viendra peut-être où vous me rendrez justice... »

La résolution du marquis d'Ambleuse ou plutôt de toute la bande et surtout de Pépita, qu'une haine incessante animait contre cette Maria si belle, épouse légitime de l'homme qu'elle considérait comme lui appartenant, cette rivale que la nécessité de s'emparer du magot lui avait suscitée, la résolution au sujet de la pauvre jeune femme fut vite prise.

N'était-elle pas une sorte de poignard moral entre leurs mains, un poignard qu'il s'agissait d'enfoncer le plus douloureusement dans le cœur des Czarkowski pour les amener à ce qu'ils voulaient ?

Il y a dans la banlieue parisienne une foule de maisons de plaisance solitaires, de châteaux anciens qui sont en vente depuis des années, et dans ces habitations silencieuses, entourées de hauts murs, séparées par de vastes espaces des propriétés voisines, ouvrant sur des routes où ne passent que de très rares voyageurs, on se trouve loin des gendarmes, loin de toute protection, de toute défense contre les entreprises mauvaises.

Les gens peuvent être volés sans beaucoup de risques, et les cris des victimes que l'on égorge ne s'entendent guère.

Les Apaches le savent bien.

Le marquis d'Ambleuse le savait aussi.

Et il avait choisi, après une exploration minutieuse de plusieurs régions, les plus désertes malgré les voies rapides qui y pouvaient donner accès, une bicoque singulière s'élevant au milieu d'un petit bois et sans rapports immédiats avec aucune autre habitation.

Depuis de longues années cette bicoque, faisant partie d'une succession non encore liquidée, n'avait trouvé ni acquéreur, ni locataire.

Elle était par trop étrange et nullement pratique.

Un vieil original, ancien professeur de mathématiques dans un lycée de Paris, et s'occupant d'astronomie, l'avait juchée en haut d'une petite colline, et son plus bel ornement était une sorte de belvédère avec terrasse sur laquelle un télescope rouillé braquait son tube de lorgnette comme si c'eût été un canon.

Les arbres, les ronces avaient poussé avec le temps et dans l'abandon.

Maintenant on avait peine à parvenir jusqu'au perron de la maison de campagne, et le sommet de sa tour astronomique était enfoui dans les feuillages.

De plus, comme l'ancien propriétaire avait la manie de la solitude et craignait toujours d'être dérangé dans ses savantes recherches, tout en ayant une peur affreuse des rôdeurs de banlieue, un mur de vingt pieds de haut avec pointes de fer sur la crête entourait l'ensemble du domaine.

Le marquis d'Ambleuse estima que cette maison absolument ignorée, aux abords difficiles, ferait une prison à souhait pour Marie.

C'était triste, obscur, humide, mais qu'importait?

L'essentiel ne s'y trouvait-il point réuni? On la lui loua bon marché et sous un nom d'emprunt, il fallait tout prévoir: personne n'irait dénicher là Marie Czarkowska, et Marie Czarkowska ne pourrait de son côté songer à s'enfuir.

Quelques jours après leur entretien au sujet de la réponse définitive, intransigeante de sa famille, il la prévint donc qu'elle eût à faire ses malles et à se préparer à quitter la rue du Mont-Thabor en compagnie de sa femme de chambre.

La jeune femme, qui voyait le bien partout, crut au repentir du marquis et qu'il consentait à la renvoyer en Pologne jusqu'à nouvel ordre.

— Vois-tu, ma Lydie, vois-tu, dit-elle à sa fidèle servante, que mon mari n'est point aussi méchant que tu le prétendais: il nous permet de retourner chez nous, et je vais revoir maman, mes frères, mes sœurs sans que ma conscience ait rien à se reprocher...

— Oh si vraiment il fait cela, madame, je le détesterai moins; mais je ne puis croire encore qu'il ait changé si rapidement...»

C'était Lydie qui ne se trompait point.

Un soir, vers huit heures, le marquis s'en vint, seul, les prendre dans une voiture du service des chemins de fer.

Le cocher chargea les malles et on partit.

Le marquis n'ouvrait la bouche que pour les choses indispensables.

Les deux femmes étaient heureuses cependant.

Elles se croyaient conduites vers leur gare, la gare du Nord, et qu'elles allaient y prendre le train pour la Pologne.

Le marquis les descendit bien en effet dans une gare, y prit des billets, déclara les bagages, et on partit.

Lui avec elles.

Dans le tumulte, la demi-obscurité, leur ignorance de Paris, les deux voyageuses ne se rendirent pas compte que la gare n'était point celle du Nord, le train point un train pour l'Allemagne, la Pologne, la Russie.

Ce n'était pas même un train express.

Mais un vulgaire train desservant les environs de Paris.

Le marquis avait gardé en main les billets et le bulletin des bagages.

Et elles crurent que ne voulant point les laisser seules de nuit, il les escortait jusqu'à la sortie de France.

En réalité elles ressemblaient bientôt à deux prisonnières que le gardien des prisons accompagne, des prisonnières sans les menottes.

Il restait muet, avec un visage dur.

Et au bout d'une demi-heure il ordonna sèchement:

— Prenez vos paquets, nous descendons...»

« Où allait-il les conduire?

« Était-ce une bifurcation où il fallait changer de train?»

Elles se le demandaient.

Mais que pouvaient-elles faire autre chose que suivre? Elles suivirent.

Dans la cour tout à fait obscure d'une petite gare perdue au milieu de cultures maraîchères, une voiture fermée attendait.

Un cocher et un autre homme faisant fonctions de valet de pied étaient juchés sur les sièges extérieurs.

L'un par devant, l'autre par derrière.

Le valet de pied chargea les malles.

Le marquis poussa les femmes à l'intérieur de la voiture, sans donner aucunes explications, et ferma la portière.

Les rideaux baissés empêchaient de voir le paysage, presque insondable du reste, mais la lune aurait pu se lever, et il valait mieux que les voyageuses ne reconnussent point le chemin suivi.

Le cocher et le valet de pied, domestiques de circonstance, étaient les frères Sanchez.

La voiture roula pendant une heure et avec des détours multipliés, semblant même parfois revenir sur ses pas.

Marie et Lydie attendaient un arrêt, une explication, qui leur apprissent ce que l'on voulait faire d'elles.

A pareille heure le voyage ne pouvait durer indéfiniment à travers champs.

Et en effet vers les onze heures la voiture s'arrêta.

Où? Les deux pauvres femmes tremblantes eussent été bien embarrassées pour le savoir.

On n'y voyait goutte sous le dôme des platanes d'une courte avenue.

Pourquoi? Elles finirent par le comprendre.

Le faux valet de pied avait sauté à bas de son siège.

Il tira la chaînette d'une cloche, trois fois par intervalles.

Une petite cloche fêlée qui eut, dans la nuit, des sons tristes comme une plainte.

Et la lumière d'un falot apparut dans les ténèbres, dansa sur les feuillages en haut.

Quand elle se fut rapprochée, elle éclaira les lignes d'une haute et forte grille, mais une grille dont un rideau de tôle voilait les barreaux par derrière.

Après s'être bien assurée à qui elle avait affaire, la femme s'empressa d'ouvrir au large, s'effaça, et le cocher fit marcher son cheval de quelques pas.

Juste assez pour que la grille fût repoussée, car il n'y avait point de chemin assez large pour une voiture jusqu'au pavillon d'habitation, mais seulement un petit rond-point d'entrée et ensuite des allées tournant et se croisant en labyrinthe.

Le marquis avait mis pied à terre.

— Veuillez descendre, dit-il, nous sommes arrivés là où j'avais l'intention de vous conduire; je vais vous montrer les lieux et vous en préciser la destination tout à l'heure... Suivez la lumière...»

La maîtresse comme la servante saisirent les sacs à mains et autres menus objets qu'elles avaient auprès d'elles et suivirent la lumière indiquée.

A quoi leur eût servi de crier, de protester, d'essayer de fuir?

Trois hommes et une femme les enveloppaient et les eussent bâillonnées, terrassées en quelques secondes.

Le cocher resta auprès de sa voiture et pour veiller sur la grille sans doute.

Le valet de pied et le marquis emboîtèrent le pas aux femmes.

On avait fait du feu dans toutes les pièces de la maison afin d'en chasser l'excès d'humidité, d'en faire disparaître les moisissures, sans y parvenir du reste.

La femme à la lanterne et le valet de pied attendaient en silence.

Le marquis s'expliqua:

— J'ai pensé, prononça-t-il avec une politesse affectée et en réalité sardonique, j'ai pensé que l'air de Paris était mauvais pour vous qui avez toujours vécu à la campagne et qu'ici vous vous trouveriez plus à votre aise que dans un étroit appartement parisien... Vous y serez très bien, pouvant vous promener un peu, broder, chanter ou jouer du piano à votre aise... Votre femme de chambre et Annette que voici, une excellente cuisinière, vous serviront... Je vais vous faire visiter votre castel... Éclairez-nous, Annette...»

La cuisinière remplaça sa lanterne par un flambeau et marcha devant.

Tout le monde se trouvait alors debout dans un vestibule.

— Ici à droite un petit salon, expliqua le marquis, voyez, piano et bibliothèque; ici, à gauche, la cuisine et la chambre de la cuisinière; dans le fond à droite la salle à manger, à gauche chambre de débarras pour vos colis et salle de bains... Montons... Ici, à l'étage, deux pièces seulement, votre chambre à coucher et en face celle de votre compagne, au fond un grenier pour le linge et un escalier avec trappe conduisant sur la terrasse de l'observatoire, une plateforme d'où on jouit d'un superbe coup d'œil, en été... Voilà... Êtes-vous satisfaite?

— Je n'ai, monsieur, qu'à m'incliner devant vos volontés...

— Et mes volontés ont un but très louable... Vous devriez me remercier de la bonne pensée que j'ai eue de vous installer, vous campagnarde, dans une propriété rurale...

— J'attends pour cela de la mieux connaître, et dans tous les cas elle ne saurait remplacer ce à quoi j'ai droit, ce que je dois préférer à tout ' votre présence...

— Vous l'aurez, vous l'aurez, de temps à autre, quand mes affaires le permettront... Vous pensez bien qu'avec les difficultés qui me sont créées par la bêtise de votre famille j'aie des occupations plus pressantes que de vous conter fleurette... Au revoir, madame, portez-vous bien... Annette, allumez les candélabres de la chambre de Madame qui n'a rien de mieux à faire pour l'instant que de se coucher... »

Et le marquis s'en alla, suivi de la cuisinière et du valet de pied.

Marie et Lydie restèrent à l'étage où, quelques minutes plus tard, Annette remontait avec les objets que les deux prisonnières n'avaient point gardés dans leurs mains.

Puis elle se retira définitivement, les débarrassant de sa présence.

Une présence qui s'annonçait comme devant être odieuse.

Annette était en effet une créature repoussante dès le premier abord.

Elle pouvait avoir une cinquantaine d'années, épaisse, trapue, avec de petits yeux faux, une voix mielleuse, un visage ravagé par tous les vices, des gestes brusques, des vêtements sales et mis à la diable.

On la devinait hypocrite et méchante.

Ce n'était point évidemment comme domestique utile mais comme geôlière qu'elle avait été placée là par le marquis.

Marie était tombée sur un fauteuil, et cachant sa tête dans ses deux mains, elle pleurait sans bruit.

Lydie n'eut point la tentation d'augmenter sa peine en triomphant, en lui disant :

— Vous voyez, madame, que je ne m'étais point trompée dans mes prévisions et qu'il ne peut rien nous venir de bon d'un homme pareil. »

Quand le lendemain elles descendirent dans la cour, dans le jardin et qu'elles y virent deux chiens de garde hargneux dans leurs niches, quand arrivées à la grille elles la trouvèrent soigneusement cadenassée, quand elles purent constater la hauteur des murailles, et leur impossibilité de sortir de cet enclos de quelques milliers de mètres carrés, il n'y eut plus de doutes pour Marie : cette maison solitaire était un cachot où le marquis la séquestrait pour longtemps ; elle serait peut-être même son tombeau.

Quoique l'on fût en hiver, la température était douce, le soleil brilla pendant quelques heures.

Les deux femmes montèrent sur la terrasse.

Et ce qu'elles y virent ne leur démontra point qu'elles fussent moins prisonnières qu'elles le supposaient.

Non seulement la cime des arbres bouchait une partie de la vue, mais encore ce que l'on pouvait distinguer de l'horizon se composait exclusivement de cultures maraîchères, d'enclos d'usines, des eaux de la Seine.

Pas de voisins d'aucune sorte dans un rayon d'un millier de mètres.

Elles auraient pu crier ou appeler pendant longtemps avant qu'on les entendît, qu'on les comprît, qu'on se doutât de leur présence.

Cependant les captives respiraient un air plus libre sur cette terrasse, il leur semblait qu'elles s'y rapprochassent du reste de l'humanité.

Elles y échappaient, en tous cas, au répugnant voisinage d'Annette, laquelle les laissait bien tranquilles sur leur perchoir, ainsi qu'elle le disait, puisqu'elle était certaine qu'elles ne songeraient point à s'en jeter bas.

Cependant la gardienne, de même que son maître avaient peut-être eu tort, à leur point de vue, de ne pas tenir compte davantage de cette terrasse dont le balcon dominait tout de même le sol d'une quinzaine de mètres.

De là on ne pouvait voir grand'chose ni guère être aperçu soi-même, à cause, on le sait, des ramures, des feuillages qui enveloppaient la terrasse, l'écartaient beaucoup du reste de la contrée.

Mais tout de même elle était un point de contact avec l'extérieur, un moyen de signaux.

Et une vague lueur d'espoir, une sorte de pressentiment traversant, au bout de quelques jours, la pensée de Lydie, elle dit à sa maîtresse :

— Madame, ce sera par ici que nous viendront des nouvelles de Pologne, et peut-être le salut...

— Tais-toi, folle, tais-toi ! Ne fais pas naître dans mon pauvre cœur des joies d'une heure, ne crois point à des tentatives irréalisables ..

— Vous verrez, vous verrez... Laissez-moi faire et accordez-moi seulement, à l'occasion, ce que je vous demanderai. »

La paysanne polonaise avait songé à une télégraphie mystérieuse, une télégraphie sans bureaux et sans fils.

Elle avait compté sur des visites du marquis, visites non d'affection, mais visites de contrôle, visites destinées à s'assurer que sa victime était toujours là, sous ses griffes, pantelante, dans des conditions à inspirer une pitié de plus en plus grande à sa famille.

Et que non seulement il l'autoriserait à écrire en Pologne, mais que même il l'y pousserait.

Dans ce cas Lydie eût trouvé la possibilité de traverser les mailles du filet sans que le marquis s'en doutât.

Mais le marquis ne vint pas.

Il estimait sans doute qu'un silence absolu, terrifiant était encore la manière la plus habile, la plus rapide de porter à son comble l'angoisse des Czarkowski, de les faire capituler, enfin.

Et les jours, les semaines, les mois passèrent.

Le printemps, puis l'été avaient succédé à l'hiver.

La tristesse de l'infortunée jeune épouse du marquis d'Ambleuse allait en augmentant.

Que lui réservait l'avenir ?

Sa captivité durerait-elle pendant des années ?

Que devenaient sa mère adorée, son frère chéri, tous les autres membres de sa famille ?

Comme ils devaient souffrir à cause d'elle !

Mais elle les connaissait trop pour croire qu'ils acceptassent jamais de la délivrer au prix d'une lâcheté, d'une infamie.

Et leur concours dans de pareilles conditions, elle eût du reste été la première à le refuser.

Elle avait perdu l'appétit et le sommeil, et souvent elle passait, avec Lydie, une partie de ses nuits sur la terrasse.

Terrasse que la lune éclairait parfois en plein.

Or s'il n'y avait point d'habitations voisines de la prison choisie par le marquis d'Ambleuse pour sa femme, les gens errant à proximité de ses murs étaient tout de même plus nombreux que par les boues glacées de l'hiver.

Des maraudeurs volaient les légumes par les champs, des braconniers tendaient des collets aux lapins des garennes.

Et sur la Seine des bateaux naviguaient dont les mariniers n'avaient plus la vue raccourcie par les brouillards.

Les uns comme les autres, à certaines époques, vaguement, placés à tels endroits, avaient cru remarquer une silhouette d'être humain sur cette terrasse où pendant longtemps ils n'avaient discerné qu'une sorte de canon sur son affût.

Mais ils n'en étaient point plus sûrs que cela.

Et il y avait plus de gens qui se moquassent de la légende d'un fantôme apparaissant sur la tour qu'il n'y en avait qui y crussent.

On supposait du reste la propriété toujours inhabitée.

Car le marquis en avait conservé l'écriteau indicateur, d'accord avec le notaire, et sous prétexte que cela lui permettrait de sous-louer, s'il s'absentait pendant un certain temps.

Les amateurs auraient en réalité pu tirer la chaîne de la cloche pendant longtemps avant que quelqu'un vînt leur répondre.

Quant au ravitaillement des trois habitants, il se faisait avec adresse par Annette, laquelle, ces jours-là, enfermait ses prisonnières à clef et lâchait les chiens.

Elle ne sortait ou rentrait qu'après s'être assurée que personne ne pouvait la voir.

L'avenue précédant la grille d'entrée facilitait beaucoup ses évanouissements.

L'eût-on, par hasard, suivie, que l'on eût été bien embarrassé de comprendre par où elle était passée : un tronc d'arbre, une haie, un angle de mur, et la femme n'existait plus.

Si quelqu'un de la région eût parlé des allées et venues d'une étrangère hantant le domaine de l'astronome défunt, on se fût encore plus moqué de lui que des partisans du fantôme de la tour.

C'était bien le couvercle d'une tombe que le marquis d'Ambleuse avait rabattu sur Marie Czarkowska.

XII

SAVOIR AIMER

Les gens qui ont des traditions de famille, qui ne voient dans la vie qu'une épreuve passagère et non la fin des destinées de leur être, ceux-là au lieu de se laisser abattre grandissent par le sacrifice.

Ils se soumettent parce qu'ils savent que viendra l'heure de la justice, de la compensation ; ils pardonnent afin qu'à eux-mêmes il soit pardonné.

Les autres au contraire s'irritent de l'obstacle, et se réfugient dans la mort, y entraînent qui ils prétendent aimer, alors que ce n'est qu'eux qu'ils aiment en égoïstes féroces, en brutes aveugles.

La douleur d'Alphonse de Santa-Maria avait été affreuse en constatant la trahison aussi lâche qu'insensée de la fille du toréador.

Longtemps encore il avait gardé un bandeau épais sur les yeux.

Mais enfin son propre père, tout en souffrant comme souffrent les pères de la douleur de leur enfant, c'est-à-dire plus que lui-même, avait dû le lui arracher par respect pour leur honneur familial.

Alphonse était alors tombé dans un état de langueur qui en avait fait une sorte de cadavre ambulant.

Cette Pépita, son premier amour, son beau rêve, l'avait plus profondément blessé qu'elle ne l'eût fait en lui plongeant un poignard dans la poitrine.

Elle avait détruit chez lui toute croyance à quoi que ce fût sur la terre.

Quelle nécessité d'y vivre, alors ?

A moins, ainsi que le bon sens de son père le lui avait fait entrevoir autrefois, à moins que de laisser là les créatures qui trompent pour revenir à celui qui ne manque jamais, à Dieu.

Il y a des ressources infinies dans la jeunesse.

Elle peut plier sous l'orage, mais elle ne se rompt point.

Alphonse de Santa-Maria se remit enfin peu à peu, ne conservant de sa cruelle aventure qu'une inguérissable tristesse.

Mais le contre-coup du supplice de son fils brisa le vieillard.

Le duc mourut dans les bras d'Alphonse qui ne le quittait plus que pour visiter les pauvres et les malades.

De souffrir soi-même cela rend plus indulgent pour les misères des autres : c'est là le beau rôle de la souffrance sur le cœur de l'homme.

Son père mort, Alphonse n'avait plus rien à aimer au monde.

Son immense fortune il la dédaignait.

Son titre de duc, à quoi lui servait-il ?

Ni titre, ni fortune mis aux pieds d'une fille du peuple, d'une fille de saltimbanque n'avaient été seulement capables de la retenir auprès d'un garçon plein de cœur et qui l'adorait.

Non vraiment rien ne l'intéressait plus maintenant sur la terre, rien ! Du moins le croyait-il.

Si, si, quelque chose l'y intéressait encore, et tellement que ce quelque chose allait devenir le fond de sa nouvelle existence.

Ce quelque chose c'était le sort futur de Pépita.

Toujours Pépita, Pépita quand même.

Le véritable amour dure autant que les battements du cœur.

Alphonse aimait encore Pépita.

Il l'aimait même bien davantage, parce qu'il ne l'aimait plus du tout pour lui mais pour elle.

En passant par le creuset de la souffrance son amour s'était purifié de toute scorie.

Cette Pépita ingrate, folle, il ne voulait point qu'elle roulât dans la fange, il ne voulait pas qu'elle vécût en pécheresse pour mourir en damnée.

Son amour pour elle se raccrochait à cet espoir final qu'il la retrouverait un jour, plus tard, là-haut, dans une vie qui serait la vraie vie.

Qu'il l'y retrouverait telle qu'il l'avait rêvée, qu'il l'avait crue sur la terre.

Et en attendant il voulait, en ce monde, lui montrer ce qu'elle avait perdu en le dédaignant, répondre à sa trahison par une protection de toutes les heures, par un pardon sans cesse renouvelé.

Si son père eût vécu peut-être n'eût-il point été libre d'agir ainsi.

Mais maintenant le château des ancêtres lui-même ne le retenait plus.

Il vendit tout ce qu'il possédait et disparut.

Où était-il allé, où ?

Cherchez la femme !

A la fin de cette année dix neuf cent un, qui était la première année de captivité de la pauvre Marie, nous retrouvons la danseuse espagnole plus à la mode que jamais dans les endroits de Paris où le grand monde s'amuse.

Chez un très riche Américain, qui se plaît à jouer le rôle d'organisateur de fêtes excentriques, une soirée travestie a groupé une cohue d'invités.

Ils sont libres de rester à visage découvert ou de porter le masque.

Mais tous doivent être costumés.

La senorita Sanchez, fée de la danse, y apparaît au naturel, avec les jupes courtes, la mantille, les sandales, les accroche-cœur et la rose rouge derrière l'oreille d'une gitana danseuse de Grenade.

Le velours, les dentelles, la soie sont aussi simples que l'équipement d'une danseuse des rues, d'une diseuse de bonne aventure sur la grande place ensoleillée des villes d'Espagne.

Mais l'éclat du regard, la splendeur de la chevelure, la chaleur de la carnation, la finesse des membres, la distinction suprême des allures n'appartiennent qu'à Pépita Sanchez.

Il n'y en a point deux comme elle.

Et on se presse sur ses pas, on l'accable de compliments, on l'étouffe sous les fleurs.

C'est une reine suivie de sa cour.

Et elle se dégage avec une mine hautaine, un sourire sceptique, des glissements de couleuvre.

Tous ces hommes l'agacent ; elle ne consent à écouter pendant vingt secondes, à remarquer que ceux qui lui ont été signalés par les soins du marquis d'Ambleuse et de ses frères comme des pigeons bons à plumer.

Et ceux-là les invite à la visiter dans son appartement des boulevards ; après le théâtre, elle y offre du chocolat, à l'espagnole, chaque soir.

Chocolat qui coûte cher aux amateurs, car ce que la senorita n'ajoute point c'est qu'on joue chez elle, et que son maître, le marquis, que ses frères, Juan et Gaspar, se chargent de dépouiller les joueurs.

Lesquels ne se plaignent jamais du reste.

Afin d'avoir le droit de continuer à venir se brûler à la chandelle de ses yeux de velours.

Du velours qui flambe.

C'est une beauté, mais c'est aussi une intelligence.

Et elle manœuvre avec une diplomatie de femme supérieure.

Ce qui n'est pas peu dire.

Toujours elle se tient sur la défensive,

Et cependant la voici qui tressaille.

Une fois, deux fois ; pour se remettre aussitôt il est vrai, mais enfin elle a tressailli, elle la fille de marbre.

Et son admirable visage au teint mat est un peu plus pâle.

Pourquoi ?

Parce qu'à quelques pas d'elle, adossé à des caisses d'orangers, dans une serre où l'on échappe aux bousculades de la foule, où l'on va essayer de respirer, immobile, elle a aperçu un toréador masqué.

Un toréador dans le costume exact de son père sur les arènes.

Et par les trous du masque elle a senti se diriger vers elle des effluves étranges.

La flamme de ces yeux du toréador masqué, elle la connaît.

Elle essaie de se persuader que c'est une illusion.

Mais non, elle la connaît.

Et puis pourquoi porte-t-il les couleurs de son père défunt, pourquoi ?

C'est un revenant de là-bas, c'est un évocateur de tout son passé de jeune fille sous le ciel d'Espagne, que cet homme, cet homme masqué.

Qui est-il ?

Elle ne veut pas le savoir.

Que veut-il ?

Peu lui importe, proteste-t-elle.

Mais tout de même elle ne peut détacher ses regards de sa direction.

Et quand il a eu tiré de sa veste brodée d'or un mouchoir de batiste sur le fond duquel un doigt ensanglanté a écrit : *Juanita*, elle se débarrasse des adorateurs qui la serrent de trop près en les envoyant lui chercher ceci ou cela, et elle marche vers le toréador masqué.

Ah c'est que si ce masque porte le costume de Diégo Sanchez, il tient aussi dans sa main une relique.

Juanita c'était le nom de sa mère.

Et ce nom, un jour que renversé dans l'arène il croyait mourir, Diégo Sanchez l'a tracé sur un des chiffons embaumés que les dames enthousiasmées lui avaient jeté.

Cette relique de l'amour de son père et de sa mère, elle la tenait enfouie dans son coffret aux souvenirs.

« Comment cet homme pouvait-il la posséder ?

« A quel moment la lui avait-il volée ? »

Par un mouvement involontaire elle jeta vers le mouchoir une de ses mains mignonnes, étincelante de bagues et gantée à jour de la mitaine noire.

Mais le masque enfouit brusquement, lui, le mouchoir sous sa veste.

Il était arrivé à ce qu'il désirait.

Attirer cette Pépita insaisissable jusqu'auprès de lui, sans témoins trop rapprochés.

Et quand il sentit ses mains le toucher presque, son haleine enfiévrée le brûler au travers du loup de velours, il parla enfin.

Il répondait à cette interrogation qu'il voyait passer sur le front plissé de la danseuse, dans ses yeux devenus durs.

— Oui, c'est bien moi, Pépita, moi, Alphonse...

— Où avez-vous pris ce mouchoir ? Pourquoi arborer les couleurs de mon père ? Que me voulez-vous ?

— Ce mouchoir je ne vous l'ai point pris, mais je l'ai fabriqué d'après ce que vous m'aviez raconté et ce que vous m'aviez montré du véritable, afin de vous toucher par le nom de votre mère vénérée ; j'ai pris les couleurs du toréador Sanchez afin de vous distraire de la foule des gêneurs en vous attirant vers moi... J'y ai réussi... Quant à ce que je vous veux, c'est votre bien, Pépita...

— Je n'ai pas besoin de vous, je n'ai besoin de personne !

— Si, vous avez besoin de paix, Pépita, vous avez besoin du repos de la conscience, vous n'êtes point heureuse dans un milieu que je sais être un milieu infâme... Je voulais vous dire qu'aujourd'hui comme demain, comme toujours, vous me trouverez aux heures de l'angoisse, aux heures du désespoir, toujours ! Faites un signe et je serai là prêt à tout faire pour vous... Oh ne vous révoltez pas, ne protestez point, ne refusez pas sans savoir ! Ce n'est point un homme vous aimant d'un amour terrestre qui vous parle, qui vous enveloppera de son influence tutélaire ; le fiancé d'autrefois est mort, Pépita, bien mort !.. Je ne vous demande rien, je n'espère rien, rien que remplacer auprès de vous la mère et le père que vous n'avez plus... »

Pendant qu'il parlait la danseuse espagnole avait tiré d'un de ses doigts la plus splendide des bagues qui s'y aperçussent et la lui tendit.

C'était la bague de ses fiançailles avec Alphonse.

— Reprenez-la et rendez-moi le porte-bonheur que je vous avais donné, dit-elle d'une voix sourde.

— Non, je n'en veux pas, gardez-la, de même que moi je garde votre porte-bonheur ; il faut que cette chaîne de souvenirs subsiste entre nous... L'échange aura lieu un jour, plus tard, Pépita, à la minute où, prête à paraître devant Dieu, vous reconnaîtrez que votre seul ami véritable en ce monde fut celui que vous aviez repoussé comme compagnon de votre vie et où vous le retrouverez comme consolateur suprême quand tous les autres, les faux-amis, vous auront abandonnée... C'est tout ce que je vous demande en compensation des sommes qui vous ont été remises, du deuil de notre maison, de la mort de mon père et de mon existence brisée... Au nom de votre mère, aussi... »

Peu à peu ils s'étaient effacés derrière les massifs d'orangers et de lauriers roses, de camélias, d'arbustes verts, de palmiers.

Se comprenant indiscrets, les admirateurs de l'étoile s'étaient quelque peu éloignés.

Le nom de sa mère, la seule créature qui eût jamais trouvé le chemin du cœur sous la cuirasse d'orgueil de la belle Pépita, avait troublé la jeune femme.

Sa mère, l'avenir, une vie d'expédients honteux, la mort, le mariage princier dédaigné au profit d'un chef de brigands.

Autant de visions sinistres qui traversèrent en quelques minutes le cerveau de la fille de Sanchez.

Que deviendrait-elle en réalité ?

Elle ne répondit point aux paroles dites.

Mais elle ne repoussa point non plus la protection désintéressée, l'aide dans l'ombre de ce grand cœur qu'était le duc de Santa-Maria.

Celui-ci n'insista point.

Il y a des susceptibilités ombrageuses qu'il faut savoir ménager, comprendre sans paroles.

— Au revoir, un jour, Pépita, murmura le masque », et il se perdit aussitôt dans la foule.

La danseuse, elle, fut obligée de revenir au groupe de ses courtisans, d'y jouer encore son rôle.

De paraître même d'autant plus souriante, exempte d'ennuis qu'elle était plus torturée au fond.

Ce à quoi elle tenait surtout c'était que les curieux, cette meute gourmande et jalouse qui la talonnait sans cesse, que les curieux ne se préoccupassent point davantage de son entretien solitaire, exceptionnel, avec le toréador masqué.

Elle parla donc de son goût tout particulier pour ce qui lui rappelait l'Espagne et de la curiosité qu'elle avait eue de savoir quel était le personnage revêtu d'un authentique costume de là-bas.

« C'était en effet un véritable Espagnol et alors, entre compatriotes, on avait oublié pendant cinq minutes, les lustres de Paris, pour le soleil de Madrid. »

Et elle souriait, et elle prodiguait des regards langoureux, des coups d'éventail sur les doigts.

« Donc rien de grave, rien d'inquiétant dans ce tête à tête avec quelqu'un d'inconnu et de vite disparu.

« Ce n'était point un rival bien dangereux puisqu'on ne le revit dans aucun des salons au cours de la soirée. »

Ainsi du moins raisonnèrent les nombreux imbéciles qui escortaient la triomphante jeune femme, alors qu'au contraire la soudaineté, l'exclusivisme de la rencontre, suivie brusquement d'un complet évanouissement, auraient dû leur donner à réfléchir.

Mais leur idole, ils la tenaient au milieu d'eux, et puis les violons chantaient, les coupes de champagne circulaient, alors au diable les soucis !

N'empêche que la danseuse, dès qu'elle se fut acquittée de la tâche qui lui incombait et pour laquelle l'Américain, organisateur de la fête, l'avait prise à ses frais, trouva, elle aussi, un petit intervalle entre des plantes d'ornementation ou des tentures et s'y faufila pour ne plus reparaître.

Elle avait hâte d'être seule, de ne plus se contraindre à mentir, elle étouffait.

Ah c'est qu'Alphonse de Santa-Maria, se dressant devant elle après tant de jours écoulés, avait été une évocation terrible.

Le revoir, l'entendre, ç'avait été comme si on lui eût tout à coup poussé entre les jambes, au milieu de cette cohue de noceurs, de débauchés, les cercueils de sa mère, de son père, du vieux duc ; ç'avait été comme si des gendarmes lui eussent jeté leur lourde poigne sur les épaules en l'appelant : voleuse.

Voleuse de trois cent mille francs escroqués à la famille de Santa-Maria par son intermédiaire.

Et pourquoi ?

Pour les remettre à un homme sans foi ni loi, un homme qui lui faisait surtout peur, un homme sur lequel elle avait compté pour servir ses ambitions insensées, monter toujours plus haut.

Et où en était-elle actuellement ?

Elle en était réduite à le nourrir de ses gains de comédienne, à le nourrir, lui, et à nourrir aussi un enfant, une petite fille, Béatrix, qui était leur enfant à tous les deux.

Le trésor, escompté d'avance, restait toujours dans son coffre mystérieux.

Il y restait malgré la séquestration de Marie Czarkowska.

Des usuriers s'étaient d'abord laissés aller jusqu'à de petits prêts sur cette cassette des contes de fées, mais ensuite ils avaient montré les dents et exigé des remboursements.

Le marquis avait dû s'exécuter pour ne point attirer l'attention de la police sur ses agissements.

Les frères Sanchez et lui vivaient de paris, de bijouteries au jeu, d'emprunts aux admirateurs de Pépita et surtout de la cagnotte des distractions aussi variées que louches dont ses salons étaient le théâtre.

Mais cet échafaudage pouvait s'écrouler du jour au lendemain.

La danseuse avait des protecteurs puissants qui empêchaient qu'on l'inquiétât, qui tous comptaient plus ou moins se parer un jour de sa personne comme on tire vanité d'un beau cheval ou d'une meute de chiens.

Qu'un accident, une maladie la défigurassent, la forçassent à quitter les planches, et elle voyait tous ces oisifs, ces crétins du boulevard s'envoler comme une bande de moineaux dans laquelle on aurait tiré un coup de fusil.

Elle resterait sans sou ni maille, mêlée à des entreprises criminelles.

Pépita avait été une enfant gâtée, elle tenait de son père un amour fou de la gloire, des rêves de mines d'or, mais elle n'était point foncièrement canaille comme Lucienne Gobert et son fils.

Sa mère, cette Juanita dont Alphonse lui avait rappelé le souvenir vénéré, avait vécu en honnête femme, en bonne mère.

Le toréador Sanchez lui-même n'avait eu pour défaut grave, après ses fanfaronnades du métier, que sa trop grande faiblesse pour ses trois enfants.

Faiblesse qui avait fait de Juan et de Gaspar les deux garçons paresseux, vaniteux, les deux pêcheurs en eau trouble qu'ils étaient devenus par besoin d'argent.

Pépita voyait clair aujourd'hui.

Mais trop tard ; elle était prise dans l'engrenage.

Sa conscience de femme était là pour lui montrer quelle différence il y avait entre ce fiancé princier qu'elle avait berné, dupé, et l'homme de proie auquel elle s'était associée.

Qui donc l'aimait vraiment du marquis d'Ambleuse, ne se servant d'elle que comme d'un appât, battant monnaie avec sa beauté et son talent, ne pouvant se passer d'elle par ce même besoin qu'éprouve le tigre de sentir sa femelle à ses côtés pour faire la chasse, ou du duc de Santa-Maria ?

Qui ?

N'était-ce pas cet homme qui après avoir subi par son fait les plus sanglants affronts, avoir enduré toutes les souffrances, venait encore s'offrir à elle pour la protéger, la défendre, la consoler ?

Et cela, son instinct de femme le lui assurait, cela sans aucune arrière-pensée, cela alors que jamais son honneur de gentilhomme ne lui permettrait de revenir à sa passion d'autrefois, de baiser même le bout des doigts de celle dont le séparait la tombe de son père.

C'est-à-dire qu'à l'injure il répondait par le pardon, qu'il lui apportait l'hommage le plus complet dont une femme puisse rêver sur la terre, l'hommage d'une affection si pure qu'elle ne demande rien, rien que de se dévouer, qu'il lui donnait cette inappréciable consolation de ne point trop se mépriser elle-même puisqu'il, lui, homme d'honneur, ne la méprisait point.

Et c'était cet homme si rare qu'elle avait repoussé comme époux, alors qu'il lui offrait une situation mondaine et une fortune équivalentes, pour la fille de toréador qu'elle était, à un trône de reine.

Mais tout était fini ; une chaîne infrangible rivait son destin au destin du marquis d'Ambleuse, chaîne faite de secrets et de crimes communs, chaîne faite d'habitude et d'effroi, chaîne faite de ce pauvre petit être, la jolie Béatrix, que le marquis d'Ambleuse n'avait même point le droit de reconnaître puisqu'il était marié avec la Polonaise.

Polonaise haïe moins par jalousie de femme maintenant que par haine de mère.

Marie c'était l'obstacle entre le marquis et Pépita pour un mariage, un mariage qui s'il n'arrivait jamais à légitimer cet enfant de l'adultère qu'était sa Béatrix, au moins empêcherait que la même tare frappât les autres qui pourraient survenir.

Cette Marie il fallait qu'elle disparût tout à fait, qu'elle mourût !

Et une rage froide s'emparait de Pépita à cette pensée que la femme épousée pour parvenir à une fortune colossale que l'on n'avait pu atteindre était du même coup l'obstacle qui l'avait empêchée d'épouser le marquis et faisait de sa fille une bâtarde, pis qu'une bâtarde, l'enfant d'un crime.

Cette haine de femme à femme, haine farouche, rancune envenimée comme si la pauvre Marie eût été la cause du refus de sa famille au partage malhonnête, la cause de cette combinaison odieuse qui l'avait fait rechercher et prendre pour épouse en vue du secret à obtenir, la cause de l'état d'enfant adultérin de la petite Béatrix, cette haine était le ferment mauvais de l'âme de Pépita.

Et à côté de cette soif du sang d'une innocente, d'une martyre dont elle avait honte dans l'intimité de son être sans avoir la force d'y renoncer, à côté de cette déchéance inguérissable il y avait comme une lueur de salut maintenant.

Cette lueur c'était, non point l'amour, il ne s'agissait plus d'amour pour lui, mais l'affection élevée, le refuge ouvert, le secours de la dernière heure, l'indulgence, après et malgré tous les crimes, d'Alphonse de Santa-Maria.

Ce serait son port après la tempête, le salut de la fin que cette affection aussi profonde que pure du noble fiancé d'autrefois.

Tant il est vrai que le bon sang ne ment jamais.

La misérable, et de toutes manières, qu'était devenue Pépita Sanchez, la perle des Espagnes, l'étoile des théâtres parisiens le sentait admirablement.

L'affection de cet homme la rattachait au bien, l'empêcherait peut-être de dégringoler trop bas.

Ou même l'arracherait, matériellement, aux griffes de la justice, au bagne, à l'échafaud.

Elle aurait à son égard des miséricordes infinies, ces miséricordes des mères qui pardonnent toujours, qui aiment encore alors même que le poignard du fils criminel leur perce le sein.

Quant au sort qui l'attendait avec le marquis elle ne se faisait pas d'illusions.

Il ne la lâcherait jamais, il se servirait d'elle pour toutes les entreprises machinées par son cerveau de criminel-né et celui de sa mère, avec lui il lui faudrait descendre aux profondeurs infernales.

Alphonse de Santa-Maria n'y pourrait rien : elle subirait sa destinée.

Mais lui, lui le pardon viendrait à la dernière heure.

XIII

L'OTAGE DE LA MAIN NOIRE

. . . .

Quelques mois se sont écoulés.

On est maintenant à la fin de mil neuf cent deux.

Ce que Pépita avait pressenti s'est réalisé.

Les vogues des cabotins, et des cabotines surtout sont, à Paris, affaire de coteries.

Coteries dont la morale est absente, bien entendu.

Les femmes y arrivent sans aucune espèce de talent, par tous les moyens corrupteurs qu'elles ont à leur disposition si la nature les a douées d'un physique agréable ; les hommes à force de réclame payée.

Mais ces vogues sont comme les girouettes.

Un rien peut les faire tourner dans un sens contraire à celui de la veille.

Et alors c'est l'obscurité complète, l'oubli total en quelques jours.

Les badauds ont couru vers un autre pantin, chantent les louanges d'une nouvelle idole.

La bande de noceurs argenteux qui formait une claque à la danseuse espagnole et l'encensait finit par s'apercevoir qu'elle n'était autre chose qu'un miroir à alouettes aux griffes de ce monsieur avide, pas commode et férocement jaloux qui s'appelait le marquis d'Ambleuse.

Son mari soi-disant, on n'était pas bien certain de la chose.

Elle ne servait qu'à leur soutirer des billets de banque dans ses salons de jeux, mais quant à espérer que l'un ou l'autre pourrait s'en rendre maître et l'afficher comme sa meilleure amie aux yeux des Parisiens il n'y fallait point songer.

Pépita avait certainement une grâce exquise, un talent incomparable, mais bien d'autres danseuses en avaient aussi du talent, et pas des bégueules comme celle-là.

Zut pour elle !

Les adorateurs dépités, rancuniers se dispersèrent, la sifflèrent.

Elle ne fut plus bonne à jeter aux chiens, la senorita madrilène.

Pour comble de malchance, l'étoile mêlée à un accident de voitures, un soir qu'elle se rendait à son music-hall, eut un pied foulé.

Peu de chose pour une personne ordinaire et gros ennui pour une danseuse que cette entorse.

Pendant des semaines elle ne put se servir de sa jambe malade.

Quand enfin le membre eut retrouvé sa souplesse, on ne connaissait plus la danseuse.

Dix, vingt autres l'avaient remplacée dans l'engouement public, accaparaient les affiches.

Finie, plus rien à faire.

L'argent manquait au couple, à la vieille marquise, aux frères Sanchez, lesquels se ressentirent tous, naturellement, de l'éclipse de leur astre.

Il fallut décamper des beaux salons où des messieurs aussi vaniteux et imbéciles que millionnaires ne venaient plus perdre leurs louis sous des prétextes divers.

De là, et des autres logements.

Se terrer dans une petite villa du fond de Grenelle, tous ensemble et sous des noms d'emprunt.

Il s'agissait de battre monnaie.

Comment faire ?

Les commodités pour le vol que créait le train de vie, les relations précédentes, n'existaient plus.

Un autre enfant, un garçon, Manoël, était venu se joindre à Béatrix.

C'est pour le coup que les millions supposés de la cachette introuvable de Las Tablas auraient bien fait l'affaire de la bande.

Et sa rage contre les Czarkowski, l'obstacle, s'en augmentait de toutes les misères actuelles.

La captive du belvédère en subissait le contre-coup de deux manières.

Comme rancune, alors cependant que, personnellement, elle n'était cause de rien, et puis comme manque de fonds dans l'escarcelle de ses geôliers.

On lui donnait à peine le nécessaire, maintenant qu'eux-mêmes manquaient de beaucoup de choses.

Néanmoins elle était un gage trop précieux pour qu'ils songeassent à s'en débarrasser.

Il s'agissait au contraire de la faire souffrir davantage et d'en informer sa famille.

Elle se déciderait peut-être alors à mettre les pouces.

Puis une modification survint dans les plans d'abord combinés.

Juan et Gaspar, en fréquentant les lieux où l'on rencontre le plus de malfaiteurs cosmopolites, s'y rapprochaient de préférence des brigands de leur langue.

Parmi lesquels des Américains d'origine espagnole.

Des membres secrets d'associations aussi ténébreuses que puissantes.

Ils présentèrent leur presque beau-frère, le marquis d'Ambleuse, à trois de ces nouveaux amis.

C'étaient trois affiliés de la *Main Noire*.

Si les loups, dit-on, ne se mangent point on se reconnaît vite entre gens capables des mêmes infamies.

Le marquis d'Ambleuse fut jugé digne de la confiance des *Main Noire*, et celui-ci vit en eux des auxiliaires puissants.

Il leur dépeignit sa situation en face de gens qui auraient pu, s'ils eussent été moins stupides, le faire entrer en possession de grosses sommes, et, sans leur tout avouer, leur demanda ce qu'ils feraient à sa place.

Ceux-ci expliquèrent leur principale méthode.

Laquelle consistait à frapper de préférence sur les enfants.

Les enfants tiennent tellement au cœur des parents que par eux on obtient ce que jamais on ne pourrait obtenir autrement.

Donc, puisque le personnage récalcitrant avait un fils d'âge à pouvoir être facilement enlevé et séquestré, c'était sur lui qu'il fallait taper.

Pour sûr que le papa arriverait tout de suite à composition.

Le mioche serait bien plus efficace que la sœur.

Parfait ! parfait ! Le marquis approuva des deux mains en se demandant comment il n'avait point songé à cela plus tôt.

Il donna à ses trois camarades de la *Main Noire* toutes les indications nécessaires.

Et ceux-ci moyennant un prix convenu, prix payable seulement après que la besogne aurait produit son effet, se chargèrent de l'enlèvement.

Il était bien préférable que le marquis n'y parût en rien.

Quelques jours plus tard, là-bas, en Pologne, une bande de Tziganes musiciens séjournait, avec roulottes, aux abords de la résidence des Czarkowski.

Parmi ces Tziganes il y en avait trois de faux, les trois *Main Noire*, lesquels avaient recruté et payé le reste de la bande.

On était en hiver.

Les gens sortaient peu des maisons.

Cependant comme les Tziganes donnaient des représentations et faisaient danser dans une grange, le soir, à la lueur de quelques quinquets, les jeunes garçons et les jeunes filles s'aventuraient autour de leurs oripeaux.

On est avide des moindres distractions dans une campagne solitaire.

Et ce fut ainsi que, sans permission, la domestique chargée de veiller sur Wladimir, le fils aîné du prince Stanislas, y emmena son petit maître, un joli garçonnet de sept ou huit ans.

Le premier soir rien ne se produisit.

Les Tziganes étudiaient le terrain.

Mais le second, un ours savant se trouva tout à coup démuselé, comme par hasard ; la foule épouvantée prit la fuite, les quinquets furent brusquement éteints.

Et dans la panique obscure le petit Wladimir disparut.

Sa bonne le chercha en vain partout à grands cris.

Elle ne le retrouva point.

Son père informé, après plusieurs heures de silence craintif, par la coupable, mit sur pied les paysans avec des lanternes mais en vain.

Entre temps les roulottes des Tziganes s'étaient évanouies dans les ténèbres.

Le lendemain il y eut une poursuite inutile des Bohémiens.

Une foire énorme avait commencé à cinq ou six lieues du domaine des Czarkowski.

Des centaines d'autres Tziganes y grouillaient.

Et tous les Tziganes se ressemblent à peu près comme traits et comme costumes.

Autant vouloir chercher une aiguille dans un tas de foin que de songer à mettre la main sur les voleurs supposés de l'enfant.

Tout avait été calculé.

Wladimir ne réintégra pas le domicile de son père désespéré, mais on eût pu le voir, à la fin de la semaine suivante, dans la chambre de Lydie, à l'étage de la prison de sa tante Marie.

Le marquis l'y avait introduit avec un ricanement féroce, en assurant à son épouse que c'était pour amuser ses loisirs, aussi prolongés que stériles au point de vue des résultats, qu'il lui amenait le petit neveu de Pologne.

Et là l'enfant n'était point facile à découvrir, à reprendre.

La claustration des deux femmes était plus absolue que jamais.

Les bandits avaient fait du rez-de-chaussée leur point central de réunion, une cachette pour ceux qui eussent été pris en filature par la police, un dépôt d'armes et de déguisements.

Il était bien rare que l'un ou l'autre ne fût point présent.

Et Annette avait des ordres plus sévères que jamais.

Néanmoins quelqu'un devait retrouver cette piste de l'enfant perdu, volé, et s'en servir au bénéfice de Marie aussi.

Et ce quelqu'un, le marquis d'Ambleuse ne l'eût jamais supposé à ses trousses.

Il le croyait, sinon mort, du moins enterré dans son château d'Andalousie et s'y arrachant les cheveux de désespoir d'avoir perdu tout à la fois son argent et Pépita.

Tandis qu'il était là, à quelques pas, ardent à la chasse, méconnaissable.

Et avec, en poches, le nerf de la guerre : de l'or, beaucoup d'or.

C'était le duc de Santa-Maria. Alphonse.

Suivre Pépita, veiller sur elle dans l'ombre, telle était désormais la joie de sa vie brisée.

Sa folie si l'on veut.

Folie douloureuse et consolatrice tout à la fois.

S'occuper d'elle, c'était encore du bonheur.

Tous ceux qui ont été fous d'amour comprendront.

Et malgré ses déchirements atroces parfois pour ceux qui n'y ont pas de chance, qui s'y voient trompés, bien à plaindre sont néanmoins ceux qui n'ont jamais connu cette folie-là.

La seule folie qui compte dans la vie, la seule folie qui n'en soit point une.

L'aimée, l'aimée ! Qu'importe le reste ?

Le marquis se tenait d'autant moins sur ses gardes que Pépita, qui le mettait au courant de tout ce qu'elle savait, découvrait, dans l'intérêt de leur défense commune, Pépita ne lui avait soufflé mot de sa rencontre extraordinaire du bal masqué.

La femme, quand même elle ne l'aimerait point, a toujours pitié de l'homme qu'elle sait avoir le cœur malade d'elle, souffrir pour elle.

Et puis, nous l'avons déjà dit, elle voyait dans le duc une ressource suprême pour elle-même et pour ses deux pauvres enfants : Béatrix et Manoël.

Elle n'avait donc fait aucune allusion au duc Alphonse.

De complètement rasé qu'il était jadis, à la mode espagnole, le duc était devenu quelque chose comme un colporteur à la longue barbe noire, aux yeux protégés par des lunettes bleues, à l'immense chapeau rabattu.

Il vendait du cirage, des crayons, des lacets de bottines.

Choses empilées à la surface d'une solide boîte à courroie qu'il portait sur l'épaule, mais boîte dont le double fond renfermait tout ce qui pouvait lui être utile dans ses courses de jour ou de nuit.

Il était vêtu proprement de velours gris et muni des papiers nécessaires à un individu quelconque de son métier.

Personne ne le remarquait parce qu'il n'avait rien que de très ordinaire dans les apparences et n'appelait point l'attention.

Mais, sans qu'il y parût, il travaillait.

En semant habilement, silencieusement, les écus à droite et à gauche, il avait délié les langues, il avait appris bien des choses.

Et cela d'autant plus facilement que le marquis, que la danseuse étant considérés comme des gens finis, au point de vue des pourboires, ayant disparu dans les dessous de la scène parisienne, les concierges de leurs anciens logements, leurs domestiques ou employés des heures de luxe n'avaient plus à les ménager, au contraire.

Il retrouva tout le passé des deux d'Ambleuse, mère et fils et des trois Espagnols, depuis leur réunion et leur arrivée à Paris ; il retrouva Marie et sa femme de chambre dans leur prison secrète de la banlieue.

Mais sa qualité d'étranger l'empêchait de faire bien des choses qui viendront tout de suite à la pensée, comme, par exemple, de dénoncer le marquis, d'amener une perquisition dans le belvédère.

Il n'avait point autorité pour cela, et puis pour bien dire il ne voulait pas englober Pépita dans une condamnation, un scandale épouvantable du marquis.

Détourner d'elle les périls, lui éviter de trop grands remords pour plus tard, soulager, sans se découvrir car c'eût été la mort pour lui par vengeance des bandits, les victimes de Pépita et de son complice : voilà à quoi le duc Alphonse bornait son rôle.

Un rôle dans la coulisse, un rôle qui lui permettait de vivre de la vie de la toujours aimée sans que nul pût soupçonner sa présence.

Au cours de ses longs espionnages des nuits d'hiver aux alentours de la maison perdue dans le parc dépouillé, il avait surpris bien des conversations, des allées et venues.

Personne n'aurait pu se douter qu'il était couché là, à quelques pas, dans un champ de choux d'hiver, dans les orties au bas d'une muraille.

Il connaissait Annette et ses expéditions.

Il sut l'adjonction d'un garçonnet, venu de Pologne, aux deux femmes prisonnières de la tour.

Et il trouva, réuni à Lydie dans une même pensée, ce qu'il y avait à faire pour les consoler, les aider à se défendre.

Lui aussi partit en Pologne.

Et quelques semaines après l'enlèvement du petit Wladimir, un colporteur étrange, au type méridional, mais parlant bien la langue française, arrivait chez les Czarkowaki.

On l'y héberge.

Et à la vieille princesse, à la jeune mère du disparu, au prince Stanislas il raconta des histoires vagues, il donna des espérances en se servant d'allusions, de contes de fées.

Il ne voulut rien préciser, malgré des questions suppliantes.

Mais il demanda qu'une certaine quantité des pigeons du manoir, pigeons voyageurs superbes et d'une couleur spéciale, lui fût confiée.

Et il jura que ces pigeons seraient des messagers de bonheur si l'on voulait bien surveiller leur rentrée au colombier.

Il en emporta cinq couples.

Et les infortunés parents de Marie et de Wladimir sentirent que cet homme mystérieux allait travailler dans leur intérêt, qu'il était un délégué de la Providence.

Le plan du duc Alphonse était bien simple.

Se rencontrer au marché que fréquentait Annette et lui offrir deux ou quatre de ses pigeons, toujours par couple, à si bon compte qu'elle les prît, fatalement.

Leur vue particulière frapperait ensuite certainement les Polonaises.

Et elles s'arrangeraient pour que, sinon la première fois du moins la seconde, Annette leur en cédât une paire sous prétexte d'amuser l'enfant.

La gardienne de prison ne pourrait s'imaginer que ces pigeons vinssent de Pologne et voir d'inconvénients à sa faveur contre un gros pourboire.

Et ce fut ce qui arriva.

Aux heures où elles descendaient un peu dans le jardin pour y respirer, les deux femmes aperçurent leur cuisinière qui plumait des pigeons au plumage rare.

Un plumage qu'elles connaissaient bien pourtant.

Le plumage exclusif des pigeons de leur chère maison familiale.

Et elles tressaillirent ; Lydie surtout.

Il y avait là quelque chose d'extraordinaire.

On essayait sans doute d'établir des relations entre la tour et le lointain domaine au moyen de ces oiseaux.

Ce à quoi Lydie avait songé bien longtemps déjà auparavant, mais sans pouvoir en tirer parti puisqu'elle manquait de pigeons.

Prenant dans sa bourse personnelle deux pièces d'or, Lydie les offrit à Annette à la seule condition qu'elle lui achetât deux pigeons, un mâle et une femelle, pour amuser l'enfant.

A celui-ci il avait été bien recommandé de ne point s'étonner du plumage et de ne point paraître trop joyeux.

Lydie avait ses raisons pour vouloir un couple, de même que le duc Alphonse avait les siennes pour toujours vendre les pigeons par paire.

Annette estima l'aubaine trop avantageuse pour cracher dessus.

Wladimir eut ses pigeons.

Et dès le lendemain même un des deux oiseaux, le mâle, était lâché, de nuit, avec sous l'aile une courte lettre en langue polonaise.

Il s'envola à tire-d'aile vers le colombier de la steppe dans son premier désir de s'y abriter comme toujours il l'avait fait, par dégoût pour cette cage, cette nourriture, cet air autres qu'on lui avait imposés en captivité.

Mais bientôt l'amour de sa compagne restée en arrière l'emporta sur l'amour du gîte natal.

Et il revola vers Paris.

Pas assez vite cependant pour que l'on n'ait pu le saisir, lui enlever la lettre et lui en renceler une autre à la place.

Après le mâle ce fut la femelle qui fut lâchée seule, et qui fit le même manège.

Le prince Stanislas sut ainsi où était son fils, qui l'avait enlevé ou fait enlever.

Sans faire allusion à ce second crime de séquestration afin de ne point donner l'éveil sur les moyens employés et compromettre, entre autres, le colporteur mystérieux et bienfaisant, le prince reprit ses pourparlers avec le marquis d'Ambleuse.

Dans sa lettre il paraissait uniquement préoccupé du sort de sa sœur, dont il n'avait aucunes nouvelles depuis plus de trois années, et il disait se rendre à Paris avec une pièce qui satisferait, il l'espérait, les exigences du marquis, son époux et son geôlier.

Sa lettre était modérée, conciliante et il s'y gardait bien, par exemple, de parler de la justice française, d'une dénonciation.

C'eût été exposer son fils et sa sœur à un massacre.

XIV

FRATRICIDE

Le marquis d'Ambleuse dont le trésor de Las Tablas était l'idée fixe, qui ne songeait qu'à cela et croyait nécessairement qu'il en était de même pour les autres, pensa que son beau-frère allait lui apporter le fameux troisième parchemin, la syllabe manquante pour que l'on sût là où le coffre aux écus était enfoui.

Et il répondit cyniquement :

— Venez, je vous trouve enfin raisonnable, et tout le monde y gagnera... Du reste je vous dirai, afin de donner un coup d'éperon à vos dernières hésitations d'imbécile, que je tiens en cage deux de vos poulets au lieu d'un, et que si vous m'agacez trop longtemps je finirai par leur tordre le cou.... »

En attendant il organisa tout un guet-apens, pour tirer double bénéfice de cette entrevue.

Il comptait s'emparer du parchemin et par suite de la totalité du secret et du trésor sans avoir à le partager avec le prince pour un tiers, sans aucunes conditions.

La chose était facile.

Avec de l'argent on trouve à Paris tout ce que l'on veut.

Il loua, dans les dépendances d'un marchand de gibier, un territoire de chasse pour une semaine et sous réserve qu'il passerait pour en être le propriétaire.

Ses invités devaient être les deux Sanchez et les affiliés de la *Main Notre* d'Amérique.

Le prince, dès son arrivée, serait prié de venir s'y reposer, s'y distraire avant de parler de choses sérieuses.

Et alors un des cinq invités, gens peu chasseurs à l'ordinaire et par conséquent maladroits, ouvrerait, par accident, un coup de fusil dans la tête du Polonais.

Désolation, preuves fournies de la plus entière bonne foi, classement de l'affaire ou légère amende comme homicide involontaire, et le tour serait joué.

Le marquis d'Ambleuse se précipita donc au devant de son beau-frère à la gare du Nord et fit preuve, à son égard, de la plus grande courtoisie.

Il lui demanda dans quel hôtel il souhaitait descendre, se gardant bien de lui imposer un de son choix pour ne point exciter sa défiance.

Le prince désigna le *Grand Hôtel*, et le marquis l'y accompagna pas à pas, s'empressant amicalement, l'appelant bien haut mon cher beau-frère, retenant bien surtout le numéro de la chambre et l'étage du couloir où elle s'ouvrait.

Il donna, comme si vraiment il se fût agi de lui, les nom, prénoms, qualités, résidence du prince au bureau, préparant d'avance sa rentrée, la facilité de pénétrer dans la chambre du voyageur.

Il voulut offrir le dîner au restaurant de l'hôtel même, se fusionnant de plus en plus avec son cher beau-frère aux yeux des domestiques, du gérant.

Puis le lendemain matin il venait le chercher pour la partie de chasse dont il lui avait parlé dès la veille, en s'assurant, de ses propres yeux, que la valise de cuir russe, apportée de là-bas par le prince, était toujours bien à sa place dans un coin, qu'aucun portefeuille précieux n'avait été remis à la garde spéciale de l'hôtel ou d'un établissement de crédit.

Cela au moyen de questions adroites, lointaines.

Et l'on partit pour les environs de Versailles, à une huitaine de lieues.

Le prince, enchanté de la modération de son triste beau-frère, persuadé qu'il en viendrait à bout avec ce qu'il lui apportait et qu'il n'avait nullement promis être le parchemin toujours refusé, le prince évita toute querelle anticipée en ne parlant ni de sa sœur, ni de son fils.

Les cinq autres bandits attendaient sur les lieux, en compagnie de deux piqueurs de circonstance et d'une meute, loués aussi par le marchand de gibier.

Les deux piqueurs, gorgés d'absinthe dès l'aube, étaient des témoins à décharge tout trouvés.

Il était certain qu'afin d'éviter des poursuites aux clients de leur patron, ces hommes jureraient leurs grands dieux que l'accident avait eu pour cause la plus regrettable mais la plus pure des fatalités.

Après la présentation de ses amis par le marquis, on se mit en chasse en s'espaçant les uns des autres.

Le prince, qui n'était point un imbécile, avait probablement trouvé un peu singuliers ces messieurs qui lui étaient donnés comme compagnons.

Mais il ne pouvait plus reculer.

Et il n'en laissa rien paraître, ne s'imaginant pas que son gredin de beau-frère en vînt à des violences avant d'avoir au moins su ce qu'il lui apportait.

Ce fut Gaspar qui emboîta le pas au prince.

Il avait été désigné comme exécuteur.

Le marquis eût pu paraître supect aux enquêteurs subséquents.

Les trois de la *Main Noire* ne tenaient point du tout à ce que l'on fouillât dans leur identité.

Et des deux Sanchez un seul était un peu myope, très peu, mais assez néanmoins pour que cela pût se constater légalement, Gaspar.

Donc ce fut celui-là que le marquis choisit.

Tout avait été admirablement combiné.

Des lapins, des faisans rabattus par les deux piqueurs, traversaient maintenant sans répit les allées forestières.

Les chasseurs accélérèrent l'allure.

Et comme des cris annonçaient un chevreuil, ils se mirent à courir.

Gaspar portait son fusil de la main droite en avant de lui, prêt à épauler.

Mais au lieu de le tenir à pleine main en arrière des gâchettes, il avait déjà un des doigts appuyé sur l'une des gâchettes.

De manière à déterminer une explosion tout en courant et sans avoir besoin de reculer la crosse vers son épaule.

Le chevreuil apparut sur la droite, dans une clairière assez vaste, mais qu'il franchit en trois bonds.

Le prince lui lâcha ses deux coups de fusil et l'abattit.

Mais en même temps Gaspar qui, lui aussi, s'était élancé pour mieux voir, mieux ajuster, trébucha sur une racine et tomba si malencontreusement contre un tronc d'arbre qu'il s'y rabota la figure jusqu'au sang.

Et comme contre-coup de cette culbute, une des deux gâchettes, heurtée involontairement, envoya la charge de son canon dans la tête du prince.

Pas si mazette que cela en fait de tir, l'Espagnol myope !

Et bon comédien aussi.

Car il se mit à hurler si bien et à si bien s'embarbouiller avec le sang qui lui coulait du nez, du nez tout simplement, que l'on aurait pu croire qu'il était presque mort.

Quant au prince, il l'était déjà.

Comme mise en scène, afin d'impressionner les deux piqueurs, le marquis se mit à lever les bras au ciel, à s'arracher les cheveux, à transporter son beau-frère, mais non dans la voiture qui les avait amenés tous deux et pour regagner Paris au plus vite, ce qui eût été normal.

Ah ! non, non, à le transporter dans la maisonnette d'un des gardes.

A quinze cents mètres du lieu de l'accident.

A transporter, c'est-à-dire à faire transporter.

Car lui sauta dans la voiture et gagna le chemin de fer, en criant qu'il allait chercher le médecin habituel du prince et envoyer un télégramme à sa famille.

C'était au *Grand Hôtel* qu'il courait.

Mais non sans avoir au préalable fouillé le cadavre et pris sur lui un trousseau de petites clefs, un portefeuille ordinaire avec carte photographique, passe port, lettres personnelles.

Dans le train il se frotta les yeux à les rendre aussi rouges que ceux d'un lapin russe, déchira son col de chemise, jeta son chapeau tyrolien par la portière.

Et ce fut à moitié fou, en apparence, sanglotant, dévêtu, qu'il entra dans le bureau de l'hôtel.

Il brandissait le trousseau de clefs, le portefeuille, les lettres comme pièces à conviction.

Et annonçant un grand malheur, la blessure sans doute mortelle de son beau-frère le prince, il dit qu'il venait chercher certaines choses nécessaires pour les soins à lui donner, pour la confection d'un testament.

Le gérant ne fit aucunes difficultés et lui remit la clef de la chambre, sans même l'y accompagner.

C'était l'heure de l'arrivée des trains principaux et tout le personnel se précipitait à droite et à gauche.

Le marquis grimpa les escaliers quatre à quatre, bondit dans la chambre et, la porte refermée au verrou, ouvrit la valise, y bouscula des objets nombreux, et finit par découvrir le document, la pièce annoncée.

Le document que le prince avait apporté de Pologne pour tâcher de fléchir le monstre, de délivrer sa sœur et son fils.

Mais document qui n'était point le parchemin du secret.

Ah non, non, aujourd'hui comme hier, comme toujours, même en face des pires malheurs, même en face de la mort, les Czarkowski restaient gens d'honneur.

Ils ne savaient, ne pouvaient manquer à leur parole, voler ce qui ne leur appartenait pas.

Tout ce qu'ils avaient le droit de faire, ils l'avaient fait.

Ils avaient dressé un acte, signé de tous, par lequel ils abandonnaient en pleine propriété au marquis d'Ambleuse et d'avance tout ce qui pourrait leur revenir plus tard dans le trésor de Las Tablas.

« Si jamais il leur revenait quelque chose.

« Ce que l'on ne savait encore point, que l'on ne saurait que dans trois ans, à la date jurée.»

Le marquis rugit en lisant le document.

Roulé, il était roulé par ces trop honnêtes gens, une fois encore !

Il avait commis un assassinat, qui lui créerait peut-être des difficultés pour rien !

Zut ! Point encore la clef du coffre !

Cependant il ne perdit point la tête.

Sa rage restait tout intérieure.

Il prit le document d'abandon, lequel le rendait en définitive propriétaire de la totalité du magot, au jour de sa découverte, légalement et contre toutes revendications polonaises ultérieures.

Et il le mit dans sa poche.

Puis il referma la valise, referma la porte, descendit en courant toujours, dit au bureau qu'il continuait à ses frais l'occupation de la chambre du blessé, du mort, qu'il reviendrait pour y prendre les objets lui appartenant et les expédier, en même temps que son cercueil de plomb, à la famille, en Pologne.

Le gérant s'inclina avec respect devant sa douleur et lui indiqua le télégraphe de l'hôtel même, télégraphe d'où le marquis envoya aux Czarkowski une dépêche dont il eut soin de laisser traîner plusieurs exemplaires :

Navré - Affreux malheur - Stanislas tué à la chasse par accident - Ferai le nécessaire pour corps et valise - Condoléances profondes - Accord était conclu à la suite de remise du généreux abandon.

Ambleuse.

Le drôle voulait laisser croire qu'il connaissait déjà l'acte d'abandon avant la partie de chasse, que cet acte lui avait été remis, qu'il était accepté, et que par conséquent il n'y avait point eu de raisons pour qu'il cherchât noise à son beau-frère.

Le surlendemain, après enquête d'un juge de paix et d'un maréchal-des-logis de gendarmerie qui conclurent à une fatalité, à un accident où il n'y avait même pas d'imprudence de la part de celui dont l'arme avait tué, puisque le malheureux monsieur s'était lui-même cassé la figure, on laissa aller tous les témoins du drame.

En se contentant de prendre les noms et adresses qu'il leur plût d'indiquer.

Le marchand de gibier, gros commerçant du pays, ami de café du juge et du gendarme, répondit du reste sur sa propre honorabilité de l'honorabilité du marquis d'Ambleuse.

Qu'il n'avait jamais vu huit jours auparavant.

Et l'assassin put tranquillement vaquer à ses dernières occupations.

Occupations qui consistèrent à louer un wagon, à y glisser le cercueil de plomb de la victime et à poser dessus sa valise, son manteau et sa couverture de voyage, sans même oublier, par excès de scrupules, la canne et le parapluie.

Comment s'imaginer qu'un beau-frère aussi soigneux pouvait être le meurtrier du cher défunt ?

Du reste que les Czarkowski pensassent de l'aventure ce qu'ils voudraient.

Le cher beau-frère s'en battait l'œil.

Il ne relâchait point ses prisonnières.

« Tout était à recommencer pour l'arrachement du parchemin à ces cabochards de Polonais.

« Cependant peut être allait-ce être plus facile maintenant que le chef de famille avait disparu.

« Maintenant qu'il n'avait plus guère en face de lui que des vieillards, des femmes, des enfants.

« On verrait bien.

« Il brûlerait les pattes aux deux poulets, ses otages, Marie et Wladimir, et les vieilles gueules de la steppe se laisseraient émouvoir en entendant les piaillements des oiseaux en cage.

« Ce n'était pas l'abandon de leur part qui faisait son affaire, c'était le mot de passe, ces deux lettres qui manquaient au mot mystérieux.

« Mille tonnerres il les aurait de gré ou de force !

« Attendre encore trois années, végéter, vivre d'expédients qui vous pouvaient, chaque jour, mener au bagne, ah mais non, c'était trop bête !

« La farce ne pouvait continuer davantage.

« Le magot avait coûté déjà assez cher, même l'échafaud, il fallait en jouir et promptement. »

Tous les efforts du scélérat et de ses acolytes furent donc ramenés vers les prisonnières du belvédère et leur petit compagnon.

Wladimir était probablement le seul être capable de faire se fendre les cœurs de la princesse douairière et de ses enfants jusqu'à les amener à commettre ce que leur loyauté considérait comme une infamie.

On allait leur donner à entendre que leurs chers encagés souffraient nuit et jour dans un cachot, qu'ils étaient privés de tout, même du nécessaire, et qu'il en serait ainsi jusqu'à ce que le parchemin autrefois remis aux mains du prince Casimir serait parvenu dans celles du marquis d'Amblense.

Et qu'il n'y avait point à retarder cet envoi du parchemin demandé, sans quoi le marquis pourrait bien ne plus avoir à réexpédier, pour le cimetière de Pologne, que trois cercueils de plomb.

Tout comme pour le prince Stanislas.

Avant de terminer cet épisode du drame, nous ferons remarquer au lecteur avec quelle facilité des Apaches adroits, résolus, peuvent commettre un crime sans risques.

Et par Apaches, disons-le tout de suite, nous entendons aussi bien les gredins du beau monde que les rôdeurs nés dans la fange, fils et petits-fils de galériens, de prostituées.

Les premiers sont encore plus redoutables et tout à la fois plus coupables que les seconds.

C'est ce qui justifie le titre de l'ouvrage entier.

XV

LE CHAUFFEUR D'AUTOMOBILE

Cependant les projets d'extorsion du marquis se trouvèrent tout à coup retardés.

Tant va la cruche à l'eau qu'elle se casse.

Les bandits cosmopolites qui l'avaient aidé de leurs conseils, de leur savoir-faire et qui n'avaient encore point touché leur part de l'entreprise, puisque rien n'en était encore résulté, demandèrent au marquis de tout au moins leur être utile à son tour.

Il ne put le leur refuser.

Son titre, ses allures devaient faciliter une très grosse opération contre un financier de la République Argentine qui venait assez fréquemment à Paris.

Le marquis avait pour mission de devenir le camarade, le *cicerone* du milliardaire américain, de l'enjôler, de l'amener peu à peu dans les filets de la bande.

Ce qui n'était point commode, car le bonhomme y voyait clair derrière ses grosses lunettes d'or.

Le marquis d'Amblense dut faire plusieurs fois le voyage du Sud-Amérique.

Et il tomba malade, à un moment donné, de la fièvre jaune.

Entre temps le truc de la *Main Noire* avait été éventé.

Et l'aventurier estima prudent de se perdre dans les Pampas comme trappeur, gardien de chevaux sauvages.

Plus de dix-huit mois s'étaient écoulés et, entraîné par les circonstances, ne voulant pas revenir en Europe par les bateaux pris précédemment et où il était connu, signalé, le marquis d'Amblense avait remonté par terre jusqu'au Nord, jusqu'au Canada, jusque dans les mines d'or de l'Alaska.

Il y avait fait quelques coups, mauvais comme morale, mais avantageux comme produit, dans les tavernes où les mineurs jouent avec furie et par milliers de francs à la fois.

Pépita avait reçu de l'argent de temps à autre.

Et c'était elle qui s'était occupée des otages.

La captivité de ceux-ci s'était continuée sans relâche mais silencieuse, sans tortures, avec de temps à autre des nouvelles de Pologne au moyen des pigeons.

La mort du prince Stanislas avait terrifié sa mère et sa femme.

Elles se fussent bien gardé de tenter des démarches auprès du consul de France, de procéder par une dénonciation en règle auprès du Parquet français.

Ce qui leur eût été facile puisqu'elles connaissaient à peu près les lieux où Marie, Wladimir et Lydie étaient séquestrés.

Mais elles ne doutaient point que le jour où la nuit où les gendarmes tenteraient d'envahir le repaire des malfaiteurs, ceux-ci n'hésiteraient pas, directement ou par l'entremise d'Annette, qui devait avoir des ordres en conséquence, à tuer les otages.

Les gendarmes ne délivreraient plus personne mais ramasseraient des cadavres.

Ne valait-il pas mieux patienter ?

Plus rien qu'une quinzaine de mois, alors les délais de trente années étant expirés, les princesses expédieraient immédiatement le parchemin qui leur avait déjà coûté tant de larmes et tant de sang, l'expédieraient à l'avide et cruel marquis.

Il serait satisfait et n'ayant plus aucunes raisons de martyriser son épouse, un enfant, une fille innocente de toutes ces complications, il les renverrait en Pologne ; tout au moins Wladimir et Lydie, s'il continuait à garder sa femme avec lui.

Ce qui cependant n'était point à souhaiter pour elle.

Car monstrueusement dur avec une créature angélique, depuis quatre années, hypocrite et lâche, il le resterait aussi bien, gorgé de richesses, que quand il prétendait être pauvre par la faute de sa famille.

Le duc Alphonse veillait toujours.

Et quand il se fut bien assuré du départ lointain, prolongé du marquis, il changea son système.

Ses apparences extérieures furent transformées.

L'immense barbe noire disparut et fut remplacée par un masque de chauffeur qui couvrait toute la figure.

Sur la tête il y avait une perruque rousse, frisée.

Le marchand de pigeons n'existait plus, et Annette aurait été bien fine si elle l'eût pu retrouver dans le conducteur d'auto qui, maintenant, fréquentait la maison.

Car le duc, qui surveillait sans cesse le petit chalet de Grenelle où Pépita vivait seule, cachée, ses frères et la vieille marquise ayant été se percher ici et là pour y exercer leurs talents d'escrocs, de grappilleurs dans le jardin des autres, le duc s'était rendu compte que la jeune femme prenait, deux fois par semaine, le lundi et le vendredi, une automobile dans le garage, l'unique garage qu'elle eût à proximité dans son faubourg pauvre, et qu'elle s'en servait pour une visite à la prison de sa rivale.

L'itinéraire n'était jamais le même, afin d'empêcher toute filature, mais en définitive la voiture stoppait là-bas, là-bas, dans la banlieue, à l'intérieur du petit parc perdu.

Le duc Alphonse s'aboucha avec le chauffeur du garage chargé d'habitude de la manœuvre de cette voiture et, après lui avoir glissé dans la main un billet de cent francs et raconté une histoire d'amour, il fut convenu que ce serait le duc, un soi-disant rentier quelconque, qui remplacerait le chauffeur ordinaire pour les sorties de la belle Espagnole.

A quelque distance du garage, en face d'un café borgne, le duc, costumé comme un camarade, sautait sur le siège pendant que le titulaire, ayant en poche un louis que l'autre lui remettait chaque fois, allait faire sa partie de manille et boire des bocks.

Au retour même substitution.

Ni le propriétaire du garage ni la voyageuse ne s'apercevaient de rien.

Et le duc Alphonse se sentait heureux auprès de cette femme tant aimée, pénétrait dans la maison du belvédère, faisait la causette avec la gardienne, finit par pouvoir entrer en communication avec les prisonnières.

On ne se servit plus de pigeons, et Wladimir, qui rôdait autour de l'auto pour l'examiner, y grimper, recevait et remettait des lettres.

Avec Pépita sur les talons, la chose n'eût point été facile.

Mais le chauffeur revenait seul sous un prétexte quelconque, sa blague à tabac égarée, son carnet, ses gants, et chaque fois il apportait un litre de rhum.

Annette, qui avalait tous les alcools, avait cependant une prédilection pour le rhum.

Et elle trinquait ferme avec l'aimable chauffeur.

Quand la connaissance fut tout à fait complète, celui-ci ne se gêna même plus pour inventer un prétexte.

Il sonnait à la grille en passant, disait-il, pour aller chercher ailleurs un client quelconque.

Et Annette en était tout heureuse.

Puisque chauffeur voulait dire, chaque fois, litre de rhum.

La gardienne se relâchait du reste beaucoup dans sa surveillance depuis qu'elle n'avait plus le terrible marquis sur le dos et qu'elle était irrégulièrement payée par Pépita.

Ce que ses maîtres ne lui donnaient pas elle le raclait sur la bourse des prisonnières, sur le chauffeur.

Un singulier chauffeur cependant, et qui aurait dû lui donner à réfléchir.

Après le rhum, ce furent des paniers de provisions qu'il lui apporta.

Elle mettait la table et ils faisaient ensemble des ripailles.

Ripailles où elle finit par laisser un peu de sa clairvoyance en s'endormant, d'un œil.

Ce qu'avait amené de loin, attendu avec impatience le chauffeur masqué.

Il lui arriva de rester le maître de la maison mystérieuse pendant des heures.

Et il put parvenir jusqu'aux prisonnières, leur tout expliquer, leur raconter sa vie, leur montrer la tâche poursuivie, le but à atteindre.

But qui était de les délivrer, elles, et de délivrer aussi Pépita de son tyran.

Tout de suite le duc Alphonse admira cette noble créature qu'était Marie Czarkowska.

Le grand seigneur espagnol et la fille des princes polonais étaient faits pour se comprendre : ils étaient dignes l'un de l'autre.

Il eût semblé, au premier abord, que rien n'était plus facile pour le faux conducteur de voiture que d'ouvrir les portes de sa prison à l'infortunée Marie.

Mais outre des difficultés matérielles qui consistaient en ceci que jamais Annette ne se séparait des clefs, serrure et cadenas, de la porte d'entrée et qu'il eût fallu la tuer pour les lui arracher de dessous ses vêtements où elle les portait suspendus à une ceinture, que jamais elle ne se relâchait de sa surveillance sans détacher les chiens de garde, il y avait des difficultés morales.

Ces difficultés c'étaient les suites de l'évasion comme vengeance, comme représailles à la rentrée du marquis d'Ambleuse.

Sous l'empire de sa rage il serait capable de tout.

Marie, qui certes aurait bien voulu regagner tout de suite la Pologne, y aller consoler sa mère, sa belle-sœur, Marie entrevit immédiatement les conséquences de l'évasion, conséquences terribles.

Et, généreusement, elle y insista auprès du duc Alphonse.

— Où cela nous mènera-t-il, monsieur, répondez-moi franchement, où ?

— Mais, madame, je ne me suis cependant point donné tant de peine pour que nous ne tirions point parti de la situation...

— Vous ne voulez pas me répondre; vous essayez, et je vous en remercie du fond du cœur, de me cacher l'orifice de l'abîme où nous roulerions tous, mais moi je l'entrevois et il est de mon devoir strict de vous refuser... A quoi nous aboutirions? à du sang!.. La mort de mon frère est là pour nous servir de leçon... Si en rentrant demain, dans huit jours, dans un mois le marquis d'Ambleuse retrouve la cage vide, les oiseaux envolés, ses otages disparus, il frappera... Et il frappera non seulement sur la gardienne, cette Annette qui répond de nous, vie pour vie, mais même sur celle que vous aimez, que vous voudriez guérir, sauver; il la rendra responsable de sa déception, et pour avoir voulu me servir, moi, vous la perdrez, elle; sans compter qu'il nous relancerait, les miens et moi, en Pologne... Non, non, non, je refuse!.. Mon rôle est d'être une victime jusqu'à l'échéance de la prise de possession du trésor; je n'ai plus longtemps à souffrir; puisque j'ai attendu jusqu'ici, mieux vaut attendre encore davantage plutôt que d'entasser des ruines...

— Je vous admire, madame, j'apprécie vos motifs : mais je persiste à croire qu'il y aurait un moyen de tout sauvegarder, bien qu'en vous ouvrant les portes de cette prison...

— Comment?

— Ce serait que votre ennemie, que ma pauvre et chère Pépita se convertît à votre cause, qu'elle nous permît de nous servir d'elle à son tour comme otage et de retourner contre le marquis le système de pression qu'il emploie contre votre famille... Il aime ses enfants, tout au moins, et il ne bougerait pas, il négocierait avec nous si nous les tenions en notre pouvoir... Je verrai Pépita ; j'obtiendrai d'elle ce qu'il faut qui soit...

— Faites ce que vous voudrez, monsieur, mais dites-lui bien surtout que je ne lui en veux point, moi, que je lui pardonne...

— Je le lui dirai encore, madame, bien qu'elle le sache déjà ; car il n'y a qu'à vous regarder dix secondes pour deviner les pensées de votre cœur, pour se sentir attiré par le reflet de votre belle âme... C'est même probablement pour cela que la malheureuse vous déteste : elle a pour vous la haine du démon pour l'ange... Elle est cent fois plus à plaindre que vous... »

Et quelques jours plus tard, sous les apparences d'un ouvrier du gaz, le duc Alphonse s'introduisait jusqu'auprès de Pépita, dans la petite maison du faubourg de Grenelle.

Pépita recula, sans voix et toute pâle, en se retrouvant en face de son ancien fiancé.

Mais elle n'entra point en colère, elle ne le repoussa point.

Non, au contraire, elle baissa la tête.

Elle avait bien changé, moralement et physiquement, depuis leur rencontre du bal masqué.

Elle jugeait mieux à sa valeur le monstre auquel elle s'était associée.

L'assassinat du prince Stanislas l'avait surtout frappée.

Elle se sentait pataugeant dans la boue et dans le sang.

Qu'elle fût perdue, finie, elle, soit ; mais ses deux enfants, ces deux pauvres petits êtres innocents que deviendraient-ils, elle morte, avec un père au bagne, peut-être même dont la tête aurait roulé sur l'échafaud?

Car en plus de ses idées sombres, de sa maladie de l'esprit, elle souffrait aussi dans son corps.

Elle était atteinte de la poitrine, gravement.

Le bel oiseau des pays du soleil n'était point fait pour vivre en cage sous le climat brumeux de Paris.

Il lui eût fallu, et tout de suite, le ciel de Grenade, les îles de la Méditerranée, les flots bleus et les bois d'orangers.

— Je viens vous chercher, Pépita, dit à brûle-pourpoint le duc Alphonse, je veux vous emmener, vous arracher à ce milieu ; nous le pouvons aisément puisque nous avons du temps devant nous, puisque votre mauvais génie n'est point sur nos talons... Je vous emmènerai loin, très loin, dans une retraite où il ne vous trouvera pas ; votre santé y gagnera et votre conscience encore davantage... Une fois que vous serez mise à l'abri, que nous n'aurons plus à craindre que sa rançune frappe votre tête, je reviendrai délivrer la si douce et si triste Marie, votre victime à tous deux...

— Comment la connaissez-vous ? Comment savez-vous qu'elle soit aussi intéressante que cela ?

— Parce que je l'ai vue, je l'ai écoutée, je l'ai plainte...

— Vous?

— Moi!

— Mais vous ignorez où elle habite ?

— Vous voulez dire que j'ignore où son cruel époux et vous, injuste, vous l'avez séquestrée depuis plus de quatre ans ?... Eh bien non je ne l'ignore pas ; je suis allé dans sa prison, à la maison du belvédère...

— Vous?

— Moi ! Et je suis le chauffeur d'auto qui vous y conduisait...

— Demonios! Mais alors je suis à sa merci, moi, elle va se venger et... l'autre, quand il reparaîtra me rendra encore responsable de la perte de son gage, du gage qui lui doit assurer le trésor...

— Rassurez-vous donc !... Est-ce que je faciliterais jamais quelque chose qui pût se retourner contre-vous, moi ?.. Et puis comme la passion jalouse vous aveugle, comme vous la connaissez mal, votre victime !.. Elle refuse, vous l'entendez, elle refuse de sortir de sa prison, alors même que je lui en ouvrirais les portes, pour ne point vous faire égorger par la bête fauve à laquelle vous avez associé votre destinée, car elle le connaît, elle le sait capable de tout... Elle vous pardonne...

— Je ne veux pas de son pardon !

— Si, Pépita, si ! Si, il vous faut l'accepter, et me suivre, pour le bonheur de vos enfants... Venez, ne vous inquiétez de rien, je me charge de tout ; et vous hors des atteintes du monstre, je serai plus libre pour faire s'échapper aussi Marie, la pauvre Marie qui n'est cause de rien, qui n'a point demandé, elle, à épouser Ambleuse, qui n'a été qu'une amorce, un joujou entre ses griffes... Allons, venez, écoutez-moi, faites un effort, vous n'êtes pas méchante au fond...

— Si elle n'était pas là, elle, il m'eût épousée !

— Le joli résultat en vérité pour vous, qui, permettez-moi de vous le rappeler, avez refusé d'être duchesse...

— Il ne s'agit pas de moi, mais des enfants, c'est toujours leur père ; et un père qui aurait au moins des millions sans l'entêtement stupide de ces sales Polonais !

— Qu'en savez-vous ? Il n'y a peut-être point un sou dans le coffre ; et puis ce seraient, en tous cas, des millions volés... J'en donnerai, moi, de l'argent à vos enfants, et de l'argent qui leur arrivera plus sûrement, plus proprement que celui de Las Palmas...

— Je ne veux de vous rien pour les enfants du marquis d'Ambleuse, de vous qui avez été mon fiancé, qui m'avez aimée, qui m'aimez encore et que l'on peut soupçonner d'être...

— D'être quoi ?... Ah n'achevez pas, Pépita ! L'homme qui est ici devant vous est mort aux passions de la terre ; le duc de Santa-Maria, s'il vous a pardonné comme chrétien, n'oublie pas ce qu'il doit au respect de lui-même... Encore une fois ce n'est point votre beauté fragile, une beauté que la tombe attend déjà peut-être, c'est votre âme que j'aime, c'est la Pépita plus à plaindre encore que coupable qui m'est et me sera chère à jamais, la bonne Pépita, la vraie, celle que j'avais rêvée, une Pépita sans tache et non point l'autre... Vous pouvez me suivre sans doute et sans crainte... »

Les réflexions amères, brutales de la belle Espagnole n'avaient été que les dernières secousses de son orgueil, les exhalaisons du mauvais levain qui fermentait encore en elle.

Au tréfonds d'elle-même elle se repentait ; elle savait que le duc Alphonse avait raison ; elle l'admirait et... l'aimait même, enfin, peut-être ; avec lui elle fût allée au bout du monde, sachant bien qu'il la respecterait comme une sœur.

Elle s'enveloppa d'un schall, jeta quelques effets indispensables dans une valise, appela Béatrix et souleva Manoël dans son berceau.

Le duc Alphonse crut avoir vaincu, et qu'elle allait le suivre.

Mais tout à coup la petite Béatrix, frappant dans ses mains, s'écria :

— Ah nous allons au-devant de papa !... Est-ce que nononcle Juan et nononcle Gaspar vont venir aussi ?... Nous serons bientôt riches, riches, dites, maman, et ils m'achèteront une grande, grande poupée tout habillée ! »

Pépita s'arrêta dans ses préparatifs et demeura immobile, avec les yeux fixes.

On aurait dit qu'elle venait de recevoir un soufflet.

Avec la mobilité et la violence de caractère des gens de son pays, elle changeabrusquement d'idées.

— Vous voyez bien, s'écria-t-elle, que je ne puis enlever ces enfants à leur père ?... Je lui ai juré du reste de l'attendre, de patienter, quoi qu'il arrive, jusqu'à ce qu'il m'ait mise en possession de la fortune princière qu'il m'a annoncée, pour la conquête de laquelle il lutte encore, il a tant lutté, lui et mes frères ; ce serait lâche de l'abandonner à la dernière minute .. Et puis est-ce que je sais seulement quel est votre intérêt dans tout cela ?... Vous la défendez bien chaleureusement cette Polonaise pour ne point l'aimer... C'est pour elle que vous voudriez le magot ; vous vous moquez pas mal de Pépita fanée, malade, mère de famille, de Pépita qui a appartenu à votre rival ; tandis qu'elle, elle au contraire, la vierge, elle une princesse de naissance comme vous vous êtes un duc, elle vous seriez aise de l'enlever à votre tour sous le nez de celui qui l'a épousée... Que j'étais naïve de croire que le duc de Santa-Maria pouvait s'intéresser encore réellement à Pépita Sanchez !

— Oh, Pépita, Pépita, qu'osez-vous insinuer ! » se contentait de répéter le duc Alphonse en levant les bras au ciel...

Et la petite Béatrix réclamait toujours son père, ses oncles, à hauts cris...

Et le petit Manoël réveillé, soulevé dans son berceau à une heure qui n'était point habituelle, hurlait pour protester contre son dérangement.

Toutes les passions mauvaises de Pépita l'avaient ressaisie en quelques secondes.

La jalousie d'abord, une jalousie froide contre la Polonaise, vierge, belle, princesse, intéressante par ses malheurs, jalouse de toutes les manières, et jalousie autant à propos du duc que du marquis.

Rêves de mines d'or, de trésors du Pérou comme ceux qui avaient hanté son père.

Nonchalance maladive en présence de l'effort à faire, effort moral et effort matériel.

Peur des représailles atroces des absents, le marquis, ses frères, quand ils retrouveraient la maison et encore la prison des otages vides.

Tout cela réuni fit s'évanouir les bonnes dispositions premières de Pépita, Pépita brisée, malade.

— Allez-vous en ! Allez-vous en ! Vous êtes le tentateur, vous voulez m'entraîner de côté au profit de l'autre, de la dame martyre, et dénoncer ensuite le père de mes enfants, mes frères, les faire guillotiner... Ah, horreur, guillotiner !.. Du sang sur le berceau de Manoël, du sang !... Le sang de son père !. Non, non, non, arrive que pourra !.. Allez-vous en ! »

Elle était folle.

Il n'y avait plus rien à faire, pour l'instant du moins, pour longtemps peut-être.

Et quand retrouverait-il une pareille occasion ?

Le duc Alphonse courba la tête.

Il n'avait plus qu'à se retirer.

— Vous l'aurez voulu, Pépita, murmurat-il avec une compassion profonde, vous l'aurez voulu.... Au revoir donc à plus tard, à trop tard, au revoir pour cette heure où la mort vous arrachera tout à fait le bandeau des yeux... Le seul ami qui vous restera, moi, vous le trouverez encore, toujours, pour vous et pour vos enfants, au revoir et point encore adieu... »

Et il s'en alla.

Mais non point chez lui.

Non.

Il réfléchit que, comme conséquences de son retour en arrière, Pépita ne tarderait point à prendre des mesures, à lui empêcher l'accès de la prison de Marie, à mettre ses frères en campagne, à télégraphier à Ambleuse de s'arranger pour revoir au plus vite parce que le trésor était menacé.

Et directement il s'en fut à la maison du belvédère.

Annette ne lui en fermerait encore point les portes, tandis que demain, prévenue, menacée dans son existence, honteuse d'avoir été dupée, elle ne voudrait plus rien savoir et résisterait à toutes les tentations, même celle des litres de rhum ou celle d'une poignée d'écus.

Il fallait faire tout de suite pour Marie ce qu'il était possible.

Demain le marquis serait peut-être revenu.

XVI

L'AMULETTE SANGLANTE

Il avait sur lui tout l'or dont il s'était muni pour faire prendre un train rapide à Pépita et la conduire avec ses enfants dans une contrée chaude et sûre, hors de France même, en Corse.

Là où le marquis n'aurait pu la retrouver.

Il se procura de l'alcool, courut à un autre garage que celui de Grenelle où Pépita louait ses véhicules, déposa une garantie et prit livraison d'une automobile.

Puis il fila à toute allure vers le belvédère.

Annette ouvrit, but, accepta même un billet de cent francs et s'endormit, ou feignit de dormir.

Elle s'était bien aperçue des communications de son chauffeur avec la petite dame du dessus.

Mais tant que la petite dame ne parlait point de sortir, elle se moquait du reste, croyant seulement fermer les yeux sur une intrigue amoureuse entre le jeune homme et la femme de chambre.

La jeunesse convient à la jeunesse ; elle était trop vieille et n'avait plus de prétentions.

Du reste elle préférait une large absorption de liquide à toutes les galanteries que le chauffeur aurait pu lui adresser.

Le duc Alphouse vit donc Marie et lui dit :

— Elle refuse de nous aider, de partir, de quitter son mauvais génie ; elle est retombée dans ses griffes, moitié parce qu'elle se fait encore des illusions sur l'avenir réservé par lui à elle-même, à ses enfants, à ses frères et moitié par peur, par manque d'énergie suffisante pour sortir de l'ornière.... Effrayée des conséquences de ce que j'ai pu faire ici, elle va mettre à couvert sa responsabilité en prévenant ses frères ; nous ne pourrons plus communiquer... Oh elle ne me désignera pas personnellement parce qu'elle m'aime au fond, parce qu'elle me réserve pour l'heure des luttes suprêmes contre la misère, le désespoir, la mort, l'heure où tout sera perdu, mais elle leur dira qu'elle a éventé des pièges autour de la maison des otages, que les gens de Pologne ont dû être renseignés... Alors le trio des deux Sanchez et de la vieille marquise veillera au grain, se remuera pour éviter la fureur du marquis à son retour... Il est encore temps pour l'instant ; que décidez-vous ? Voulez-vous fuir ? Une automobile est en bas ; je ligotterai Annette, j'abattrai les chiens...

— Oui, mais que se passera-t-il ensuite ? Que deviendront et Annette et... celle que vous aimez... et nous-mêmes en Pologne ?... Qu'arrivera-t-il ?... Répondez-moi franchement ? Encore une fois je vous pose la question ?...

— Oh en constatant que ses otages, la garantie qu'il avait de palper tôt ou tard la totalité du trésor lui a échappé, le marquis d'Ambleuse est capable de tout, même de tuer Pépita, même d'incendier votre résidence de Pologne : nous savons de quoi il est capable d'après l'assassinat du prince Stanis'as...

— C'est-à-dire que nous perdrions le bénéfice d'une paix relative et qui nous a déjà coûté si cher... Patientons, le temps passe, nous touchons à la date où, sans faillir à l'honneur, nous pourrons lui remettre la clef de ce trésor qu'il convoite jusqu'à la folie, jusqu'au crime... Il n'aura plus de raisons de me persécuter ; tout s'arrangera sans qu'il y ait de nouvelles victimes... C'est à moi, otage, de me sacrifier encore un peu...

— Eh bien au moins voici ce que je vous conseille : écrivez à madame votre mère de me faire parvenir à moi le parchemin, j'en serai le dépositaire incorruptible... Puis quand le marquis sera revenu vous lui demanderez une entrevue et vous lui direz que la clef du trésor n'est plus en Pologne mais à Paris, en mains tierces, avec le compte-rendu de l'assassinat du prince, et que s'il ne vous laisse pas bien tranquilles, vous, votre neveu et Lydie jusqu'au mois d'avril dix-neuf cent six, pour ensuite vous ouvrir les portes dès que l'enveloppe du secret lui aura été remise, non seulement le dépositaire ne lui remettra pas cette enveloppe à l'échéance mais même jamais, et de plus le dénoncera à la justice française... Vous verrez que par peur de perdre la totalité du magot et de se voir emprisonné, il ne bougera pas et s'éclipsera dès le lendemain de l'échéance, alors que je lui aurai, masqué, remis l'enveloppe contre les clefs de votre prison...

— Vous croyez ?

— Je l'espère, j'en suis certain !

— Oui, mais s'il rentrait demain sans ressources, affamé d'or, voudrait-il attendre pendant quelques mois encore ; résisterait-il à l'envie de me torturer pour obtenir par mon supplice que vous, le dépositaire, vous lui remettiez sans tarder la clef de cette fortune qu'il considère comme la sienne ?

— De savoir que des personnes étrangères, des Français, qu'il supposera être un notaire, un banquier, un avocat, ont été mises au courant, cela lui fera peur... Il est rusé ; il se tiendra tranquille ; il ne risquera point de lâcher la proie pour l'ombre... Songez donc que pour peu qu'il tarde à rentrer il ne sera plus séparé de la bienheureuse échéance que par quelques semaines... Et il sait bien que nous ne sommes pas des gredins comme lui, que nous tiendrons notre parole ; il a en ses mains l'abandon des Czarkowski volé dans la valise de votre malheureux frère et dont il ne pourrait se servir si la suspicion d'assassinat était soulevée contre lui... Non, il se tiendra coi, prendra son parchemin et vous n'entendrez plus parler de lui ..

— A la grâce de Dieu !... Merci, duc Alphonse, merci de ce que vous avez fait pour la pauvre Marie, merci !

— Oh, madame, maintenant que je vous connais tout à fait, que je vous admire, laissez-moi vous exprimer sans réticences, sans fausse honte les pensées du fond de mon cœur, laissez-moi regretter que la Providence n'ait point placé Marie Czarkowska sur la route d'Alphonse de Santa-Maria quand son cœur a commencé à battre pour l'amour... Je vous aurais bien aimée, madame, et j'aurais eu pour épouse un ange du Bon Dieu ; tandis que c'est Satan qui a conduit par la main la fille du toréador vers la demeure de ma sainte mère, de mon père vénérable pour y apporter le deuil, la ruine...

— Ce n'était point notre destinée, duc Alphonse, notre mission ici-bas était différente... Adieu, adieu, ne me faites point trop sentir la chaîne sacrée, le mariage qui m'unit pour la vie à... à qui vous savez, car je n'ai point le droit de le qualifier comme il le mériterait : c'est mon mari devant Dieu et quand même... Adieu, il sera fait comme vous l'indiquez, et Dieu nous protégera !

— Moi aussi, madame, je veillerai sur vous, de loin, du mieux que je le pourrai, tout en veillant aussi sur la pécheresse, sur Pépita...

— Je lui pardonne, je pardonne à mon mari, je pardonne à tous mes bourreaux : soyez le dépositaire de ce testament de mon cœur comme vous le serez du secret du trésor si je ne vous revoyais plus... Qui sait ?... Et tenez, en gage de mon suprême pardon, prenez cette bague, cette alliance dérisoire de la comédie que fut mon mariage, prenez cette alliance et remettez-la à celle que vous aimez.

— Dites plutôt : que j'ai aimée et que je ne dois point abandonner par devoir, madame, car celle que j'aime maintenant avec le meilleur de notre âme humaine, que j'aime comme on doit s'aimer au ciel, celle-là ce n'est point, ce n'est plus Pépita, ne me demandez pas qui elle est...

— Remettez-la à Pépita à l'heure de son agonie...

— Une agonie qui n'est pas lointaine, car la maladie a déjà écrit la mort sur ses traits autrefois si beaux...

— Remettez-la lui, cela la rassurera, la calmera, lui montrera que je n'ai point su la haïr, moi sa victime...

— Soyez bénie, madame, bénie pour elle et par moi... Au revoir en des jours meilleurs...

— Au revoir en tous cas là-haut, duc, là où il n'y a plus d'injustices, de larmes...

— Plus de ce fumier de la terre que l'on appelle de l'or, plus de voleurs et plus de bourreaux... Au revoir, madame !

— Au revoir, duc Alphonse, noble cœur, ami dont je suis fière, au revoir chez Dieu, comme disent les Arabes ! »

Et avec un doux sourire, un geste mélancolique de la main, la pauvre Marie congédia son protecteur.

Elle restait dans sa prison, à son devoir, à son rôle d'épouse plutôt que d'exposer des vies, que de mentir à la foi jurée.

Foi jurée à un époux infâme, cependant.

Quelques jours plus tard sa mère faisait parvenir l'enveloppe du parchemin au duc de Santa-Maria.

Et quelques jours plus tard aussi les deux frères Sanchez s'installèrent au rez-de-chaussée du belvédère.

Dès le lendemain même de son entrevue avec le duc Alphonse, Pépita était venue s'assurer que les prisonnières n'avaient point bougé et tancer Annette d'importance en l'invitant à mieux ouvrir les yeux.

Mais elle était venue sans se servir des autos de son garage ordinaire.

Elle se défiait maintenant.

Quelques mois s'écoulèrent ainsi.

Pépita ne se montrait plus au belvédère.

C'était la vieille marquise d'Ambleuse qui la remplaçait dans son contrôle auprès d'Annette et des deux frères Sanchez geôliers.

Pourquoi ?

Parce qu'elle était de plus en plus souffrante.

Quand il rentra enfin, le marquis d'Ambleuse recula terrifié.

Il ne retrouvait presque plus qu'un cadavre.

Et sa rage s'en accrut contre la prisonnière du belvédère.

Il attribua aux privations, au découragement cet état de Pépita.

Et il voulut la guérir en faisant ruisseler devant ses yeux éblouis les monceaux d'or du coffre de Las Tablas.

Marie n'eut point besoin de le convoquer.

Il se rua chez elle, dans sa chambre de séquestrée.

Et il lui donna à choisir entre un genre

de supplice que les deux Sanchez et lui allaient se mettre en mesure de faire fonc-
tionner ou la remise immédiate du parchemin par les Czarkowski.

En cas de refus les trois complices colle-
raient les trois paires de pieds de Marie,
Wladimir et Lydie sur une plaque de fonte
chauffée à blanc.

Et on verrait si ce mode de chauffage ne
déliait point leurs langues, ne les faisait
point hurler si fort que la vieille princesse
les entendît jusqu'en Pologne et s'empres-
sât d'expédier le parchemin.

Le marquis exposa ses projets sans vergogne.

— Vos barbaries, monsieur, n'attein-
draient point leur but, protesta la jeune
femme, car ma mère n'est plus en possession du parchemin...

— Et où est-il donc?

— Aux mains d'un Parisien qui vous le
remettra à l'échéance et contre ma liberté,
celle de mon neveu et celle de Lydie, ou qui
ne vous le remettra même point du tout,
jamais, de sorte que le trésor sera perdu
pour tout le monde, si vous touchez un seul
cheveu de nos têtes... »

Le marquis d'Ambleuse sauta en l'air,
comme un tigre hors de la portée duquel on
élève le morceau de viande.

— Voleurs! Canailles! rugit-il, me prendre ce qui m'appartient!.. Ah, ah, ah, on
va voir de quel bois je me chauffe, on va
voir; et encore mieux de quel bois je chauffe
les autres!.. Me refuser ce qui était la part
de mon père, la part de Pépita! Bandits,
scélérats! »

Il appelait les autres des noms qui ne
convenaient qu'à lui, aux Sanchez et à ses
camarades de la *Main Noire*.

Et se ruant sur Marie il l'envoya rouler contre un meuble avec un soufflet formidable.

La jeune femme s'y ouvrit le front et resta
inanimée, sanglante.

Wladimir tomba à genoux, gémissant,
suppliant pour sa tante.

Lydie se précipita pour secourir sa chère
maîtresse.

Mais, après une courte défaillance, celle-
ci se releva d'elle-même.

Le marquis d'Ambleuse continuait à répéter:

— Sales Polonais! Crapules, pouilleux,
voleurs, toucher à mon bien, prétendre
garder ma part!... Et cela même après l'é-
chéance, rien que pour me nuire, sans profit pour eux! Ah je les étranglerai avec leurs
propres boyaux, les charognes!

Et il marchait à grands pas dans le corri-
dor, au travers des chambres.

— Vous oubliez une dette que toute votre
part du trésor ne saurait payer, monsieur,
une dette contractée envers les miens, finit
par prononcer lentement et fortement Marie.

— Quelle dette?

— Une dette de sang!

— Vous n'êtes encore pas morte!

— Non, pas encore, mais mon frère l'est
par votre crime... »

Le marquis d'Ambleuse s'arrêta, pâlis-
sant, bredouillant.

« Comment la prisonnière du belvédère
avait-elle pu apprendre l'assassinat de son
frère?

« Que s'était-il donc passé en son absence
et qu'il ignorait?

« Par quel moyen les gens de Pologne
avaient-ils pu l'informer de leur truc d'une
remise du parchemin chez un tiers, à Paris,
et lui donner ainsi des armes contre lui? »

Son instinct de fauve, sa prudence de ser-
pent lui conseillèrent de se prémunir contre
des dangers mystérieux.

Il resta muet tout en grinçant des dents
de rage.

Marie comprit qu'elle l'avait muselé pour
quelque temps.

Et elle lui allongea un dernier coup de
cravache sur les babines écumeuses.

C'était de trop.

— Je n'ai point fini, reprit-elle; non seulement, si votre conduite à mon égard m'y
force, vous n'aurez point la clef de votre
coffre même après l'échéance qui vous en
rendra légitime propriétaire, mais encore
une plainte en assassinat et séquestration
sera déposée contre vous par l'ami qui s'est
constitué mon défenseur, et un ami qui s'est
moqué de vos tentatives criminelles, un
ami qui est plus fort que vous... J'ai dit,
vous feriez bien de vous retirer maintenant
et de laisser Lydie me dévêtir, me coucher... »

Ses crimes connus d'un tiers, une dénonciation pouvant être déposée au parquet général de la Seine d'une minute à l'autre et
amener une perquisition, une enquête ré-
trospective sur la partie de chasse.

C'était la ruine, la prison, l'échafaud!

Le marquis d'Ambleuse eut dans les
yeux une flamme infernale.

Ses ongles lui entrèrent dans la paume
des mains crispées.

Mais comédien profondément habile, il
dissimula tout aussitôt sa terreur, sa haine
de démon, les résolutions implacables qui
venaient de jaillir dans le chaos de son cerveau excité jusqu'au paroxysme.

Il sourit presque, il fit le repentant, il
cessa de gesticuler.

— Soignez-vous, soignez-vous, marmota-
t-il, couchez-vous, je n'étais point venu avec
l'intention de vous bousculer mais... mais
aussi vous m'en apprenez de si raides, des
nouvelles, que... qu'un saint y perdrait patience... Je réfléchirai; nous reparlerons de
ce qu'il y a de plus pratique pour donner
satisfaction à tout le monde... En tous cas
je proteste contre les lâches insinuations que
je ne sais qui et je ne sais par quels moyens
on vous a glissées dans l'esprit... Moi, avoir
tué votre frère, qui m'apportait l'abandon
de votre part, quelle stupidité c'eût été d'agir
ainsi !... A un autre jour où vous serez
mieux disposée.. »

Et il sortit, conciliant en apparence, mais
en réalité possédé d'une fureur indicible;
sans hâte, sembla-t-il, mais en réalité avec
un besoin de courir, de se précipiter.

Il jugeait qu'il n'avait point de temps à
perdre.

Et la mort de Marie était un moyen de
défense arrêté dans son esprit.

Une chose lui paraissait surtout étrange,
à lui qui ne se doutait même point de ce
que pouvait être le devoir, la délicatesse de
conscience, l'esprit de sacrifice: c'était que
la jeune femme ne se fût pas évadée.

Elle avait dû en trouver les moyens pendant son absence, puisqu'elle avait pu communiquer avec le dehors.

« Quelle machination y avait-il là-des-
sous?

« En tous cas le balai brûlait.

« D'une minute à l'autre la maison pouvait être cernée, et lui dénoncé, coffré. »

Il retrouva les deux Sanchez en bas et
eut avec eux une scène des plus violentes,
les injuriant, leur reprochant la façon dont
leur sœur et eux s'étaient acquittés de leur
mission autour des prisonnières en son
absence.

Quant à Annette il lui souffla seulement
dans l'oreille:

— Toi, ma vieille, je ne donnerais pas
deux sons de ta peau s'il arrive quelque
anicroche... Tu auras sans doute mangé le
morceau, alors que tu ne me sentais plus
sur tes talons... Mais tu n'y perdras rien
pour avoir attendu; je te paierai des
prunes... »

Puis il sortit seul.

Avant minuit il était de retour, avec sa
mère qu'il installa au rez-de-chaussée.

Puis avec les deux frères Sanchez il ressortit dans la voiture qui l'avait amené.

Automobile qu'il conduisait lui-même.

Où allèrent ils?

Sans doute étudier les détails, sur place,
d'un plan arrêté entre eux trois.

Les Sanchez étaient effrayés, eux aussi,
de ce qu'il leur avait appris.

Et ils ne demandaient qu'à se faire pardonner leur négligence et à faire pardonner
celle de leur sœur.

Du restant de la nuit et de tout le jour
suivant ils ne reparurent point.

Mais, à la nuit tombante, c'est-à-dire un
peu moins de vingt-quatre heures après
l'entrevue avec Marie, le marquis repa-
raissait.

Escorté, cette fois, de Pépita en plus des
deux Sanchez

Puisque tous devaient avoir leur part du
gâteau, de ce trésor de Las Tublas qu'il
fallait découvrir coûte que coûte, il voulait que tous eussent leur part des respon-
sabilités dans ce qui allait se passer.

Enfermées chez elles par Annette, les
prisonnières n'étaient point descendues;
celle-ci leur avait monté leur nourriture.

Le marquis d'Ambleuse fit une nouvelle
visite à sa femme.

Sa figure était souriante, souriante du
seul sourire qu'il sût grimacer; sa parole
voulait être douce, aimable.

— Ma mère désirerait vous voir, vous
parler, dit-il, vous recevoir chez elle; elle
s'est dérangée pour venir vous chercher;
je crois que nous finirons par nous entendre... Ce serait alors la paix entre nous... »

La pauvre Marie le regarda avec des
grands yeux douloureux.

Des yeux qui ne croyaient guère aux paroles d'un misérable dont la langue ne
s'ouvrait que pour le mensonge, mais des
yeux toujours bons, indulgents comme ils
étaient beaux.

— Je ne demande pas autre chose, répon-
dit-elle, je n'ai jamais voulu que l'accord;
s'il en a été autrement, depuis des années,
Dieu sait que je n'y suis pour rien...

— Alors prenez un manteau et enveloppez-vous la tête; il ne fait pas chaud et nous allons à Paris... La voiture est en bas...
— Je vous suis... »
Et la jeune femme s'habilla.
Puis elle voulut passer dans la pièce voisine où, séparément, Wladimir et Lydie se trouvaient sous clef.
— Où allez-vous donc ?
— Mais je désirerais embrasser mon neveu...
— Pas la peine, nous serons de retour dans trois ou quatre heures ; vous coucherez ici, bien entendu, nous allons dîner seulement chez ma mère....
— Allons, alors, cela vaut peut-être mieux du reste, mon absence, extraordinaire après des années de séquestration, inquiéterait les deux chères créatures... »
Mais l'enfant et Lydie étaient aux écoutes.
Et leurs appels déchirants s'entendirent dans le silence de l'étage.
— Ma tante ! ma tante !... Madame, où allez-vous ?... Ne sortez pas sans nous ; n'acceptez point de descendre sans que nous vous suivions ! Madame ! »
La figure du marquis avait brusquement changé.
Du sourire grimacé elle était passée aux crispations d'une colère féroce.
— Qu'est-ce que cette comédie ?.. Faites-les taire !... Mais faites les donc taire ces imbéciles... On dirait, ma parole, qu'on les égorge et que je vous emmène à l'échafaud... »
Marie frappa deux ou trois coups légers contre le bois de la porte.
— Allons, ordonna-t-elle d'une voix caressante, soyez sages, ne vous inquiétez pas, je reviens tout à l'heure...
— Ma tante ! ma tante ! gémissait Wladimir, faites au moins ouvrir la porte afin que nous puissions vous embrasser ; si on ne veut de mal ni à vous ni à nous on ne peut vous refuser cela... »

La réflexion de l'enfant était juste.
Le marquis fit signe d'une main qu'il en avait assez de cette scène de récriminations.
Et de l'autre il entraîna Marie.
Les enfermés comprirent qu'elle s'en allait, qu'elle descendait l'escalier.
Et Lydie lui cria le vrai mot de la situation.
— Courage, madame, courage quoi qu'il arrive !.. Nous allons prier pour vous ! »
Au rez-de-chaussée Pépita ne se montra point.
Elle restait de garde avec Annette.
La vieille marquise était déjà installée dans l'automobile.
Sur la banquette du fond, à droite.
Ce qui était sa place d'après les règles du savoir-vivre.
Mais au lieu d'installer Marie sur cette même banquette du fond, à gauche, la banquette des dames, le marquis la poussa sur la banquette du devant, normalement la banquette des hommes.
Et non à la place de droite toujours, mais en sens inverse, qui l'eût mise face à face avec sa belle-mère ; mais à celle de gauche.
En face de Juan Sanchez assis à côté de la marquise.
Lui-même s'assit alors à la place qui eût dû être celle de sa femme.
En face de sa mère.
De sorte que Marie, à gauche sur la banquette du devant quand on regardait le dos du chauffeur, était encadrée coude à coude par son mari et genoux contre genoux par Juan.
La position était calculée et avait une importance capitale.
Le chauffeur était Gaspar.
Les lanternes allumées éclairaient le jardin.
On démarra sans mot dire.
La vieille marquise s'était seulement soulevée sur son siège et avait marmotté sous la voilette :

— Bonjour, bonjour... A tout à l'heure, chez moi, quand nous serons seules... On bavardera... »
Marie obéissait, se taisait.
Mais elle ne se faisait guère d'illusion sur les mobiles de la conduite de toutes ces gens.
« Qu'allait-on faire d'elle ? Où la conduisaient-ils ? »
Et elle adressa, dans l'obscurité, un dernier regard à cette maison sinistre où elle avait tant et si longtemps souffert, mais où il lui aurait sans doute encore mieux valu rester auprès des deux seuls êtres qui l'aimassent à Paris.
« Les reverrait-elle jamais ?
« Allait-on la leur ramener ?
« A la grâce de Dieu ! »
L'automobile roulait lentement, sans précipitation inquiétante.
Mais aucun des quatre autres voyageurs n'adressait toujours la parole à la jeune femme.
Ils marchaient depuis environ une demi-heure.
On se rapprochait visiblement de Paris dont l'océan de lumières enflammait l'horizon.
A chaque instant on coupait des voies du chemin de fer ; on passait sur un pont de rivière ou de canal.
Insensiblement l'automobile avait accéléré son allure, pour aller maintenant très vite.
On touchait aux faubourgs, après un long détour en demi-cercle qui avait en probablement pour but de tromper sur les lieux d'où l'on venait.
Çà et là des villas, des usines, des cimetières.
L'auto va de plus en plus vite.
Voici un remblai, un garde-fou en fonte d'une dizaine de mètres de longueur et, en contre-bas, à cinq ou six seulement, une route pavée.

L'auto a serré de trop près la bordure du trottoir étroit.
Un choc violent se produit sur la gauche.
La portière de la voiture se trouve ouverte par la violence du choc, il faut le supposer.
La vieille marquise pousse un cri de terreur.
Marie s'est dressée.
Et en face d'elle Juan, comme sur son côté le marquis s'élancent si vivement pour la faire se rasseoir qu'ils se trouvent la basculer au contraire par-dessus le garde-fou en fonte qui n'est point à plus de quatre pieds de la portière ouverte.
Autre cri de la marquise.
Gesticulations impuissantes des deux bons apôtres qui semblent se pencher eux-mêmes dans le vide.
Pas un mot dans la bouche de la victime.
Un plouf d'écrasement sur la route.
Le conducteur, qui a stoppé, prend en main une des lanternes, dégringole le remblai.
Le marquis et Juan le suivent, mais plus lentement.
Ils ont peur.
Peur du résultat, peur des yeux accusateurs de la précipitée, si elle n'est point encore morte.
Restée à sa place, la vieille marquise pousse des cris de patois pour le cas où une autre voiture surviendrait.
Marie est tombée avec les bras en croix, sur le dos.
Elle n'est pas morte.
Mais sa tête a porté contre une borne ; le crâne s'est ouvert ; du sang coule sur ses vêtements.
Le chauffeur promène sa lanterne sur le corps étendu, mais il ne le relève pas, il ne le secourt point.
Et le premier geste du marquis c'est de tâter la poitrine.

Ce geste il l'a déjà fait alors qu'il poussait sa femme dans la voiture.
Geste qui a amené un mouvement de pudeur et de protection des deux bras croisés de Marie.
Pourquoi ce geste ?
Parce qu'il sait que toujours, depuis des années, Marie porte sur sa poitrine un sachet de cuir russe suspendu au cou par une chaînette d'argent, sachet où elle a enfermé tout ce qu'elle possède de plus précieux, de plus cher à son cœur.
Et comme il croit que tout le monde ment comme lui-même est menteur, comme il ne doute pas que cette histoire d'une tierce personne détenant le secret soit une invention, mais que si les Czarkowski lui ont fait parvenir le parchemin comme protection, comme défense contre les entreprises de ses ennemis c'est sur elle-même, dans le sachet qu'elle le détient ce fameux mot de passe, il veut s'assurer qu'il est bien là, le sachet, là sous le corset et la chemise, qu'il va pouvoir l'arracher.
Et il y est en effet.
Le marquis d'Ambleuse fait sauter les boutons, glisse sa main entre les étoffes trempées de sang, saisit le sachet de cuir, brise la chaînette d'une traction violente, barbare, traction qui scie le cou, qui enlève une poignée des cheveux dorés de la nuque.
Et les yeux de Marie, fermés jusque-là, ses yeux se rouvrent.
Elle regarde les assassins avec des yeux de compassion plutôt que de haine.
Des yeux qui semblent dire : « Plus stupides encore que misérables ! »
Le marquis a glissé le sachet dans une des poches intérieures de sa pelisse.
Maintenant il faut achever convenablement la comédie pour se mettre à l'abri d'ennuis subséquents.
Dans l'assassinat du prince Stanislas c'était Gaspar qui avait figuré.

Cette fois c'est Juan.

Chacun son tour.

Le marquis et lui remontant la blessée dans la voiture, l'y étendent.

Et on file vers l'hôpital le plus proche : *La Pitié.*

La vieille Pitié qui n'est point encore abandonnée.

« Accident d'automobile ! Déplorable ! Grand malheur ! Coup de volant donné à faux. »

Ils l'ont tâtée et savent qu'elle ne peut survivre.

L'épine dorsale est brisée.

Quant à son silence, les infâmes en sont certains.

Elle ne se plaindra pas ; elle n'accusera personne.

Les internes se sont précipités.

« Une si belle jeune femme ! »

Ils pourraient dire, s'ils savaient à quels gredins ils ont affaire : une si belle jeune fille !

Sinistre, vide, car la vieille marquise est elle-même descendue, ronronnante, l'auto attend devant le porche noir de l'hospice de Louis XIV sous lequel ont passé tant de misères, tant de crimes et peut-être point de misère, de crime comparables à cette misère, à ce crime.

Le marquis, sa mère, les Sanchez entourent le lit.

Ils ont des soupirs de charlatans, des larmes de crocodiles.

Marie va mourir dans quelques minutes.

Les médecins n'y peuvent plus rien.

Mais ils l'ont piquée à la morphine ; elle a avalé un cordial puissant.

. La mourante souffre à peine ; elle a toute sa connaissance.

Elle pourrait désigner ses assassins du doigt.

Elle pourrait formuler son pardon.

Elle pourrait recommander tout au moins Wladimir et Lydie, parler de sa mère, de la Pologne, révéler qui elle est.

Non, non, non, tout cela serait, plus ou moins directement, dénoncer les misérables.

Il faut le silence et l'ombre sur tout le passé.

Eux l'ont tuée, mais elle sauvera leurs têtes.

Sa vengeance, ce sera de leur donner des remords, des remords affreux pour plus tard.

Sublime avant, pendant, après, sublime toujours : son âme s'envolera sans avoir connu la haine.

Et elle leur tend les mains à tous quatre.

Et elle expire en disant :

— Funeste accident, à l'heure où tous nous étions d'accord, où tous nous allions être ensemble riches et heureux, funeste accident... Enfin Dieu l'a voulu, que sa volonté soit faite... »

Cela d'une voix volontairement intelligible, pour la galerie.

Mais, pour elle-même, un peu plus tard, avec des mots passant dans un souffle d'oiseau qui expire, elle ajoutait, comme une prière: « Maman... patrie... Alphonse. »

Ces mots-là les anges seuls les recueillirent sur les lèvres virginales de la martyre pour les porter, à sa suite, vers Dieu.

Pépita pouvait être rassurée.

Le marquis d'Ambleuse était veuf, ses enfants allaient palper les monceaux d'or du coffre mystérieux puisque leur père était en possession de la clef qui le devait ouvrir, la clef cachée dans le sachet deux fois rouge, le sachet sanglant de cuir russe.

Tous héritaient de Marie la morte, l'assassinée.

Était-ce bien certain ?

L'héritier de ses volontés, de ses affections, de son secret, n'était-ce point plutôt celui dont le nom avait été murmuré le dernier par ses lèvres mourantes, l'ami tard connu mais apprécié tout de suite à sa juste valeur, l'ami qui lui avait rendu un hommage, assuré une sympathie dont son agonie solitaire, atroce avait été embaumée : Alphonse !

De même qu'il s'était rué vers la valise du *Grand Hôtel* dès que le prince Stanislas n'avait plus pu se défendre, de même le marquis d'Ambleuse s'isola dès que sa femme eut les yeux fermés pour examiner le contenu du sachet de cuir russe, de ce sachet aux plus chers souvenirs qu'elle portait comme une défense pour son cœur, comme une amulette sur la chair de sa poitrine.

Sous le même prétexte aussi de prévenir la famille par télégramme, de faire le nécessaire à la maison pour y ramener le corps, il s'élança vers les portes tout en laissant, après un clignement d'yeux qu'ils avaient compris, sa mère et les deux Sanchez auprès de la morte.

Le coup d'œil voulait dire :

— Ne nous embarrassons point de ce *macchabée,* de ce cadavre compromettant... Tirez-vous les pattes chacun de votre côté, les uns après les autres, moi je cours au plus pressé, au magot, on se retrouvera... »

Il traversa une première cour aux arbres dépouillés, entre les branches desquels pleurait le vent de nuit.

La ligne des vieux bâtiments se dessinait à droite et à gauche sous le ciel un peu clair mais surtout aux lueurs de becs de gaz espacés.

Dans la seconde cour les becs de gaz étaient plus rapprochés, plus brillants.

Le misérable, dont les mains étaient déjà tachées du sang de Marie, n'eut point la patience d'attendre davantage.

Personne ne s'occupait de lui.

Ici et là, au long des murs percés de baies vitrées des ombres rapides s'éloignaient ou se rapprochaient courant à leurs affaires, s'ignorant les unes les autres.

Le marquis se campa sous un bec de gaz.

Et il reprit, dans la poche de sa pelisse, le sachet tiède, humide.

Il le dénoua, y fouilla.

Pauvre fou !

Ah comme les yeux de Marie, les yeux à la pitié méprisante pour son assassin avaient eu raison de lui crier, en se fixant sur lui :

— Plus stupide encore que lâche et cruel ! »

Ces regards qu'il n'avait point compris, ces yeux qui ne parleraient plus jamais, il pouvait en saisir l'expression maintenant en deviner le langage.

Maintenant qu'il connaissait le contenu de ce sachet rouge, de ce sachet pour la possession duquel il avait tué, maintenant qu'il en palpait les objets si mystérieux pour lui, si chers pour la pauvre morte.

Objets qui auraient dû le jeter à genoux, lui arracher des larmes de sang s'il avait eu un cœur d'homme et non, à la place, un viscère de bête fauve.

Ces objets, c'étaient ses lettres à lui pendant le temps des fiançailles, les fleurs cueillies ensemble dans les jardins de Pologne ou d'Ambleuse, sa miniature d'enfant, une boucle de ses cheveux, sa plus récente photographie.

Toutes choses que l'épouse sans l'être cachait comme si c'eût été une faute pour elle d'aimer ce mari qui l'avait prise, âme et corps, devant Dieu, ce mari qu'il était de son devoir de chérir malgré tout.

Voilà les secrets du sachet sanglant.

Quant au parchemin convoité, à la clef du coffre aux millions, rien !

Damnation ! Rien, rien, rien !

Le marquis jeta le sachet à terre, le piétina, puis le ramassa tout de même afin de ne point laisser derrière lui de traces compromettantes.

Il hurlait des blasphèmes, il gesticulait en montrant le poing dans la direction de la seconde cour au fond de laquelle se trouvait la salle où sa victime avait été transportée.

Puis, en réfléchissant, il se calma.

« Pas possible qu'il y eût un tiers dans cette histoire !

« Le parchemin devait avoir été laissé là-bas dans la chambre du belvédère qu'elle occupait.

« Elle l'avait caché dans sa paillasse peut-être.

« Lydie saurait, il la ferait parler.

« Rien encore de perdu. »

Et il courut vers le porche de sortie, la loge du concierge.

On l'examina, on le reconnut pour un des quatre personnages ayant introduit à l'hospice une jeune dame broyée.

Mais tout de même un interne en blouse blanche, qui se trouvait dans la loge, l'interpella avant que le portier serrât sur le cordon.

Quelque chose lui paraissait étrange à cet interne, qui déjà était présent à l'arrivée du groupe.

— Eh bien qu'y a-t-il de nouveau ? Que diagnostiquent-ils là-bas ? L'en tirerez-vous ?

— Fichue !... Je vais chercher le nécessaire pour ramener le corps, et télégraphier à sa famille... Un affreux accident, quoi !... Ah sans aucune imprudence cependant... La fatalité !

— Mais, dites donc, je vous ai vu vous arrêter devant *La Pitié* et descendre la mourante de l'automobile... Vous n'étiez que quatre : trois hommes et une dame, cinq avec la blessée, quoi...

— Parfaitement...

— Vous êtes tous entrés... et pas un n'est ressorti...

— Parfaitement...

— Alors qu'est-ce que c'est donc que ce

type qui est perché sur le siège de votre voiture depuis dix minutes seulement ?... J'ai cru, un instant, que c'était un voleur d'autos et j'allais m'élancer dehors, mais il n'a point mis le moteur en marche, s'est contenté d'inscrire sur un calepin les numéros de l'auto et semble vous attendre très sagement... Votre chauffeur était cependant parmi ceux qui portaient la jeune dame ?

— Oui.

— Alors ce type-là est donc un témoin de l'accident, un assureur ou un agent de police ? »

Le marquis d'Ambleuse recula d'un pas.

Un étranger sur sa machine, un agent de la sûreté, un témoin !

S'il n'eût point été dans la pénombre, l'interne et le concierge auraient pu constater sa pâleur et le tremblement de tout son corps.

Il avait donc été dénoncé, suivi ?

Mais hésiter, balbutier, s'émouvoir c'était se dénoncer lui-même, empêcher qu'on lui ouvrit la porte.

Cette nature de bronze se remit d'un seul effort.

— Quoi, quoi ? Quelqu'un sur le siège de mon auto ?.. Je ne sais pas, mais probablement le domestique d'un médecin que j'avais réclamé avant de savoir si l'on nous recevrait à *La Pitié*... Je vais voir, et merci ; du reste je reviens dans quelques instants pour reprendre la vieille dame qui veille la morte en m'attendant... A tout à l'heure... »

Le concierge appuya sur le cordon et le marquis passa prudemment, son buste d'abord, dans le passage qu'on lui livrait.

Les deux hommes du reste, vaguement soupçonneux, étaient sur ses talons.

L'inconnu du siège de l'auto avait son pardessus relevé, un masque de chauffeur, une casquette à la visière rabattue.

Impossible de distinguer ses traits.

Il avait entendu la porte s'ouvrir et il n'attendit point des interrogations pas plus qu'il ne donna d'explications.

L'interne et le concierge l'entendirent qui disait :

— Nous y sommes ?... Allons, montez, monsieur, j'ai pensé que vous n'aviez point trop de monde pour vous débrouiller dans ce malheur et je me suis offert... Nous reviendrons prendre Madame... »

Langage vague, ambigu, qui ne compromettait personne.

Le marquis ne répondit pas et se contenta de glisser la main droite sur la crosse de son revolver, dans la poche de la pelisse.

Il monta pendant que le chauffeur d'occasion mettait le moteur en mouvement.

L'interne et le concierge se retirèrent par discrétion.

Du moment que le propriétaire de l'auto s'arrangeait de la présence de cet inconnu, survenant dans l'affaire, ils n'avaient plus rien à y voir.

On devait supposer que le monsieur savait ce dont il retournait.

Et puis du reste il fallait bien qu'il revînt puisqu'il avait laissé là-bas, dans le fond de l'hospice, un cadavre et trois personnes de sa compagnie.

La voiture démarra sans se presser et sans que le conducteur demandât là où il fallait aller.

Le marquis était couvert d'une sueur froide.

Mais il ne s'affola pas.

Il ne commit point l'imprudence de fuir sous le nez des gens de *La Pitié*; ce qui eût fait arrêter aussitôt sa mère et les deux Sanchez.

Comme la perdrix qui feint d'être blessée pour écarter de ses perdreaux et le chasseur et le chien, il se dévoua, feignit d'être rassuré, pour permettre à ses complices de pouvoir s'éclipser à leur tour, en laissant le cadavre à l'hôpital.

Cependant il se demandait avec angoisse quel pouvait bien être ce particulier s'improvisant son conducteur.

Ce n'était point un policier venu pour lui mettre la main au collet, car un policier n'eût point fait tant de façons, eût appelé le concierge et l'interne à son aide.

Tandis qu'au contraire cet homme masqué semblait redouter, autant que le marquis lui-même, que la lumière se fît dans ce mystérieux accident où une jeune femme avait trouvé la mort.

« Alors quoi ? Où voulait-il en venir ? Où allait-il le conduire ? »

Le marquis se tint coi, tout en se réservant de sauter à bas de la voiture ou de décharger son revolver dans le dos du chauffeur, d'après les circonstances.

Dès que l'on ne put plus l'espionner depuis *La Pitié*, le chauffeur accéléra l'allure de l'auto.

Et avec de plus en plus de vitesse, il se dirigea vers les boulevards extérieurs.

De temps à autre il s'assurait, d'un mouvement de tête rapide, que son voyageur n'avait point décampé.

La vitesse du reste était telle que sauter de la voiture eût été d'une imprudence folle.

Le marquis avait repris, lui, tout son aplomb.

Il croyait avoir deviné à qui il avait affaire.

A un des affiliés de la *Main Noire*.

On le surveillait pour qu'il ne s'avisât point de se dérober à un partage.

Ses complices dans l'enlèvement de Wladimir n'avaient point encore été payés.

Et ils comptaient bien toucher une forte somme dès que leur camarade serait entré en possession de cette fortune sur laquelle ils n'avaient que des renseignements quelconques, mais que tout de même ils savaient exister.

Et il avait presque envie de dire au chauffeur délégué par la *Main Noire* :

— Pas tant d'histoires, descends-moi ici ou conduis-moi au belvédère... Je n'ai jamais refusé de vous payer .. Je suis de mèche avec vous et pas un faux frère... »

Cependant voici que dans Montrouge, au milieu d'un boulevard désert, sombre, sans maisons ni à droite ni à gauche mais avec des jardins de maraîchers, des talus herbeux, des fossés, des murs d'osiers, l'auto s'arrête.

Le conducteur se retourne complètement et debout vers le marquis ; lui aussi avait un revolver en main .

— Le meilleur conseil que j'aie à vous donner, marquis d'Ambleuse, c'est de disparaître jusqu'à cette échéance d'avril mil neuf cent six qui est celle de la prise de possession par vous du trésor de Las Tablas... A ce moment je vous remettrai, contre la liberté des deux dernières victimes que vous tenez emprisonnées, ce parchemin auquel vous tenez tant et pour la possession duquel vous vous êtes fait, deux fois déjà, assassin... »

Le marquis s'était levé à son tour et semblait vouloir bondir hors de l'auto.

— Attendez donc, ne fuyez pas, je ne veux ni vous tuer ni vous dénoncer... A la date que vous savez nous nous reverrons... Je fais cela pour Lydie et pour Wladimir, car je devrais au contraire... Enfin, eux sains et saufs, ou rien... Vous êtes prévenu...

— Qui êtes-vous ?

— Peu vous importe... En tous cas quelqu'un qui vous tient bien, quelqu'un dont vous avez besoin si vous désirez jamais mettre la main sur l'or maudit du dépôt secret, quelqu'un qui pourrait vous envoyer à l'échafaud...

— Celui dont... elle m'avait parlé?

— Oui, un ami de la plus angélique des femmes, de la meilleure des créatures, de l'assassinée de ce soir que je suis arrivé trop tard pour sauver mais dont je vous ordonne de ne plus souiller la dépouille en y touchant... Disparaissez, disparaissez, vous et vos complices, je me charge de tout, moi... Encore une fois à la date exacte je reviendrai prendre, au belvédère, vos deux derniers otages et vous aurez votre parchemin... Je le jure... Je vais vous laisser votre voiture, je n'en ai plus que faire... J'en prendrai une autre pour aller à *La Pitié* et m'y occuper de la chère morte au lieu et place des Czarkowski... Allez, et marchez droit, c'est votre intérêt ; n'essayez point de me tromper, de m'atteindre, je vous briserais... »

Le chauffeur avait sauté sur la route.

Il s'éloigna.

Le marquis d'Ambleuse comprit que le meilleur pour lui était de suivre les ordres donnés.

Il ne se trompa point sur la qualité de son adversaire.

C'était une puissance.

Laquelle ? Il ne le devina pas.

Mais il courba la tête et obéit.

XVII

LA BOUCHE DE L'ENFANT

Le chauffeur de l'auto c'était le duc de Santa-Maria.

Il était arrivé trop tard pour arracher Marie aux mains des assassins, bien que presque tous les jours il surveillât les allées et venues des gens du belvédère

Mais il savait le drame du pont, l'écrasement de la jeune femme jetée par-dessus bord.

Et il avait pu gagner l'hôpital, se coller aux trousses des bandits.

Avec des sanglots dans la poitrine, mais avec, en même temps, la ferme résolution d'obéir à ce qui avait été certainement la dernière pensée de la chère victime : pardonner, ne point les dénoncer, sauver Wladimir et Lydie, sauver Pépita quand même.

Vers minuit il pénétrait à son tour à *La Pitié*, et s'y donnait comme le mandataire de la famille.

Il avait complètement changé de physionomie, d'ailleurs.

Ce n'était plus le chauffeur entrevu par l'interne de service et le concierge.

Mais un grand seigneur en deuil, escorté de quatre domestiques en livrée, d'un prêtre, de deux voitures remplies de couvertures, d'un médecin.

Avec de l'argent on aplanit bien des difficultés.

La morte n'avait fait que traverser l'hôpital.

Et cependant un billet de mille francs fut remis à l'administration pour être distribué aux infirmières, à toutes les personnes qui s'étaient occupées d'elle.

Le duc de Santa-Maria agissait, remerciait comme étant un prince Czarkowski.

Il dit remporter la défunte à son domicile où les autres membres de la famille l'avaient précédé.

Car en effet la vieille marquise et les Sanchez n'étaient plus là depuis deux ou trois heures.

Aucun mot n'avait été prononcé qui pût établir les rapports des personnages entre eux, faire soupçonner un crime.

Le médecin amené se chargea des démarches nécessaires au point de vue des actes de l'état-civil.

Et le corps de Marie fut conduit dans un bel appartement loué de longue date par le duc pour les besoins de sa lutte contre les geôliers de la jeune femme, au nom de la famille Czarkowski, mais où il ne faisait que passer de temps à autre, comptant y cacher Marie, Wladimir, Lydie ou même Pépita et ses enfants, selon les circonstances.

Cet appartement était situé dans le fond d'un vieil hôtel solitaire et silencieux, hôtel qui s'élevait proche des Invalides.

Le médecin, les domestiques loués disparurent les uns après les autres.

Tout sembla s'être passé bien régulièrement.

Le duc semait, semait toujours de l'or autour de lui.

Et trois jours plus tard, dans un cercueil d'ébène et de plomb, au milieu de gerbes des fleurs les plus rares, Marie s'en allait vers la Pologne avec, comme compagnons de route, le prêtre et Alphonse de Santa-Maria.

Le prêtre ne savait rien que ce qu'on lui avait dit.

Alphonse avait voulu revoir le pays de celle qu'il avait connue si peu de temps mais que tout de suite il avait aimée comme on aime un ange de Dieu sur la terre.

Il avait voulu consoler sa mère, faire ce qu'elle lui eût demandé de faire si elle avait pu lui parler.

Était-il de même bien certain qu'elle ne lui parlât point?

Il le sentait autour de lui; des lumières inexplicables éclairaient son esprit qui ne pouvaient venir que d'elle; elle le conduisait pour ainsi dire par la main.

D'une main invisible mais puissante.

Et puis son âme était inondée d'une félicité telle, dans l'accomplissement de ses devoirs envers la noble victime des monstres, qu'il n'y avait point à douter que cette félicité fût la récompense apportée tout de suite, depuis l'autre côté de la tombe, par Marie à son ami Alphonse.

Il dit à la mère de Marie comme à la mère de Wladimir tout ce qu'il savait, tout ce qu'il avait fait, tout ce qu'il ferait.

Il leur rappela qu'il était déjà venu, il leur révéla qu'il était le colporteur aux pigeons.

Et les pauvres femmes, écrasées par l'épreuve, le bénirent de son dévouement, remirent entre ses mains le sort ultérieur de Wladimir et de Lydie, abandonnant plus que jamais leur part de l'héritage de Las Tablas.

Le duc rentra à Paris, s'assura que les deux prisonniers étaient toujours au belvédère avec Annette, et bien portants quoique désolés d'être sans nouvelles.

Quant à la bande du marquis elle avait totalement disparu.

Même Pépita, qui n'habitait plus le pavillon de Grenelle.

Les jours, les semaines, les mois passèrent.

Le duc cherchait la piste de Pépita seulement, n'ayant que faire des autres personnages.

Et bien qu'il eût en mains des ressources énormes il n'aboutissait point.

Annette semblait avoir pris la responsabilité de Lydie et de Wladimir sans contrôle.

Personne n'allait la voir, ne la surveillait, que l'on pût suivre.

Enfin il rencontra, par un hasard providentiel, la vieille marquise dans la banlieue de Paris et ne la lâcha plus, à distance, tout en se demandant le but de ses pérégrinations si loin des lieux qu'elle habitait autrefois.

Et il la vit, non point entrer à fond dans une maison neuve, isolée à l'extrémité d'une voie en projet et touchant à la campagne, non point y monter aux étages, mais seulement s'y renseigner auprès de la concierge.

Il attendit son départ, en se cachant chez un marchand de vins, puis à son tour, et avec une pièce de vingt francs au bout des doigts, il interrogea la même concierge.

Pépita. Pépita mourante, brouillée avec les d'Ambleuse, avec ses frères, sans grandes ressources et sous un faux nom, Pépita habitait là.

Enfin il la retrouvait.

Il allait pouvoir la soulager, arriver en sauveur ou du moins en consolateur de la dernière journée.

Mais comment se faisait-il que celle qui avait eu tant d'empire sur le marquis d'Ambleuse fût ainsi délaissée, avec seulement un espionnage secret et très intermittent de la vieille marquise, laquelle semblait bien venir plutôt pour s'assurer si elle était encore en vie que lui porter secours?

Voici.

Quand le duc de Santa-Maria avait eu laissé l'assassin seul dans le silence et l'obscurité du boulevard extérieur de Montrouge, celui-ci s'était bien gardé de retourner à *La Pitié*.

Mais il avait, à toute vitesse, gagné le belvédère.

Pépita, que cependant il y avait placée pour surveiller, n'y était plus.

Pourquoi?

Parce qu'en partant elle avait laissé Béatrix très malade d'un enrouement suspect, enrouement dans lequel son inquiétude maternelle voyait déjà le croup, et que cette inquiétude ayant pris le dessus, elle avait tout lâché.

D'abord le marquis ne se préoccupa point de cet incident, quoiqu'il n'aimât guère qu'on lui désobéît.

Il avait autre chose à faire.

Fouiller la chambre de Marie, de la morte.

Dans la tour, Lydie et Wladimir pleuraient toujours.

Et ils pleurèrent encore davantage quand ils entendirent que l'ogre, que Barbe-Bleue était rentré et, qu'il bousculait la chambre.

« Qu'avait-il fait de la tante, de Madame?

« N'était-elle donc plus pour revenir que, sans elle, toutes ses affaires étaient ainsi jetées sens dessus dessous? »

Ils en doutèrent d'autant moins quand le marquis, n'ayant rien trouvé, les fit sortir, à coups de pied, de leur propre chambre pour leur intimer l'ordre de fouiller à nouveau, avec lui, de scruter les moindres recoins.

Si la tante de l'un et la maîtresse de l'autre eût été pour revenir on l'aurait attendue pour chercher le papier que le marquis cherchait avec rage, elle pouvant indiquer mieux que qui que ce fût où il était.

Mais, ils le comprenaient hélas! elle ne reviendrait plus.

« Qu'en avait-on fait?

« L'avait-on tuée comme l'oncle, comme le prince Stanislas? »

Rien, rien, rien.

Pas plus seul qu'avec ses aides, le marquis ne trouva rien.

Alors le chauffeur masqué avait dit vrai : c'était lui qui était en possession du secret.

Comme celui de Stanislas, l'assassinat de Marie avait été un crime sans profit.

Il rejeta son dépit sur Pépita et partit, à l'aube, vers le pavillon de Grenelle.

Et, furieux, il s'élança dans la chambre à coucher de la belle Espagnole.

— Pourquoi quittes-tu les postes que je te confie?...Ah oui, tu ne voulais point prendre part, même de loin, à la petite histoire de cette nuit. Madame fait des manières... Tes scrupules tardifs commencent à m'agacer et tu pourrais bien t'en repentir... Mais qu'a-t-elle cette gamine?

— Elle est très malade... une fièvre violente... de la congestion... elle étouffe... je crains, et c'est pour cela que... »

Le marquis s'était penché sur le petit lit de sa fille.

Il voulut la toucher, lui caresser les joues.

Mais celle-ci se rejeta en arrière avec un hurlement d'effroi.

Hurlement d'autant plus sinistre que le croup lui obstruait déjà la gorge.

Quelque chose comme cette plainte lugubre, déchirante du chien enragé qui sent sa mort, et une mort atroce, venir, et qui pleure dans la nuit.

Gémissement presque humain et que ceux

qui l'ont entendu une fois n'oublient plus !

— Eh bien qu'est-ce qui la prend encore celle-là ?

— Du sang ! Du sang ! hurlait l'enfant en cachant sa figure du côté du mur et en étendant le doigt indicateur de la main opposée vers les mains de son père. »

C'était le sang de Marie, le sang de sa chemise et de son corset, le sang du sachet rouge qui était resté en taches brunes, gluantes, sur les doigts de l'assassin.

Pépita poussa elle-même un cri et se recula avec horreur.

Ainsi sa compagne de libre choix, sa complice de forfaits et son enfant se liguaient pour le critiquer, pour le souffleter de leur mépris ?

Sa fureur devint indicible.

D'autant plus grande qu'elle lui servait à dissimuler ceci : qu'il se faisait horreur à lui-même.

Ces protestations des deux créatures lui appartenant corps et âme, la chair de sa chair, c'était quelque chose comme le remords, un remords vivant.

Et le remords il ne voulait point le connaître.

La folie du meurtre, la folie des criminels qui espèrent anéantir le passé en entassant victime sur victime, étouffer le cri des unes avec les cadavres des autres, effacer, effacer à coups redoublés, cette folie le prit.

Et il étreignit Béatrix, il la saisit au cou entre ses griffes sanglantes et commença de l'étrangler.

La mère bondit comme une tigresse.

D'un geste rapide comme la pensée elle avait fouillé dans la poche de la pelisse du marquis, saisi son revolver.

Et le monstre sentit le froid du canon qu'elle lui appuyait sur la tempe.

Elle allait le tuer comme une bête malfaisante.

Que lui importait l'homme en comparaison de sa fille !

Les serres de l'animal de proie se détendirent ; il tenait à sa peau.

La figure de l'Espagnole était terrifiante.

C'était bien celle de la fille d'un massacreur de taureaux.

Ambleuse ne connaissait encore point cette Pépita-là.

Il eut vraiment peur et recula loin du lit de l'enfant.

Réveillé par le tumulte, Manoël hurlait aussi dans son berceau.

Tenant toujours le revolver, livide de haine et de maladie, avec ses yeux immenses brillant de colère et de fièvre, l'Espagnole se dressait entre les deux couches des petits et le malfaiteur qui était leur père.

Ce qui était sa famille, son foyer reniait, repoussait le marquis d'Ambleuse.

Il voulut se justifier et grommela :

— Travaillez donc pour des êtres pareils! On joue sa tête pour leur apporter une fortune et ils vous crachent dessus !... Eh bien quoi, Pépita, quoi, c'est vrai ce que je dis... Ta rivale, ma virginale et chaste épouse a passé de vie à trépas... Es-tu contente ? non ? Et cependant tu ne demandais que cela... Rien ne nous sépare plus maintenant... Et le trésor, tout le trésor sera à nous... Je te ferai riche, marquise, reine de Paris, Pépita... Allons, ne fais point ta vilaine figure des mauvais jours... Nous triompherons, Pépita, nous ferons la fête...

— Sur ma tombe, répondit d'une voix glacée la fille de Sanchez, et sur celle de ces enfants...

— Allons, allons, pas de blagues, pas de litanies de croque-morts... Embrasse-moi et laisse-moi embrasser la petite... Puis je rejoindrai ma troupe qui doit être dans l'embarras... »

Le ton de ses paroles était bien plutôt une menace qu'une caresse.

Il fallait dissimuler.

Pépita lui rendit son revolver et lui tendit le front.

Mais Béatrix, quand son père voulut s'approcher d'elle, se rejeta à nouveau du côté de la muraille, en criant :

— Du sang ! Le sang de la dame de la tour ! »

Cette malédiction de sa fille c'était le couteau de la guillotine tombant sur la nuque de l'assassin.

Il rugit et eût empoigné la petite malade pour la précipiter par une fenêtre si Pépita ne la lui eût arrachée des mains.

— Vous voyez bien qu'elle a le délire, qu'elle ne sait ce qu'elle dit, qu'elle est déjà mourante... implora-t-elle.

— C'est heureux pour sa peau qu'elle ait perdu la boule... J'allais en faire une omelette de cet oiseau de mauvais augure... Restez ensemble vous êtes bien, vous vous valez, aussi stupides l'une que l'autre! »

Et il partit en claquant les portes.

Le marquis d'Ambleuse ne se doutait guère qu'il ne devait plus revoir vivante cette créature superbe pour laquelle il éprouvait ce qui chez lui remplaçait l'amour, une passion tenace.

En effet quand il retrouva Juan et Gaspar, ceux-ci étaient en compagnie des trois camarades de la *Main Noire*.

Les cadavres attirent les vautours, les loups se rassemblent pour la curée.

Les bandits flairaient le magot, ce magot qui avait déjà nécessité tant de manœuvres dans l'ombre.

Et ils étaient venus aux nouvelles.

Tous furent d'avis, à la suite de la communication que leur fit le marquis de sa singulière rencontre avec le masque de l'automobile, qu'il fallait décamper,

Et attendre l'heure de l'échéance, l'heure du rendez-vous.

« Qu'un inconnu fût au courant des affaires du marquis c'était bien dangereux.

« N'agirait-il pas, ne le dénoncerait-il pas, en se ravisant ?

« Le mieux était de se terrer.

« Il y avait des chances pour qu'il fût fidèle à sa promesse et remît la clef du coffre.

« Sans doute aurait-il pour cela des raisons spéciales, car enfin c'est une singulière idée de faire cadeau à autrui d'un monceau d'or.

« Cependant c'était possible, et d'autant plus que lui ne pouvait rien avec les deux seules lettres qu'il possédait, en même temps que par contre il réclamait la liberté des deux otages.

« Alors il fallait filer en Amérique, y travailler dans les entreprises de la *Main Noire* et revenir en temps opportun. »

Ce qui fut fait après avoir garanti le belvédère avec des subsides.

Ambleuse et les deux Sanchez disparurent.

La vieille marquise, avec mission de surveiller Pépita, se cacha dans un taudis de Levallois.

Béatrix fut longtemps entre la vie et la mort.

De plus en plus malade elle-même, Pépita avait dû lutter pour lui donner des soins, la guérir, préserver son petit-frère.

Annette vint trois ou quatre fois pour la suppléer sur la prière qu'elle lui en avait adressée.

Annette cependant très dévouée à la garde des prisonniers, maintenant qu'on lui avait rempli les poches et fait des menaces plus terrifiantes que jamais pour le cas où elle viendrait à trahir.

Quand Annette était là, Pépita reposait un peu.

Elle ne pouvait prendre une infirmière étrangère à cause des secrets que la fillette aurait pu dévoiler dans son délire.

Mais les deux femmes parlaient quelquefois ensemble des affaires du belvédère.

Et quand elle fut convalescente, Béatrix écoutait, comprenait sans que les deux femmes s'en doutassent.

Elles parlaient trop et sans assez de précautions.

Les enfants saisissent autrement que l'on ne se le figure le sens caché des choses que l'on murmure en cachette.

Et vint un jour, quand elle fut tout à fait rétablie, où elle se jeta aux pieds de sa mère et lui demanda en suppliant, avec une intelligence bien au-dessus de son âge :

— Dites, maman, dites, qui était-ce la dame de la maison de la tour ?... Celle qu'Annette raconte avoir été si belle, si douce, si bonne... dites ?

— C'était la femme de ton père, là, es-tu contente ?

— Ce n'est donc pas vous ?

— Non, la vraie ce n'est pas moi, ce n'était pas moi...

— Alors pourquoi l'emprisonner, la torturer, pourquoi l'avoir tuée ?.. Dites, dites, maman !

— Ah, pourquoi, pourquoi !... Tais-toi, malheureuse, tais-toi !... Tu veux donc me mépriser, me maudire ?

— Oh jamais, maman ; jamais !... Mais vous n'êtes pour rien dans cela, c'est papa qui... Pourquoi, dites, pourquoi se rougir les mains du sang de...

— Pour vous faire riches, Manoël et toi, pour que je devienne davantage votre maman... Là, comprends-tu ? Es tu contente?... Et puis va-t-en, lâche-moi... J'aurais mieux fait de le laisser mourir...

— Oh, maman, maman chérie, que votre Béatrix vous abandonne, vous maudisse, oh jamais !... Vous souffrez, maman, vous pleurez ! Que faut-il faire, dites, pour vous consoler ?... Quittons papa, s'il est méchant, laissons là sa fortune puisqu'elle est cause de choses affreuses... Sauvons-nous !

— Oh oui, sauvons-nous !... Tu as raison, ma Béatrix, ange du ciel, enfant innocente, tu as raison... Sauvons-nous ! C'était le mot d'Alphonse... Prie pour ta mère, ta mère que tu perdras peut-être bientôt, prie Dieu pour elle, il t'écoutera, toi !... Et puis promets-moi que, quoi qu'il arrive, tu l'aimeras toujours, ta pauvre maman, tu ne cracheras point sur sa mémoire.... Si tu savais, enfant de mon cœur, comme on ne fait pas toujours, à travers la vie, ce que l'on aurait voulu, dans les secrets désirs de l'âme !

— Maman, votre Béatrix vous aime, vous respecte, priera le Bon Dieu pour qu'il vous conserve longtemps à vos deux pauvres petits... Je ne veux rien savoir, que savoir mieux vous aimer : »

Il sembla à Pépita que c'était la voix du duc Alphonse qu'elle entendait par la bouche de Béatrix.

Le sang de Marie sur les mains du marquis lui faisait horreur.

Elle priait cette rivale morte comme elle eût prié une sainte.

Elle ne voulut plus rien de commun avec le meurtrier.

Du reste elle se sentait mourir un peu chaque jour ; la toux des phtisiques déchirait sa poitrine.

Et comme les oiseaux de haut vol qui se cachent pour que personne ne surprenne leur agonie, elle voulait cacher sa fin lamentable, sa fin de pauvresse, de complice de bandits, sa fin à elle qui avait été la triomphante Pépita, qui eût pu être duchesse.

Elle ne dit rien à personne, prit ses enfants et s'en fut dans cette maison de banlieue où nous avons vu le duc Alphonse la retrouver.

La retrouver sur les traces de la vieille marquise qui, renseignée par un déménageur, avait découvert son gîte.

Pépita avait eu honte de s'avouer vaincue, de prévenir son ami de toujours, mais son cœur de femme lui disait qu'il saurait bien la retrouver.

Et il arriva en effet pour le pardon, pour le legs suprême de l'agonie.

XVIII

LE PRIX DU SANG

Ce fut Béatrix tenant son petit frère sur ses bras qui ouvrit au coup de sonnette très assourdi du duc Alphonse.

La fillette avait les traits fatigués, la figure profondément triste.

— Qu'est-ce que vous voulez, monsieur ?

— Voir votre maman, mon enfant, la voir en ami, ne craignez rien....

— C'est qu'elle est malade, si malade qu'elle ne bouge plus, ne parle plus... »

Le duc Alphonse eut un sursaut douloureux.

« Arrivait-il trop tard ?

« Pépita était-elle déjà morte ?

« Non, ce n'était point possible ! Dieu n'eût point permis que son dévouement à la pécheresse restât inutile ! »

— Elle dort peut-être, mon enfant, voulez vous que...

— Alors il ne faudrait point la réveiller, si cela lui fait du bien de dormir...

— Cela lui fera encore plus de bien de me voir, croyez-moi, entrez dans sa chambre et dites-lui simplement mon nom : Alphonse.. Vous verrez qu'elle sera heureuse...

— Ah c'est vous, monsieur, qui êtes Alphonse... Je ne me rappelais plus... Oui, je vous crois, parce que j'ai vu maman joindre ses mains, comme quand elle parle au Bon Dieu, pour dire ce même nom: Alphonse... Alors j'y vais, ne bougez pas afin de ne point lui faire peur en entrant trop vite...

— J'attends, mon enfant, j'attends... »

Et Béatrix traversant, après le vestibule, une première pièce, qui était une petite salle à manger, ouvrit doucement, doucement la porte de la chambre de sa mère.

Pépita immobile, avec une figure de cire, souleva cependant ses paupières frangées de cils longs comme des ailes de papillon, ses admirables cils de soie noire.

Elle n'était point morte; elle ne dormait pas, elle était engourdie d'épuisement, elle était surtout écrasée par l'angoisse.

« Demain, tout à l'heure peut-être, quand elle ne serait plus qu'un cadavre que deviendraient ses enfants, ses pauvres chers enfants, son unique trésor, tout ce qu'elle aimait au monde ?

« Les livrer au marquis et à sa mère par l'entremise d'Annette, en faire des gredins, jamais !

« Il valait mieux qu'ils mourussent, eux aussi, ou qu'ils tombassent aux mains de l'Assistance Publique.

« Où était le duc Alphonse? Dieu ne l'enverrait-il donc pas auprès d'elle ? Lui qui toujours veillait à distance, comment n'avait-il point retrouvé ses traces? Ah il avait appris l'assassinat de Marie, et maintenant elle lui faisait horreur, puisque si elle n'avait point commis ce nouveau crime du moins ne l'avait-elle point empêché en s'y opposant au péril de sa propre vie, et... Il l'abandonnait...

« Rien, personne, deux frères qui étaient des bandits; à qui avoir recours, grand Dieu ! Comment faire pour soustraire, après sa mort, les deux innocentes créatures au contact immonde de leur père, de leurs oncles ? »

Et Pépita gémissait intérieurement, sentait peu à peu ses dernières forces s'en aller.

Elle avait cependant surpris le léger tintement de la sonnette, mais ce pouvait être la concierge qui montait quelques provisions.

Béatrix se haussa sur la pointe des pieds, atteignit à son oreille et souffla :

— Maman il veut entrer pour te voir... le monsieur... Alphonse... »

« Alphonse! Enfin, lui, ah !... »

La malade, la mourante fut secouée comme si elle eût reçu la décharge d'une pile électrique.

Les yeux s'ouvrirent tout à fait; elle se dressa sur son séant et tout d'abord leva son visage vers le ciel.

— Merci, mon Dieu, merci, vous êtes bon! Alphonse, oh je vais donc pouvoir mourir, résignée... Alphonse... »

Et la femme restant toujours femme, même aux minutes les plus tragiques, Pépita, la belle Pépita renoua la lourde torsade de ses cheveux, passa une serviette sur la sueur fiévreuse de son front, de ses mains, remit un peu d'ordre dans ses vêtements, sous ses couvertures, prit une petite glace des mains de Béatrix.

« Oh comme elle était devenue laide ! Oh comme il ne lui restait plus guère de son éclatante beauté... Et elle n'avait pas encore trente ans !

« N'allait-elle point le dégoûter physiquement comme déjà elle devait lui faire horreur moralement à cet homme toujours si beau, toujours si honnête, à cet homme qui l'avait tant aimée?

« Ses yeux, ah oui, les yeux, elle avait encore les yeux! Des yeux encadrés de bistre, des yeux ternis à force d'avoir pleuré, mais des yeux encore lumineux tout de même, des yeux dans lesquels elle allait faire passer toute son âme.

« Oui, elle avait encore ses yeux ; elle lui parierait avec ses yeux ! »

Et puis son cœur de femme lui disait aussi que le duc Alphonse était de la race des généreux, de la race de ceux qui montent toujours au lieu de descendre, que sa Pépita d'autrefois, la Pépita rêvée il la retrouverait bien davantage dans la pauvre jeune femme amaigrie, livide, fiévreuse, vieillie avant l'âge mais enfin humble, douce, repentante, bonne, davantage que dans la splendide mais orgueilleuse, mais égoïste, mais cruelle danseuse du bal masqué d'autrefois.

« Ce qu'il aimait, ce qu'il voulait chez Pépita c'était son cœur et non sa chair; son cœur il l'avait maintenant, il l'aurait toujours, et sous sa forme la plus tendre, la plus pure : dans la personne des petites créatures innocentes qu'elle allait lui léguer, sa fille, son garçon, tout son être, toute son âme.

« Ah il pourrait les aimer sans remords, ceux-là, il pourrait les baiser sans répugnance, ce serait Pépita et ce ne serait point Pépita.

« Ils paieraient pour la mère coupable, ils donneraient au fiancé trahi les adorations que la mauvaise femme n'avait plus ni le droit, ni le temps de lui donner en récompense de son amour surhumain. »

— Va le chercher, ma Béatrix, le monsieur qui attend, va !.. »

Et la petite, ravie de voir sa mère transfigurée, se glissa vivement vers le vestibule, prit le duc Alphonse par la main et le guida vers le lit de celle qui le réclamait.

D'instinct, l'enfant comprenait que son intervention, sa présence étaient utiles pour les premières minutes de cette visite exceptionnelle, de même que plus tard il vaudrait mieux qu'elle se retirât à la cuisine pour y faire chauffer le lait de son frère.

Le duc Alphonse s'efforça de cacher à Pépita l'étonnement douloureux qu'il éprouvait en la retrouvant aussi changée, presque méconnaissable.

Mais elle fut la première à se condamner elle-même.

— Plus qu'un presque cadavre, n'est-ce pas, Alphonse? murmura-t-elle en lui tendant ses deux mains, si mignonnes déjà autrefois et qui n'étaient plus que les menottes desséchées d'une toute petite fille.

— Pourquoi ne point m'avoir fait prévenir là où vous saviez que vous pourriez m'atteindre sous mes déguisements, mais au contraire vous être évertuée à me faire perdre vos traces?.. Vous ou moi ce n'était point la même chose : moi, pour ma mission, à cause des ennemis que vous savez, j'étais obligé de marcher dans l'ombre, mais vous vous n'aviez point à vous cacher de moi...

-- Ce n'était pas de vous que je me cachais mais des mêmes ennemis que les vôtres; ils sont devenus les miens depuis que je ne suis plus une Pépita méchante... Et puis aussi, et puis j'avais honte ; je craignais votre haine, votre malédiction, votre... répulsion... votre... que vous ne m'aimiez plus... Jamais, non jamais, plutôt mille morts que m'exposer à un affront en courant après vous alors que je vous avais vilainement chassé ; et je me disais : S'il revient de lui-même c'est que Dieu m'aura pardonné ; s'il m'abandonne, lui si bon pour la fille, la lâche fille qui a fait le tourment de sa vie, c'est que Dieu aussi m'aura abandonnée. . Alors tout sera perdu, tout, et... et je suppliais le Bon Dieu de vous amener à mon chevet... et j'espérais quand même vous revoir... Vous voilà, ah vous voilà, Alphonse, qu'importe la mort maintenant, elle peut venir, je ne la crains plus... Mais donnez-moi encore vos mains, ami, que je m'assure bien que c'est vous, vous !.. Je me permets de vous appeler : ami, quand peut-être vous... me détestez...

— Que dites-vous, Pépita ?.. Moi, votre ennemi, moi !...

— Ah c'est que j'ai tant de fautes, de crimes à me reprocher !

— Je ne veux rien savoir que ceci : vous avez besoin de moi, vous m'appeliez, vous voulez bien faire...

— Oui, oui, oui, tout ce que vous m'ordonnerez, Alphonse, je l'accomplirai avec bonheur... Et ne me quittez plus, n'est-ce pas, sacrifiez-moi de votre temps les dernières heures qui me restent à vivre, ce ne sera pas long, allez... Je suis bien misérable, bien malade, bien laide, bien répugnante peut-être pour le noble duc de Santa-Maria. De la fille du toréador qui vous avait rendu fou il ne reste rien qu'une guenille... Je n'ai rien, rien, pas même un beau sourire, une fleur de mes cheveux à vous offrir, moi qui en ai tant distribués à des hommes qui n'étaient que des pantins ; mon sourire est maintenant un hoquet d'agonie et ma chevelure est moite de la sueur des mourantes... Oh comme c'est dur pour un cœur de femme, de femme qui a été une reine de beauté de ne pouvoir plus rien donner d'elle, rien qui vaille, de n'avoir plus droit qu'à la pitié de... du seul être à l'amour duquel elle tienne... »

Il y avait une œuvre de charité à accomplir : calmer cette détresse féminine, donner à une Pépita transformée comme âme et qui n'était plus un danger comme corps, lui donner une félicité, l'absolution du passé.

Le vieux duc de Santa-Maria lui-même s'il eut assisté à ce repentir, à ce châtiment, à cette supplication muette d'une femme qui s'en va après avoir perdu tout ce qui la faisait une puissance, le vieux duc de Santa-Maria lui-même aurait dit : « Alphonse, pardonnons... »

Pépita se tenait parole.

Elle avait fait passer son ardent désir de plaire encore, de laisser tout au moins une image d'elle seulement mélancolique et non repoussante dans les souvenirs du duc Alphonse, d'avouer sans paroles qu'elle, qui n'avait jamais aimé, aimait enfin, elle l'avait fait passer dans ses yeux, ses immenses yeux de velours.

Et ces yeux étaient redevenus, malgré la mort prochaine, les yeux de la reine de beauté qui avait franchi, quelques années auparavant, le seuil du château des Santa-Maria.

Avec cette différence que les yeux vagues, impénétrables, calculateurs de jadis criaient maintenant :

— Alphonse, je vous aime !.. Dix vies de la folle, de la mauvaise que j'ai été, de la repentante à genoux que je suis, dix vies ne suffiraient pas à vous prouver mes regrets, mon admiration, Alphonse... Dieu m'a punie, je n'ai que ce que je mérite... ! Oh, ami, retrouvez encore dans mes yeux, si vous ne pouvez plus la retrouver dans ses joues décharnées, sur ses lèvres à l'haleine de poitrinaire, avec une chevelure aux mèches blanchissantes, retrouvez-y votre Pépita des jours d'amour, votre Pépita des soleils d'Espagne... »

Et au fur et à mesure que le visage du duc Alphonse se rapprochait de celui de Pépita, que son buste s'inclinait sur la couche de la pauvre agonisante, au fur et à mesure ses yeux s'illuminaient davantage, brûlaient d'un feu étrange, s'extasiaient.

Elle était pardonnée !

Vivante elle avait stupidement gâché son bonheur, jeté de côté sans l'apprécier une destinée inouïe ; morte elle triompherait, il l'aimerait quand même, il l'aimerait mieux, il l'aimerait toujours, toujours.

Ses yeux s'ouvraient à la vraie félicité.

Et le duc Alphonse posa ses lèvres sur chacun des yeux de Pépita.

La jeune femme fut secouée de la tête aux pieds par un tressaillement que l'on eût pu croire le dernier frisson de son cadavre.

Elle demeura immobile.

Mais elle avait joint les mains et ses lèvres, ses lèvres pâles, excoriées, que rougissaient parfois quelques gouttes de sang, ses lèvres remuaient.

Elle remerciait Dieu.

Le duc Alphonse s'en fut dans la cuisine, ramena Béatrix et Manoël auprès de leur mère, puis sortit en faisant signe à la petite fille qu'il reviendrait bientôt.

Il était allé chercher tout ce qui pouvait contribuer à redonner quelque force à Pépita, à tout au moins la maintenir dans un état qui ne fût point pire et sans souffrances.

De médecin il n'y en avait plus besoin, et il ne fallait personne dans le secret de leur rencontre.

Le meilleur des médecins c'était lui.

Il rapportait aussi des jouets pour absorber l'attention et atténuer l'instinctive inquiétude des deux enfants en face du mystère de demain.

Pépita n'était déjà plus la même.

La présence et le pardon du duc Alphonse avaient fait un miracle.

Temporaire sans doute, mais un miracle tout de même.

Un peu de rose était revenu sur les joues, les yeux gardaient leur extase rayonnante, de douces paroles sortaient de la bouche souriante.

Elle but tout ce que son ami lui fit boire ; et il la soigna comme une garde-malade, s'occupa des enfants.

Cela jusqu'à la nuit.

Et comme il s'apprêtait à quitter l'appartement après avoir tout disposé pour que la jeune femme passât une nuit tranquille, il vit une détresse atroce dans les yeux de Pépita et il l'entendit qui gémissait :

— Mon Dieu si j'allais mourir sans qu'il fût présent, avant de lui avoir confié mes dernières volontés ! »

Elle tendait ses bras vers lui.

Elle ne pouvait plus ne pas sentir autour d'elle, autour de ses petits, son influence protectrice.

Et à lui-même son cœur se déchirait à la pensée d'être remplacé pendant douze heures par la concierge.

Le baiser du pardon sur les yeux de velours lui avait redonné la maladie de l'amour, maladie contagieuse s'il en fut jamais.

Sa Pépita mourante, il l'aimait telle qu'elle était ; il l'aimait sans dégoût, sans remords, avec une tendresse faite de compassion et de pureté.

— Je ne vous quitterai plus, mon amie, déclara-t-il, vous ne reposeriez pas, et il faut que vous dormiez... Je vais faire le nécessaire... »

Il descendit chez la concierge, lui mit un billet de cent francs dans la main et dit :

— Ma parente de là-haut est plus malade que je ne l'avais supposé ; elle peut mourir d'un instant à l'autre et ce serait cruel à moi de l'abandonner ; procurez-moi un lit-cage que vous installerez dans la salle à manger... Nous ferons du feu et nous veillerons à tour de rôle... Je vous donnerai tout l'argent nécessaire au fur et à mesure des besoins ; je ne vous demande qu'une chose : un secret absolu sur ma présence ici et de ne laisser monter personne ; aux curieux qui vous interrogeraient vous répondrez que la jeune dame est partie à la campagne pour se soigner... Ne craignez rien, vous serez largement récompensée de vos bons soins... »

La concierge, enthousiasmée, palpant déjà, en imagination, une série de billets bleus, se précipita.

Pas de guérison à espérer, hélas, mais beaucoup de mieux se produisait chez Pépita.

Seule une idée fixe la tenaillait : ne plus être quittée par le duc Alphonse, ne pas voir reparaître le marquis d'Ambleuse.

Le duc aurait tout donné pour calmer son angoisse.

Et cependant il voyait s'approcher l'heure où, pour tenir sa promesse formelle, il allait être obligé de se présenter au belvédère, d'y remettre le parchemin des Czarkowski à l'assassin et de prendre livraison des deux prisonniers.

« Que deviendrait Pépita pendant ce temps-là ?

« Que tenterait le marquis pour la retrouver, pour retrouver ses enfants une fois qu'il allait, probablement, disposer de millions ? »

Il ne disait rien de ses terreurs, des recherches de son esprit pour tout arranger, pour combiner une défense.

Mais les femmes lisent dans la pensée de l'homme qu'elles aiment, y lisent, avec leur instinct, comme dans un livre ouvert.

Une nuit que les enfants dormaient, que la concierge était descendue, elle dit tout à coup, alors que le duc Alphonse la croyait assoupie :

— Mon ami, voulez-vous m'apporter la petite cassette en fer qui se trouve dans le bas du placard de droite, contre la cheminée ?... »

Le duc Alphonse apporta le coffret.

Pépita y chercha parmi quelques papiers, y prit une note écrite de sa main et la tendit au jeune homme.

— Voici, continua-t-elle, la copie des deux syllabes et des quatre chiffres que possèdent les Sanchez et les d'Ambleuse au sujet de l'ouverture du dépôt mystérieux ; vous m'avez dit avoir la syllabe et les deux chiffres des Czarkowski et devoir les remettre à... qui vous savez contre la liberté des deux otages non encore tués... La date approche... J'ai tout pesé et bien réfléchi : il faut racheter le passé, il faut payer le prix du sang... Écoutez-moi, Alphonse, vous êtes libre d'agir en toute justice, grand d'Espagne que vous êtes tout dévoué, de père en fils, à la cause carliste, cause dont les membres sont morts, dispersés, cause qui ne s'agitera certainement pas avant les quinze jours qui nous séparent de l'échéance... Vous avez la totalité du secret maintenant avec votre syllabe et vos chiffres de Pologne; allez vous rendre compte, prenez le trésor, s'il y en a un. Marie la victime vous a donné sa part, moi je vous donne celle des Sanchez, celle de l'autre ne saurait payer le sang des assassinés, disposez-en pour une œuvre expiatoire, une œuvre qui glorifie les saintes victimes et mérite le pardon de Dieu aux coupables...

— Mais les otages?

— Les otages ? Vous en prendrez livraison et vous les mettrez à l'abri... L'autre, l'assassin ira fouiller là où il n'y aura plus rien et ce sera tant pis pour lui, ou plutôt tant mieux, meilleur qu'une dénonciation et que la guillotine... Pas d'argent taché de sang ! Cet argent est devenu la part de Dieu, le trésor des pauvres...

— Vous avez raison, votre idée idée est équitable et généreuse, vous vous placez à la hauteur des Czarkowski ; je vous aime encore plus, si possible, Pépita... Mais, vous, que deviendrez-vous pendant mon absence ?... Si le génie infernal qui a mené toute cette intrigue du trésor de Las Tablas allait vous découvrir, vouloir se venger ?

— Moi ? J'aurai fait mon devoir ! Certes c'est le plus grand sacrifice que je puisse faire sur la terre que de me séparer de vous, fût-ce un seul jour, de m'exposer à mourir sans que vous me fermiez les yeux mais au contraire sous le poignard de celui dont j'ai été la criminelle compagne.... Qu'importe ? Ce serait lâcheté d'hésiter... Tout ce qui pourra m'arriver ne sera que châtiment mérité ; je n'ai donc qu'à courber la tête...

— Je ferai en sorte que votre sacrifice, Pépita, soit entouré de toutes les garanties, qu'il produise ses fruits, que vous en receviez pour vos enfants et pour vous la récompense que votre cœur peut considérer comme la meilleure de toutes sur la terre...

— Que vous me disiez que je ne vous fais point horreur, Alphonse, que si votre noble père vivait encore il accepterait que je m'agenouillasse pour lui demander pardon, que vous me promettiez de veiller sur mes orphelins et cela suffira grandement à l'indigne créature, à l'orgueilleuse pensée, dans sa conscience.

— Vous aurez mieux, Pépita, votre conduite d'aujourd'hui me dicte mon devoir... à moi...

XIX

TROP TARD

Le duc Alphonse avait réfléchi aux paroles de Pépita.

Et il avait conclu comme elle dans sa pensée, dans sa conscience.

Le trésor de Las Tablas, si ce trésor existait, ne devait point aller aux mains du marquis, des Sanchez, de leurs camarades, des associations de malfaiteurs.

Le leur laisser prendre c'était coopérer à toutes les œuvres criminelles auxquelles il leur servirait.

Ils y avaient perdu tous droits par leurs attentats pour s'en emparer, le voler, le dilapider contrairement au vœu du testateur, par leurs assassinats, leurs séquestrations de femmes et d'enfants.

Si Las Tablas eût encore vécu il les aurait lui-même exclus avec horreur comme n'ayant plus rien de commun avec les trois braves compagnons d'armes qu'il avait connus.

Pépita, avec sa double vue de mourante, devait être bien persuadée que le leur arracher, l'employer à des œuvres de charité, c'était agir pour Dieu, pour le droit, la vérité et la justice, qu'elle faisait à cet acte le sacrifice des dernières heures qu'elle eût pu passer auprès de son ami, qu'elle y risquait sa vie, car qui pouvait prévoir ce à quoi le marquis se livrerait contre elle en l'absence du duc dans le cas où il retrouverait ses traces?

Ce qui lui était facile puisque sa mère connaissait le refuge de la malheureuse.

Et cet acte de suprême réparation envers les morts, envers le prince Stanislas, envers la mémoire du prince Casimir, du marquis Frédéric d'Ambleuse, de Diégo Sanchez, envers ce qui avait été l'intention sacrée de Las Tablas, le duc Alphonse se résolut à l'accomplir.

De cette façon il calmait ainsi les remords de la pauvre Pépita.

Mais d'abord il fallait pourvoir à la sécurité de celle-ci.

Il annonça donc à la concierge, en la payant généreusement une dernière fois, que la malade repartait pour son pays, pour l'Espagne, le seul endroit où elle eût des chances de se remettre ou tout au moins de prolonger son existence.

Et il emmena Pépita et ses enfants dans des voitures de voyage, tout en laissant le mobilier et en gardant la location comme si la jeune femme eût dû revenir.

Puis il la conduisit, après des détours et avec toutes précautions pour que l'on ne pût deviner sa retraite, dans ce même appartement des environs de l'Hôtel des Invalides où Marie, Marie la sanglante, avait attendu, dans son cercueil de satin blanc et au milieu du parfum d'une moisson de fleurs, son départ pour la terre de l'éternel repos, sa Pologne chérie.

Ainsi la coupable repentante prenait la place de la victime qui avait pardonné.

Dans l'air de cet appartement il y avait encore comme le dernier soupir de l'héroïque créature, de l'épouse virginale, comme le murmure des dernières paroles prononcées par elle en faveur de Pépita.

La malade s'y sentit heureuse.

Elle était chez le duc Alphonse.

Il lui sembla que tout le passé, son mauvais passé s'était effacé, qu'un immense voile d'oubli, de pardon, de réhabilitation s'étendait sur elle, que le fiancé d'autrefois l'introduisait dans le sanctuaire de sa famille, l'y berçait dans son lit de femme déjà presque cadavre, de femme qui ne compte plus pour l'amour, comme si elle eût encore été la rayonnante fiancée d'autrefois, la reine de beauté de la patrie espagnole.

Et son rêve n'était point un rêve trompeur.

— Attendez-moi, Pépita, attendez-moi sans craintes aucunes, en priant Dieu et en serrant contre votre poitrine les deux innocentes petites créatures que sont Béatrix et Manoël comme égide ; je reviendrai bientôt ; j'ai consulté les médecins et je sais, je sens que votre vie n'est point en danger... Priez l'ange que vous savez, priez Marie marquise d'Ambleuse, et elle vous consolera, vous la sentirez à vos côtés... Attendez-moi et préparez-vous à un grand acte, à ce qui sera, je l'espère, pour vous une grande joie... »

Les deux dernières lettres que le duc Alphonse avait reçues de Pologne sur le parchemin des Czarkoswki étaient H et U avec, comme chiffres, 8 et 7.

Celles des d'Ambleuse et des Sanchez étant A, N, C, A, avec 6, 5, 4, 3, il ne fut point difficile au duc de comprendre, par l'ordre inverse, que les lettres devraient être épelées dans un sens opposé.

Ce qui faisait : *Huanca*.

Et non Bianca, comme l'avait supposé autrefois Lucienne Gobert.

Le duc chercha alors ce que cet Huanca pouvait bien être en Espagne, dernier pays qu'eût habité Las Tablas et où, selon toutes probabilités, il avait caché son trésor de réserve, le restant des sommes apportées du Brésil pour la cause royale carliste, en se rendant compte de la tournure désespérée que prenait la prise d'armes actuelle.

Et le duc trouva un tout petit village situé dans la région des batailles carlistes justement, qui s'appelait : Huanca.

Il reprit son ancien déguisement de colporteur.

Et il partit pour l'Espagne, pour Huanca.

Qu'allait-il y trouver comme renseignements, d'après l'aspect des lieux, car il ne voulait s'adresser à personne, éveiller aucune curiosité dangereuse ?

Il ne le savait et se le demandait avec inquiétude.

Découvrir une cachette dans un village dont on ne connaît que le nom, c'était chose peu commode.

Mais bientôt le cercle des probabilités se resserra.

A Huanca, en effet, il ne vit que quelques méchantes bicoques, pas d'église, un cimetière avec quelques croix de bois pourri.

Rien à chercher par là, le Brésilien n'aurait su où y dissimuler son magot avec sécurité.

Il fallait voir ailleurs.

Huanca bâti au fond d'une gorge était environné de montagnes escarpées.

Et sur la faîte d'une de ces montagnes se dressaient les ruines d'un château féodal.

Par des sentiers de chèvre on grimpait du village à l'ancienne forteresse.

Le colporteur y grimpa.

Et là il découvrit que si les tours, les galeries, les escaliers, les salles de l'ancien château étaient en ruines, sa chapelle avait été réparée et qu'elle servait même de paroisse aux habitants de Huanca.

De plus cette chapelle était dédiée à Saint Pierre.

Or Las Tablas s'appelait Pedro.

Et le Saint Pierre du vieux castel se trouvait même être une statue relativement neuve.

Un cadeau de Pedro de Las Tablas à son patron, portier du ciel.

Pierre, qui ouvre les portes, Huanca : tout s'accordait.

— Cherchons ici les clefs du coffre, se dit le colporteur, je serais bien étonné de ne rien découvrir, rien... Voyons d'abord la statue, voyons... »

Il frappa sur la statue.

Une statue de bois point.

La statue était creuse.

Et de plus elle avait de petites proportions.

Donc elle ne renfermait ni or ni argent.

Escaladant l'autel sur l'entablement duquel elle était placée, le colporteur la souleva.

Et il constata que la tête du Saint Pierre remuait sur ses épaules.

Il la prit et l'enleva.

Le bas du cou s'en terminait par une sorte de cheville, quelque chose comme un bouchon de flacon s'enfonçant dans un trou, le trou fait par le creux de la statue vide.

S'il n'y avait point de pièces de monnaie dans le ventre de Saint Pierre, le colporteur estima qu'il pouvait s'y cacher des billets de banque.

Il ne faut point beaucoup de place pour quelques liasses de cent mille francs chacune.

Prenant donc la statue par les pieds il lui renversa le cou coupé en bas.

Et il secoua fortement.

L'effort fit dégringoler un papier, une lettre, une enveloppe.

Et sur cette enveloppe quelques mots en langue espagnole expliquaient qu'il s'agissait bien du secret de Las Tablas.

Le colporteur tressaillit de joie.

Il avait mis la main sur le nid avant que les oiseaux s'en fussent envolés.

Déchirant l'épaisse enveloppe, il en retira un carré de parchemin.

Carré pareil à ceux des trois enveloppes autrefois remises aux trois légataires.

Ce parchemin indiquait à ceux auxquels la somme enfouie était destinée, que ce fût le prétendant carliste ou les bénéficiaires postérieurs, la marche à suivre pour s'emparer du magot.

En y ajoutant des malédictions pour les indignes, les voleurs, les sacrilèges qui voudraient prendre ce qui ne leur appartenait pas, dans le cas où un hasard aurait fait tomber le parchemin en leur possession.

Les sommes, en or, étaient contenues dans une vingtaine de sacs de cuir.

Et ces sacs étaient rangés au fond d'une des tombes dont les dalles nombreuses servaient de pavé à la chapelle, mais non pas dans l'enceinte principale, dans un petit réduit formant sacristie.

Cette tombe, à dalle de marbre rose, la seconde à gauche de l'entrée, pouvait être ouverte facilement parce qu'une lézarde du mur contigu permettait de glisser les mains ou un levier quelconque entre l'arête du sommet de sa dalle et le vide intérieur du sépulcre.

Raison qui l'avait fait choisir par Las Tablas pressé d'en finir et que n'aidait aucun ouvrier.

Le colporteur renseigné s'empressa de replacer la tête branlante sur le corps de Saint Pierre et de rehisser Saint Pierre sur son trône.

Puis il s'en fut sur la terrasse du château, d'où l'on dominait tous les environs à une énorme distance.

A mille pieds au-dessous de lui il voyait les fumées des cabanes de Huanca, çà et là, dans les lointains, sur d'autres crêtes des troupeaux, des chiens, des bergers.

Mais personne dans les sentiers amenant au castel.

Personne, le vide, le silence partout.

Il s'en fut alors couper un arbuste qui avait ses racines dans une anfractuosité des ruines, s'en fit un levier de deux mètres, et rentra dans la chapelle.

Après quelques efforts, la dalle de marbre rose pouvait être soulevée, finissait par être écartée.

Et dans la poussière fétide, parmi quelques ossements qui avaient été jadis une jeune, belle et fière châtelaine, ainsi que le mentionnait l'inscription funéraire, le colporteur palpa une vingtaine de sacs en cuir épais et cousu, sans contenant chacun environ deux cent mille francs.

Soit, au total, un trésor de quatre millions.

La succession de Las Tablas était une réalité et non une farce.

Mais le poids de ces vingt sacs était trop considérable pour que le colporteur les descendît d'un seul coup à la gare la plus prochaine de ce pays perdu qu'était Huanca.

Il replaça la dalle, cacha provisoirement les sacs sous des tapis et des escabeaux dans un coin de la sacristie et s'en fut en hâte, par un autre versant de la montagne, vers un village beaucoup plus important que le hameau de Huanca.

Là il acheta un mulet, en prétextant un brusque rhumatisme qui rendait son ballot trop lourd pour ses reins malades.

Espagnol lui-même, ayant vécu toute sa jeunesse au milieu de paysans espagnols, il avait des facilités de s'en tirer sans qu'on le soupçonnât, l'aplomb que n'eût point eu un autre.

De nuit il remontait à la chapelle, y chargeait son mulet avec les sacs et marchait pendant une journée jusqu'à une ville dans la direction du nord.

Là il dissimulait ses sacs de cuir parmi des quantités de figues sèches, se procurait une charrette dont les brancards remplaçaient le bât pour le mulet, et au lieu de prendre le train s'acheminait comme un pauvre diable de marchand vers la frontière française.

Une fois la frontière franchie et les douaniers aveuglés avec quelques écus de cent sous, ce qui est facile en Espagne, le colporteur et sa richesse étaient à l'abri.

Le colporteur redevenait le duc de Santa-Maria, étranger de haute naissance qui pouvait parfaitement et tout naturellement posséder des capitaux considérables.

Il déposa ses quatre millions dans un coffre-fort loué à un grand établissement de crédit.

Et tout de suite il reprit le chemin de Paris.

Sa mission était accomplie, et à temps.

Le marquis d'Ambleuse pourrait à son tour aller fouiller les tombes du castel de Huanca.

Le duc Alphonse retrouva Pépita très affaiblie par des crachements de sang mais vivante.

Elle l'avait attendu comme il le lui avait ordonné.

Attendu, lui, l'aimé, et avait attendu aussi la réussite de son expédition, attendu enfin la grande nouvelle annoncée.

Laquelle ? Depuis quinze jours que le duc Alphonse était parti, le cerveau de Pépita par lequel passaient tant de sombres souvenirs et tant de mirages enchanteurs,

Et il ne trouvait pas, il n'osait rien deviner.

Il attendait, s'en remettant à la bonté chevaleresque, surhumaine de celui que les lèvres de la jeune femme osaient à peine appeler : Alphonse, de celui qui l'avait réconcilié avec l'espérance, avec Dieu, qui lui avait donné la paix de la dernière heure.

— Me voici, Pépita, j'ai réussi, j'ai trouvé le dépôt de Las Tablas, quatre millions qui iront aux pauvres, aux pauvres de France pour la part du sinistre marquis, aux pauvres de Pologne pour la part de la douce Marie, aux pauvres d'Espagne pour la part de Pépita... Les d'Ambleuse, les Sanchez obtiendront ainsi le pardon de Dieu, les Czarkowski seront bénis davantage... Est-ce bien, Pépita ?

— Oui, c'est bien, Alphonse... Merci...

Et maintenant je puis me laisser glisser vers la mort, maintenant que je vous ai encore revu, maintenant que vous êtes là pour me fermer les yeux...

— Ne parlez point de mort, l'épita, attendez toujours, attendez, je le veux, il le faut !... »

Ils étaient seuls en ce moment.

Le duc Alphonse sortit.

Bientôt il rentra en amenant Béatrix, Manoël et deux femmes de chambre.

De ces femmes l'une portait des brassées de fleurs rares.

Elle en orna toute la chambre de la malade.

L'autre portait un voile de dentelle précieuse, un collier de perles, des bracelets d'une magnificence royale.

Elle disposa la superbe chevelure de Pépita de manière à y fixer le voile, à le draper sur les oreillers ; elle lui passa au cou, aux bras, le collier, les bracelets.

Dressée sur son séant, muette, tremblante, pâle d'une pâleur qui n'était point celle de la maladie mais une pâleur venue du trouble de l'âme, Pépita attendait le bon plaisir du duc, son maître adoré.

Il surveillait les apprêts avec ses deux mains posées sur les têtes de Béatrix et de Manoël.

Tout d'un coup le tintement argentin d'une clochette se fit entendre dans le vestibule.

Un valet de pied ouvrit à deux battants les portes de la pièce et, précédant un prêtre espagnol revêtu de ses habits sacerdotaux, trois enfants de chœur avec le premier un missel, un coussin sur lequel étaient placés deux anneaux d'or, la clochette, les deux autres des cierges allumés, entrèrent.

Derrière eux quatre hommes plus ou moins âgés, pantalons et bicornes brodés d'or, avec épée au côté se rangèrent en demi-cercle.

C'étaient les conseillers et attachés à l'ambassade d'Espagne à Paris.

Le duc Alphonse s'inclina profondément devant les personnes qui venaient d'entrer, puis il se tourna vers le lit de la malade et dit :

— Pépita, nous sommes tous deux enfants de la patrie espagnole et nous pouvons donc nous marier selon les seules règles de notre foi religieuse sans nous préoccuper du grimoire des lois civiles, nous marier en échangeant nos serments éternels devant Dieu... Mon Père, messieurs, je déclare, moi Alphonse, duc de Santa-Maria, prendre pour légitime épouse devant Dieu et devant les hommes Pépita Sanchez, ici présente, si toutefois elle veut bien m'accepter à titre d'époux... »

Pépita avait levé les yeux au ciel et joint les mains.

Ce n'était point de la joie, c'était de l'extase, du rêve éveillé, le Paradis ouvert.

Sa mince et livide figure de phtisique arrivée à la dernière période de sa résistance au mal s'était illuminée, vivifiée, colorée à tel point que ceux qui avaient connu quelques années plus tôt la danseuse-étoile purent la revoir pendant quelques instants.

Son rêve sur la terre, plus que son rêve, se réalisait.

La mort pouvait venir maintenant, elle ne la craignait plus.

Elle mourrait pardonnée, ennoblie de la noblesse de l'âme, purifiée à ses propres yeux par ce libre choix que faisait d'elle le plus généreux des hommes alors qu'elle n'avait plus rien, rien à lui offrir.

Rien que sa bénédiction de mourante et un deuil à porter

Le duc Alphonse continua :

— Et je reconnais comme miens, je prends comme tels ses deux enfants, Béatrix et Manoël... »

Le prêtre espagnol avait fait deux pas en avant.

Il prit le livre des mains de l'enfant de chœur.

— J'accepte comme j'accepterais que la main d'un ange m'ouvrit la porte du ciel, prononça Pépita de sa belle voix musicale, d'une voix que l'on eût crue celle d'une personne en parfaite santé. »

Et elle jeta, d'un mouvement passionné, sa pauvre petite menotte fiévreuse dans la main que le duc lui tendait largement ouverte.

Le prêtre récita les prières et bénit les anneaux du coussin.

Mais le duc laissa les anneaux sur leur coussin et ne procéda point à un échange, à une mise au doigt entre lui et sa femme.

Le coussin fut déposé au pied du lit.

La cérémonie était terminée.

— Je vous remercie, messieurs, j'irai encore vous remercier séparément, dit le duc.»

Et il reconduisit toute l'assistance jusque dans la cour où des voitures fermées attendaient.

Puis il remonta dans la chambre de Pépita et s'y enferma seul avec elle.

La volontaire, l'altière, la sèche coquette d'autrefois, la Pépita qui menait tout son monde à la cravache était à cette heure douce et timide comme une petite fille.

Elle avait honte, honte.

Le duc Alphonse l'écrasait par la splendeur de sa conduite envers elle.

Et elle, elle n'avait rien à lui offrir, rien.

Les femmes ont conscience de ce qu'elles sont, de ce qu'elles valent pour l'homme aux yeux duquel l'amour, la folie de l'amour, les idéalise.

Elles lui donnent un trésor en se donnant à lui puisque lui veut bien voir, dans la créature de chair et d'os qu'elles sont cependant, un trésor.

Mais au moins faut-il que l'illusion y soit, que la jeunesse, la santé, la toilette, les parfums, les fleurs fassent de cette chair et de ces os corruptibles une sorte d'ange immatériel, éternel.

Et ici rien, rien, que la décrépitude, la mort.

Pas d'illusions, pas d'ange embaumé, pas de lit nuptial, mais plutôt déjà les planches d'un cercueil.

Ah un jour, un jour seulement, redevenir pour un jour la Pépita radieuse de ses dix-huit ans, la Pépita des jardins d'Andalousie et crier au fiancé méconnu, bafoué, trahi, lui crier :

— Alphonse, mon Alphonse, les années qui viennent de s'écouler n'étaient qu'un cauchemar ; il s'est dissipé... Ta Pépita, ta petite l'épita chérie, la voici ; tu la retrouves, prends-la ; elle est heureuse que tu la juges belle, que toute l'Espagne t'admire puisqu'elle veut être ta joie, la consolation, le parfum de ta vie... Tu lui donnes une couronne, elle te rend une perle... L'aimes-tu, dis, la fille du toréador, la fille fêtée, adorée des foules espagnoles, l'aimes-tu, ta Pépita, est-elle bien comme cela ? Que souhaites-tu qu'elle fasse, qu'elle devienne pour que tu l'aimes encore mieux ? »

Un jour, pouvoir se donner à lui un jour, dans toute la splendeur de sa beauté incomparable, de sa jeunesse, de sa santé retrouvées par miracle, un jour, et lui payer ainsi sa dette, essayer de lui payer, tout au moins une dette de gratitude que toutes les filles de la terre réunies n'auraient pu payer.

Pour cela, pour cette journée d'amour Pépita eût accepté dix existences de martyre sous les injures, sous les coups d'une brute comme le marquis d'Ambleuse.

Mais c'était chose irréalisable.

Et elle avait honte, et elle pleurait auprès de cet homme, son mari.

Cet homme qui lui donnait tout, et elle qui, par sa faute, n'avait rien, plus rien à lui donner !

Ah elle ne connaissait pas encore à fond le duc Alphonse !

Il devinait ses angoisses, son humiliation, ses tristesses de femme, femme hier encore reine de Madrid, reine de Paris par son charme unique.

Et il avait voulu achever son œuvre, faire à Pépita un bonheur complet.

C'est pour cela qu'il revenait s'enfermer avec elle, qu'il avait attendu pour lui passer au doigt son alliance et recevoir la sienne.

— Mon aimée, dit-il, nos deux anneaux officiels sont là sur le coussin, mais ceux-là nous les déposerons dans quelque sanctuaire de notre chère Espagne... L'anneau que je voulais vous passer au doigt comme symbole de notre union, l'union de nos cœurs et de nos corps, Pépita chérie, c'est celui-ci ; je ne saurais vous en offrir de plus beau... »

Et le duc Alphonse prit dans sa poche une petite boîte de velours rouge dont il tira un anneau de mariage.

Cet anneau il le baisa d'abord avec respect, puis il continua :

— Cette alliance m'a été remise pour vous par une vierge, un ange, une sainte, une martyre en témoignage du plus complet, du plus sublime des pardons ; et moi j'ai voulu vous la rendre deux fois sacrée en la faisant mienne aussi, en la choisissant comme notre alliance à nous... Cet anneau c'est celui que le comédien, l'assassin marquis d'Ambleuse a passé, en Pologne, au doigt de sa victime, la noble, la pure, la si bonne Marie... La voulez-vous, Pépita ? »

Les femmes, même les plus naïves, les moins intelligentes, saisissent toutes les nuances du sentiment chez l'homme qui leur tient au cœur.

Pépita, dans un éclair, avait compris la pensée intime du duc Alphonse.

« Cette créature céleste, cette victime de l'odieux marquis qu'avait été Marie Czarkowska, le duc Alphonse était trop pareil à elle par la noblesse d'âme pour ne point l'avoir admirée, pour ne point avoir senti tout un courant de sympathie aller de lui à elle.

« Il l'avait aimée autant qu'un homme d'honneur peut aimer une femme d'honneur aussi, une femme qui n'est point à lui, ne peut être à lui, ne sera jamais à lui : aimée avec son âme.

« Et aimée à une époque où elle, Pépita, n'était qu'une ennemie, une créature de lâcheté, de trahison, une infâme.

« Qu'était-elle donc, elle, en comparaison de l'autre, de la morte, de la vierge broyée par sa complicité, qu'était-elle?

« Un monstre, une ordure.

« Et cependant le duc Alphonse ne voulait plus que dans le passé une seule de ses affections fût allée vers une autre femme que sa femme d'aujourd'hui ; il voulait donner à Pépita le pardon de sa rivale mais en même temps sanctifier aussi, par l'adhésion de Pépita, la pure affection qu'il avait eue, de son vivant, pour la pauvre Marie... Était-ce assez noble, assez généreux ? »

Et Pépita ne voulut point rester en arrière.

Tout d'un élan elle empoigna l'alliance de Marie, la porta à son front, à son cœur, à ses lèvres.

— Si je l'accepte, Alphonse, s'écria-t-elle, si je l'accepte, vous me le demandez ? Mais cet anneau de la Sainte c'est pour moi comme une absolution suprême, c'est un gage de Paradis, c'est l'annonce de sa venue à ma rencontre quand, tout à l'heure, il me va falloir franchir le terrible passage. Elle m'a pardonné et moi je ne puis que la bénir, que l'aimer, l'aimer, l'aimer... Oh oui, je l'aime ! Comme je me sens petite, misérable auprès d'elle ! Unissons-nous dans une commune admiration pour elle, Alphonse... »

Et Pépita tendit son doigt au duc pour qu'il y passât l'anneau de la martyre, un anneau qui n'avait été que le symbole d'une comédie atroce.

— Maintenant je veux le mien, reprit-il, celui qui me sera offert par l'idole de ma jeunesse, la seule femme qui ait jamais fait tressaillir mon cœur d'homme, la Pépita si belle et qui m'a fait attendre longtemps, la Pépita dont l'unique ambition de ma vie était la conquête, la Pépita qui se dérobait, à laquelle je ne plaisais point, qui feignait la sympathie par pitié pour ma folie mais qui ne m'aimait point, la Pépita dont, enfin, je vois les yeux me sourire, les lèvres m'appeler, tout l'être me crier : «Alphonse, mon Alphonse, si toi tu n'as jamais aimé que moi, moi non plus, je le jure, et telle cependant que le crime m'a faite, moi non plus je n'ai jamais aimé que toi parce qu'avant d'avoir souffert mon cœur était fermé, je ne savais point ce qu'est l'amour vrai...»

De grosses larmes tombaient, l'une après l'autre, des yeux de Pépita.

Le duc Alphonse les but, ces larmes, puis ses lèvres d'homme vierge comme Marie avait été une épouse vierge, ses lèvres se posèrent sur les lèvres coupables, flétries, fiévreuses de Pépita avec autant d'ardeur et de ravissement que si ces lèvres eussent été les mêmes que celles de la première rencontre, les lèvres d'une Pépita radieuse, d'une Pépita fleur parfumée, et il lui murmura, autant avec le cœur qu'avec la bouche: « Ma femme... je t'aime !... »

Cette journée de don complet d'elle-même et d'elle-même intacte, jeune, belle, amoureuse passionnée que la misérable agonisante aurait voulu offrir à son dieu de maintenant, à cet Alphonse son époux, le seul jamais aimé, le père désormais de ses chers petits, cette journée, cette heure même d'ivresse, le duc venait de la lui faire trouver en une seconde.

En une seconde elle s'était sentie aimée uniquement, pleinement, autant qu'une moribonde comme elle pouvait l'être.

Et la bague qu'il voulait, son Alphonse, elle devina bien laquelle c'était.

Elle se sentit des forces qu'on ne lui eût jamais supposées, bondit hors de son lit et s'empara d'un coffret placé sur une commode Louis XV en bois de rose, ce même petit coffret dont elle avait tiré quelque temps auparavant les lettres du secret Las Tablas.

Et dans ce coffret elle prit une bague merveilleuse.

Si pauvre qu'elle se fût trouvée, jamais elle n'avait consenti à s'en séparer de cette bague, laquelle eût été cependant pour elle et ses enfants la fortune pendant plusieurs mois.

Jamais ! comme avec le pressentiment qu'elle devrait la restituer à une heure solennelle, qu'elle était le lien mystérieux entre tout le passé et tout l'avenir de sa vie agitée.

Cette bague c'était la bague des fiançailles d'Alphonse, de l'Alphonse confiant, loyal d'Andalousie avec une Pépita qu'il croyait être aussi pure que belle.

Un joyau de la famille des Santa-Maria.

Pépita la mit au doigt d'Alphonse, de ce mari sublime dont l'amour avait enfin conquis la pécheresse.

Et celui-ci tira encore de la petite boîte la griffe de fauve, la griffe porte-bonheur de la gitana de Grenade, et il voulut en passer la chaînette au cou de Pépita.

Mais celle-ci se déroba.

— Non, Alphonse, non, de porte-bonheur profane je n'en ai plus besoin, ma relique je l'ai dans la bague de Marie ; joignez cet objet aux deux anneaux de la cérémonie pour les suspendre en ex-voto dans une église de notre Espagne... Du bonheur à souhaiter, moi, je n'en ai plus : la coupe déborde... Oh cher ami pour jamais, avec mon âme, une âme dont vous êtes l'adoration, une âme qui sommeillait et que vous avez réveillée, avec mon âme je vous lègue mon trésor de chair et de sang : mes petits, le meilleur de la femme, sa maternité... Oh soyez leur père, Alphonse, leur vrai père, en leur faisant des natures semblables à la vôtre, en leur insufflant de vos vertus le plus que vous pourrez... Aimez-les pour deux et tâchez que jamais ils ne sachent quelle faible, quelle lâche créature j'ai été, qu'ils ne maudissent point... l'autre ! »

Le lendemain de cette réhabilitation de la pauvre Pépita c'était l'échéance des trente années imposées par Las Tablas avant la prise de possession de son trésor.

Le duc Alphonse se rendit exactement à la maison du belvédère.

Mais il n'y entra point, craignant d'un piège. Il attendit au dehors, en voiture, et armé et masqué.

Il ne doutait point que le marquis se présentât.

Et en effet celui-ci finit par sortir enfin de la maison.

Par en sortir accompagné de ses otages: Lydie et Wladimir.

Lui aussi se tenait sur ses gardes.

La nuit était sombre.

Annette l'éclairait avec cette même lanterne qui avait servi le soir de l'arrivée de Marie dans sa prison.

Le duc tendit le parchemin des Czarkowski.

Parchemin que le marquis reconnut, du premier coup d'œil, comme pareil aux siens, comme authentique.

Et dont il s'empara en même temps qu'il poussait la jeune fille et le garçon dans la voiture de l'inconnu mystérieux.

Donnant, donnant.

Chacun tenait scrupuleusement sa promesse.

Ils n'avaient plus rien à se dire ; pendant que le marquis rentrait avec Annette dans le belvédère, le duc s'éloignait avec les deux otages.

L'assassin ne savait guère à qui il avait eu affaire dans la personne de l'homme à l'automobile, au parchemin.

Mais il fallait que Lydie et Wladimir le sussent afin de se trouver rassurés, réconfortés, heureux, de ne point craindre qu'on les conduisît à la mort comme Marie y avait été conduite.

Et tout de suite il leur expliqua qui il était, ce qu'il avait fait, ce qu'il allait faire en les reconduisant lui-même en Pologne, en les garantissant contre une nouvelle entreprise des bandits.

Quelques heures plus tard, agissant comme Marie eût agi elle-même, avec la douce satisfaction de sentir qu'elle en bénissait, qu'invisible elle était cependant avec eux, le duc Alphonse montait dans un train du Nord pour Varsovie avec Lydie et Wladimir.

Combien ravis les malheureux prisonniers !

Ils ne pouvaient croire que ce fût vrai, qu'ils en avaient fini à jamais avec Annette.

Mais, à la même heure, le marquis d'Ambleuse s'élançait dans un train du Midi pour l'Espagne.

Il allait fouiller dans les cachettes de cet Huanca que le dernier parchemin lui avait indiqué.

Recommencer ses anciennes expéditions de Médina et de Rio-Janeiro.

Rusé, énergique, patient, il retrouva tout.

Tout ce que le duc Alphonse avait lui-même découvert.

Il suivit le conseil de cet avis sans enveloppe contenu dans le ventre de Saint Pierre.

Mais dans la tombe de marbre rose il n'y avait plus rien.

Rien, rien, rien ! Damnation ! l'était volé ! Trop tard, trop tard, d'autres avaient passé par là avant lui.

Mais qui, qui ? Puisqu'à part les Sanchez et sa mère personne au monde ne connaissait les lettres et les chiffres qu'il fallait réunir à la syllabe et aux deux chiffres des Czarkowski pour tenir la clef du mystère.

Longtemps il se cogna la tête aux murailles de la sacristie.

Trop tard ! trop tard ! Dupé ! Volé !

Pépita seule pouvait l'avoir trahi de mèche avec l'inconnu de l'automobile.

Et furieux il revint à Paris brûlé par une soif inextinguible de vengeance ; il s'était juré de boire le sang des traîtres, quels qu'ils fussent.

Trop tard ! Encore trop tard !

XX

L'HERBE QUI POUSSE

. . . .
. . . .
. . . .

Cinq ans se sont passés depuis cette rentrée furieuse du marquis d'Ambleuse déçu à Paris.

C'est un laps de temps vite écoulé que cinq années ; le fleuve de la vie court si rapidement.

Et cependant d'autre part il arrive bien des choses en cinq ans.

L'assassin du prince Stanislas, de Marie s'était présenté trop tard pour jeter ses mains sanglantes sur le magot tant convoité.

Et trop tard aussi pour se venger sur Pépita dont sa mère avait du reste perdu les traces, après l'avoir crue pendant longtemps toujours cachée dans son petit logement de la banlieue parisienne.

Trop tard, parce que le monstre eût-il découvert l'appartement des environs des Invalides qu'il s'y fût encore heurté à des portes fermées, à une maison vide.

Il avait éprouvé en Espagne, à Huanca de plus grandes difficultés que le duc Alphonse.

Trois longues semaines s'étaient écoulées quand il revint à Paris.

Et le duc Alphonse n'avait mis que huit jours pour s'acquitter de sa mission, pour réintégrer les deux otages chez les Czarkowski, tellement il avait hâte de revenir auprès de sa chère malade, sa mourante, sa femme.

Pépita, se cramponnant à la vie, l'avait attendu.

Mais juste assez pour lui adresser un dernier regard d'amour vrai, pour le désigner à ses deux enfants comme leur père, leur bon, leur seul père, pour lui demander de remporter son corps dans leur vieille Espagne et d'y marier plus tard sa sépulture à la sienne : unis pour l'éternité.

Elle l'avait attendu, mais il n'y avait plus d'huile dans la lampe.

C'était fini, seulement il se produisait pour Pépita ce phénomène particulier à certains mourants dont l'âme garde sur le corps une maîtrise absolue.

Pépita voulait s'en aller avec un rayonnement de tout son être dont Alphonse retiendrait à jamais le charme, l'éclat dans sa mémoire aimante.

Et le voyageur retrouva une Pépita jolie, sereine, une Pépita qui semblait n'avoir que dix-huit ans.

Le dernier souffle voltigeait déjà sur ses lèvres, prêt à s'exhaler ; et cependant ses lèvres avaient repris l'apparence d'un calice de fleur, ses yeux de velours avaient une profondeur et une fixité extraordinaires. Son lourd casque de cheveux, ses dents blanches, les lignes si pures et le teint délicat de son visage en faisaient autre chose qu'une danseuse espagnole admirable, l'ensemble était celui d'une jeune duchesse de Santa-Maria parce que la fille du toréador Sanchez avait voulu élever son âme à la hauteur de l'âme de son mari.

Le duc Alphonse, agenouillé contre sa couche, restait extasié.

Cette Pépita, nouvelle, cette Pépita qui n'avait plus rien de l'ancienne que des apparences, cette noble femme qui après avoir été une reine de beauté était maintenant une reine de courage, de résignation, de générosité, cette Pépita transfigurée c'était son œuvre à lui, l'œuvre de son amour.

Et il l'aimait d'une tendresse incomparable, d'une tendresse double : tendresse d'amant et tendresse de père.

— Je m'en vais, Alphonse, dit-elle, ou plutôt non, je vais changer de vêtements ; les haillons de ce corps de boue dont j'étais si stupidement folle je vais les remplacer par d'autres, d'autres fluides, impalpables, brillants, incorruptibles et tu verras comme je serai bien plus belle quand tu me rejoindras, grand ami adoré, tu verras !... Au revoir, mon Alphonse, à bientôt, au plus tôt possible, après que tu auras assuré l'avenir de nos chéris... Je ne te quitte point du reste, ami, je serai là, derrière le rideau qui nous cache l'autre monde ici-bas, je te suivrai pas à pas, je t'amènerai par la main ma sœur, Marie, je n'en serai point jalouse, va, puisque la Pépita c'est ta Pépita à jamais, ta femme, et qu'elle, la sainte, ce n'est que notre noble et chère amie à tous deux... Alphonse... Béatrix... Manoël... mes trois amours, celle qui s'en va en apparence restera tout de même auprès de vous... Nous quatre nous ne faisons plus qu'un... »

Et ses lèvres, ses belles lèvres, de pourpre autrefois et maintenant de la pâleur rosée du camélia, ses lèvres passionnées appelaient l'époux, appelaient les enfants.

Le duc Alphonse prit Manoël dans ses bras et le tendit à sa mère.

Puis il souleva Béatrix.

Enfin ce fut à son tour ; il s'était réservé la suprême caresse.

— Serrez-vous contre moi et tout près, tous trois, mes amours, jusqu'à la fin... », murmura la mourante.

Et sur les têtes de son mari, de Béatrix et de Manoël porté par sa sœur, Pépita posa les mains en signe de bénédiction.

— Mon Dieu, pria-t-elle, je vous fais le sacrifice de ma vie, le sacrifice de ce que j'aurais voulu être pour mon Alphonse, afin que vous les rendiez tous trois heureux, heureux, heureux... Pardonnez-moi, pardonnez à mes frères, pardonnez à... l'autre... pardonnez ! »

Le duc Alphonse ferma les yeux de sa femme, tira de son doigt l'alliance de Marie qu'il joignit sur le sien à la bague de Pépita, emmena les enfants à la suite d'un cercueil de plomb qui roulait vers l'Espagne.

Cela treize jours après son entrevue de la maison du belvédère avec le marquis d'Ambleuse.

Tous ses intérêts à Paris avaient été liquidés.

Rien, rien, rien, il ne restait plus rien derrière lui de Pépita Sanchez.

Or le chercheur du trésor ne revint, lui, que dix jours encore après.

Donc trop tard, toujours trop tard, même pour une vengeance.

Le duc Alphonse était allé à Séville, et au fond de la chapelle d'un couvent de Capucins il avait couché Pépita dans son dernier lit de marbre et de bronze, lit contre lequel un autre tout pareil, et vide, fut installé, attendant.

Le mari de Pépita savait déjà ce qu'il ferait plus tard.

L'endroit du reste était merveilleux, et c'était sous les rayons d'un soleil d'or, au milieu des parfums de jardins splendides, dans un décor d'une couleur incomparable, aux chants graves des moines alternant avec les romances des mandolines pincées au clair de lune, dans ce qui est la vie colorée, embaumée, priante, dansante de son Espagne que reposa la femme du duc Alphonse.

Il y éleva les deux enfants de la morte, comme les siens propres, comme il eût élevé deux Santa-Maria, ne les quittant pas d'une semelle, les conduisant chaque jour auprès de leur mère.

Tout le temps il se tenait en garde contre un retour offensif du marquis d'Ambleuse.

Mai celui-ci dérouté, traqué comme complice dans plusieurs attentats de la *Main Notre*, ne suivit aucune piste vraie, n'imagina point que le fiancé d'autrefois fût pour quelque chose dans l'aventure.

De Madrid aucuns renseignements n'étaient parvenus aux frères Sanchez qui en avaient demandé à tout hasard.

Tous croyaient Pépita et ses deux enfants tout simplement cachés à Paris, et comptaient l'y rencontrer un jour ou l'autre.

De bonnes prises, de grosses parts dans des vols audacieux les avaient consolés du magot perdu, disparu en fumée.

Cinq ans ! En cinq ans les enfants des victimes ont le temps de croître, de s'armer pour venger leurs pères de même qu'en cinq ans l'herbe des cimetières a le temps de pousser sur les tombes des victimes.

L'herbe de Pologne avait poussé sur les tombes de Stanislas et de Marie, mais aussi Wladimir était devenu un presque jeune homme et Lydie une fille mûre.

A Séville Béatrix était une gentille et très intelligente fillette, Manoël grandissait.

Les descendants des trois héritiers de Las Tablas seraient-ils jamais réunis en présence les uns des autres ?

On n'aurait pu le dire ; c'était même improbable.

Et cela arriva cependant par conséquence des plans arrêtés dans la tête du duc Alphonse.

Il adressa une forte somme à la veuve du prince Stanislas en lui demandant d'envoyer et Wladimir et Lydie, pendant un hiver auprès de lui à Séville, cela dans le plus grand secret.

Wladimir et Lydie, enchantés, s'en vinrent, avec un détour par la France, vers celui qui avait tant fait pour eux, pour la chère martyre, Marie.

Quel ravissement que le ciel d'Espagne au lieu de la steppe glacée !

Le jeune géant blond aux yeux bleus qu'était Wladimir s'attacha bientôt à la brune Béatrix, une incarnation de la beauté espagnole de Pépita.

Le duc appréciait le caractère sérieux de Lydie : il l'aimait à cause du culte que l'humble fille avait voué à sa maîtresse Marie.

Et ils s'entretenaient souvent ensemble, très confidentiellement.

Lydie rentrait, comme appui précieux, dans les vues du duc.

Et ce fut ainsi qu'il sut ce que Lydie n'avait jamais communiqué à personne, pour ne point terrifier les Czarkowski.

Ceci que le marquis d'Ambleuse rôdait depuis quelque temps autour du domaine de Pologne sous des déguisements variés mais qui n'avaient point empêché Lydie de le reconnaître.

De le reconnaître à ses yeux.

On ne peut changer l'expression du regard.

Et Lydie avait été assez horrifiée par ce regard de l'assassin de ses maîtres pour ne jamais l'oublier.

Cette nouvelle allure du marquis était chose grave.

Il croyait les Czarkowski détenteurs du trésor ou du moins sachant quelque chose sur la direction qu'il avait prise.

Et il méditait avec la *Main Noire* un enlèvement d'enfant comme otage afin d'en avoir le cœur net.

Il fallait en finir avec lui, ou bien il empêcherait la réalisation de ce qu'avait projeté le duc.

Celui-ci conduisit Béatrix et Manoël dans une bourgade éloignée, chez d'anciens serviteurs de sa famille, à lui dévoués corps et âmes, et prit la route de Paris avec Lydie et Wladimir.

Par ses anciennes recherches, avec le concours magnifiquement rétribué de quelques détectives employés autrefois, il eut vite fait de savoir où s'adresser pour retrouver le marquis d'Ambleuse.

Et il lui écrivit : « Celui qui déjà vous a « remis loyalement un parchemin voudrait « vous entretenir de choses intéressantes « pour vous, très intéressantes ; il compte « sur votre sagesse et d'autre part vous « pouvez vous fier à lui... Sa voiture et la « vôtre pourront se rencontrer de nuit dans « une avenue déserte de Versailles, par « exemple, la communication ne demande« ra que quelques minutes.... Réponse « poste restante, bureau central, Huanca, « Paris. »

Huanca ! avec ce mot magique, le duc ne doutait point que le marquis tombât dans le piège.

Et il répondit en effet, précisa une heure de nuit et un boulevard solitaire, sombre, des environs de Paris, où cependant il y avait des habitations et des secours assez proches pour que l'on n'eût point à craindre un guet-apens.

Les deux automobiles se croisèrent au rendez-vous.

Le marquis d'Ambleuse descendit de l'une.

De l'autre, l'inconnu, toujours masqué, descendit avec un jeune homme et une femme.

Pas de chauffeurs.

Le marquis avait conduit sa voiture de même que le duc avait conduit la sienne.

Et comme le marquis reculait en présence de deux témoins dont il n'avait pas été question, le duc lui dit :

— Oh ne craignez rien, ils savent tout ce que nous pourrons dire mieux que nous-mêmes, ils étaient déjà à notre dernière entrevue : c'est Wladimir, c'est Lydie... Voici : nous avons des raisons de croire que vous tentez de renouveler contre la famille Czarkowski vos manœuvres d'autrefois ; alors pour répondre à vos attaques je suis décidé, moi, à vous dénoncer à la justice française comme assassin, à Paris, du prince Stanislas et de la princesse Marie, votre femme légitime, à moins que vous ne nous offriez des garanties...

— J'ai été volé avec votre parchemin polonais ; ils ont mon bien ou tout au moins doivent savoir qui l'a... Je me défends...

— Les Czarkowski n'ont point un liard du magot de Las Tablas ; par contre ils ont deux morts que vous avez faits, deux tombes... Oui ou non acceptez-vous de nous signer ce papier par lequel vous reconnaissez être l'assassin de Stanislas et de Marie ? Cela nous suffira, et nous ne vous dénoncerons jamais, en considération non de vous mais de vos enfants....

— Je veux mon argent !

— Vous ne l'aurez pas plus que vous n'aurez vos enfants...

— Qui les a ?

— Moi... Et pour les meilleures raisons du monde je les garderai... Signez-vous ?

— Oui... oui tout de même,... je vais signer, bien certain que vous ne cherchez qu'une garantie et non une preuve pour me faire guillotiner...

— Je vous le jure sur la tête de vos victimes, deux martyrs pour nous... »

Le duc tendait son papier avec un stylographe.

Le marquis lut à l'aide d'un des phares.

Puis il signa et feignit de rendre le papier avec le stylographe, l'un d'une main l'autre de l'autre.

Mais il avait remplacé, prompt comme l'éclair, le stylographe par un poignard, enfoui le papier dans sa poche ; alors il bondit et arracha le masque du duc.

— Je saurai qui est mon voleur ! hurla-t-il.

— Soyez satisfait, répondit le duc sans s'émouvoir, je me nomme Alphonse de Santa-Maria...

— Vous ?... Oh alors, je comprends, vous vous êtes remis avec la gueuse pour me voler, à vous deux, la monnaie et les gosses; je n'aurai jamais rien et vous venez vous moquer de moi... Attrape, mon remplaçant, et va porter cela à ta demoiselle !... »

Son poignard, dardé de biais, eût traversé la poitrine du duc, si celui-ci, qui se défiait depuis quelques secondes, n'eût fait un bond en arrière.

Pas assez vite cependant pour que la lame ne coupât point les vêtements et ne fît une légère entaille dans les chairs, mais superficiellement, au long des côtes.

Comme s'il n'eût attendu que le cas de légitime défense, Wladimir Czarkowski s'élança avec un revolver, que le duc lui avait conseillé de prendre comme mesure de précaution, et en déchargea trois coups successifs sur le marquis, en justifiant son acte par cette sentence :

— Assassin de mon père, assassin de ma tante, bourreau de Lydie, bourreau d'un enfant, sois maudit ! »

Le gredin avait d'abord essayé de regagner sa voiture.

Mais il chancela et s'abattit.

Sans s'occuper de sa propre blessure, le duc Alphonse dit à Wladimir :

— Vite, vite, sautez dans mon auto avec Lydie et filez vers la maison... Moi, je me charge de l'homme... Il ne faut pas laisser à la police le temps de mettre son nez dans nos affaires... »

La première voiture disparut.

Dans la seconde le duc hissa le marquis qui semblait mort ou avait, tout au moins, perdu connaissance.

Il était immobile et ne parlait ni ne se plaignait.

Dans une direction opposée, le duc s'enfonça à toute vitesse au travers des ténèbres.

A temps, car les crépitements du revolver avaient attiré l'attention de deux agents cyclistes dont on pouvait déjà apercevoir, à la lueur espacée des becs de gaz, les casquettes plates et les pèlerines courbées sur des vélos fortement actionnés.

Le duc avait loué un pavillon solitaire dans les environs de Versailles.

Il y ramena son prisonnier et essaya de le ranimer par tous les moyens en son pouvoir.

Mais il n'y avait rien à faire.

Une des balles s'était logée dans le cerveau d'où la matière cérébrale s'échappait, les deux autres avaient traversé le poumon gauche.

Le marquis était dans le coma.

Cependant il n'était point encore mort.

A genoux au pied du lit sur lequel le moribond avait été déposé, il priait Dieu que le misérable eût au moins un mouvement de repentir avant de trépasser.

Et vers les trois heures du matin le marquis d'Ambleuse retrouva sa connaissance pour quelques secondes, au moment de rendre le dernier soupir.

Il s'agita, regarda autour de lui, comprit, se souvint, et murmura trois ou quatre mots que, penché sur lui, le duc recueillit pieusement, mots qui en disaient assez.

Nous verrons plus loin lesquels.

Il lui ferma les yeux, l'enveloppa dans sa pelisse et, aidé de Wladimir, le coucha sur les coussins de l'auto avec laquelle le mort était venu au rendez-vous.

Le duc n'avait point de temps à perdre car il lui fallait terminer l'aventure avant les premières lueurs du jour.

Et pour cela il devait rentrer dans Paris.

Sur une feuille de papier épais il avait écrit en caractères d'imprimerie, ne permettant point de pouvoir reconnaître qui les avait tracés, ces deux seuls mots : *MAIN NOIRE*.

Et cette feuille de papier il comptait l'épingler sur la poitrine du marquis d'Ambleuse.

Ils suffiraient, pensa-t-il, à égarer tous soupçons, toutes recherches.

Maintenant il s'agissait de parvenir aux environs de la maison habitée par le marquis, par sa mère et par les deux Sanchez, maison que le duc connaissait à la suite des recherches qu'il avait dû faire et faire exécuter pour prendre langue avec le marquis.

Il adossa le mort dans un angle de la voiture et avec l'attitude d'un homme endormi, l'y cacha sous des coussins, l'enveloppa d'une ample couverture de voyage.

Puis il partit, fit un détour pour gagner une porte dont les surveillants d'octroi s'endormaient volontiers, car cette porte ne servait ni à des laitiers, ni à des maraichers, mais seulement, et de jour, à des équipages de luxe.

Et encore s'élança-t-il à une allure folle de manière à brûler la barrière.

Il était déjà loin quand les employés mirent le nez dehors, car la nuit était froide, la fatigue de la veillée se faisait sentir et on s'assoupit volontiers autour d'un poêle tout rouge.

L'auto s'arrêta dans un recoin de square, derrière une église et à cinquante mètres du domicile du marquis, domicile où il n'était connu cependant que sous ce nom de Gobert, le nom de sa mère déjà pris plusieurs fois.

Le duc descendit de son siège de chauffeur, s'assura que personne ne l'espionnait, arrêta complètement la machine et abandonna l'auto après avoir épinglé sur le cadavre : *MAIN NOIRE*.

Puis, à pied, il s'en fut vers la gare du Montparnasse, y prit un des premiers trains de banlieue et rentra chez lui.

Une vengeance entre bandits devait expliquer, aux yeux de la police, cet abandon de la voiture avec dedans le cadavre du son propriétaire ou de son locataire, soit qu'elle appartînt réellement aux trois malfaiteurs associés, soit que le marquis l'eût louée pour cette seule expédition.

En réalité c'était la justice de Dieu qui avait frappé : plus d'angoisse, plus de bête fauve en chasse, plus d'Ambleuse !

Chose étrange les journaux ne soufflèrent mot de cette mystérieuse fin de drame ; ce qui prouve que le public ne sait point toujours tout : la police ayant peut-être eu intérêt à dissimuler sa trouvaille ou les parents, prévenus, l'ayant expliquée à leur avantage.

Huit jours plus tard les trois absents étaient rentrés à Séville.

XXI

LE MOINE DE SÉVILLE

. . . .
. . . .

Ce ne sont plus cinq années mais dix mois seulement qui se sont écoulés depuis la mort du marquis d'Ambleuse.

Nous sommes dans le sud de l'Espagne, dans cette ville si radieuse qui s'appelle Séville.

Et nous y sommes en chair et en os, celui qui écrit ces lignes, qui a raconté ce drame y emmenant avec lui ses lecteurs, lesquels seront heureux de l'y suivre, d'apprendre comment il a connu les personnages de son histoire et de savoir en même temps ce qu'ils sont devenus.

Une visite nécessaire à un jeune parent, soldat blessé, en danger de mort, dans une des ambulances des troupes marocaines, nous avait conduit à Tanger et plus loin.

En revenant nous voulûmes nous arrêter dans quelques villes espagnoles.

Et en octobre dernier un accident banal, une entorse du genou consécutive à une chute de mulet nous immobilisait pour plusieurs semaines dans un couvent de moines où l'on avait dû nous transporter.

Cela dans la campagne, sur des hauteurs aux environs de la belle cité espagnole, Séville.

Nous y fûmes aimablement accueillis, parfaitement soigné.

Et nous ne tardâmes point à remarquer, par la fenêtre de notre chambre qui ouvrait sur un cloître de marbre blanc tout enguirlandé de roses et parfumé d'orangers, un religieux, d'une distinction suprême, dont la figure mélancolique s'encadrait d'un capuchon de bure toujours rabattu sur le front.

Nous nous proposions de demander discrètement quelques indications à son sujet, quand ce fut lui-même qui entra chez nous.

Le supérieur nous l'envoyait à titre d'interprète parce que quelquefois nous ne nous entendions point très bien avec le brave frère infirmier, lequel ne parlait que la langue espagnole, langue que nous estropions nous-même.

Lui, le moine grand seigneur, s'exprimait avec une correction parfaite en langue française, à peine un léger accent, plutôt agréable.

— J'ai habité Paris et la France pendant assez longtemps, monsieur, j'aime votre patrie comme une seconde Espagne, c'est tout vous dire, et je l'admire au-dessus de toutes les nations du monde... me dit le moine en s'inclinant... Je suis donc trop heureux de tout à la fois vous obliger et d'avoir en même temps l'occasion de parler un peu de Paris, de ce Paris que l'on n'oublie plus une fois que l'on y a mis les pieds, de ce Paris capitale de l'univers intellectuel et où... j'ai vécu les jours les plus... cruels et les plus doux de ma vie... »

Ce moine était le duc Alphonse de Santa-Maria.

Nous sûmes sans doute gagner sa sympathie, nous montrer digne de sa confiance, car peu à peu il nous la raconta en détails cette vie aux jours cruels et doux passés dans le tourbillon parisien.

Et quand ma jambe put se mouvoir, me porter je séjournai une semaine de plus qu'il n'eût été nécessaire dans le couvent des Capucins espagnols rien que pour y jouir de la conversation passionnante du Père Antonio.

Le duc Alphonse était devenu sous le froc le Père Antonio.

Et il allait par les rues de Séville consolant les affligés, instruisant les enfants, s'asseyant au chevet des malades, semant avec la charité ardente de ses paroles la charité d'un or qui sans cesse coulait de ses doigts.

Ses doigts ! Ils m'avaient frappé plusieurs fois ses doigts, alors que nous allions et venions dans la fraîcheur ombreuse du cloître, au bruit clapotant de ses sandales et qu'il sortait sa main gauche des manches de bure pour un geste descriptif.

A l'un d'eux étincelaient les diamants, les saphirs, les rubis, les émeraudes d'une bague ancienne, et au-dessous de cette bague merveilleuse brillait encore le cercle d'une alliance d'or.

Quel mystère se cachait là ? Il était singulier, ce luxe de parure chez un moine mendiant; cet anneau de mariage ne s'expliquait guère chez ce solitaire couchant sur la planche.

Le Père Antonio nous donna la clef du mystère avec les clefs de bien d'autres choses étranges.

Le véritable auteur du récit, le conteur du drame qui se noua et se déroula autour du trésor de Las Tablas, c'est le Père Antonio.

Nous avons, nous, seulement tenu la plume et mis des masques sur les visages, remplacé les noms vrais par d'autres : ce qui était nécessaire.

Quand les différentes péripéties que les lecteurs connaissent déjà eurent été narrées, le Père Antonio en arriva où nous en sommes, à l'épilogue, à la fin, pour l'heure présente du moins, en mil neuf cent douze, puisque quelques-uns des personnages auxquels nous nous sommes attachés vivent toujours.

— J'ai perdu Manoël deux mois après notre retour de Paris, acheva-t-il ; sa mère a voulu le petit ange auprès d'elle, là-haut, elle en était en mai et partageait avec moi en me laissant Béatrix .. Après ce que j'avais souffert, ce que j'avais vu, les exemples qui m'avaient été donnés, la mission dont je m'étais chargé, avec les mémoires que je voulais faire bénir, les pardons que je voulais encore obtenir, mon rôle était tout tracé... J'ai remis ma Béatrix aux mains de Lydie qui l'a emmenée là-bas, en Pologne, dans le pays de la martyre, de Marie, où les princesses l'attendaient pour en faire leur enfant ; elle épousera Wladimir qui ne sait quoi inventer pour lui prouver son affection, et au moins quelque chose de nous, à ma femme et à moi, ce que nous avions de plus précieux nous représentera sur la tombe de l'angélique créature, Pépita restera soudée à sa victime d'autrefois, maintenant sa sœur : les Sanchez, les Czarkowski, les d'Ambleuse ne feront plus qu'une seule famille dans la personne des enfants de Wladimir et de Béatrix ; ce sera la réconciliation, la réparation, la paix en Dieu.

— Mais pourquoi vous priver de cette enfant charmante, véritable incarnation d'une mère adorée, ne point tout concentrer sur elle ?

— Il me fallait faire davantage, m'oublier moi-même, mieux répondre à ce qu'attendaient d'Alphonse les deux créatures exceptionnelles dont le souvenir me suit heure par heure après que leur sympathie, à des titres différents, a embaumé ma vie : Marie la pure, la suave, la fille de la noble Pologne, et Pépita l'ardente, l'héroïque, la merveilleuse fille du royaume du soleil... J'ai revêtu les mêmes haillons que les plus misérables afin de n'en faire fuir aucun, de leur bien montrer que je suis leur frère, leur ami, leur soutien, et nuit et jour je vais chez les orphelins, les agonisants, les gueux, les fous, les prisonniers, je tends la main aux assassins et aux femmes perdues; de l'or j'en ai et je leur apporte du bonheur, du pain, j'essuie leurs larmes et je leur rends l'estime d'eux-mêmes, à tous ces misérables, en leur demandant une prière pour Ambleuse, en leur redisant les noms de leurs bienfaitrices par mes mains: Marie, Pépita... Je me suis fait mendiant avec les innombrables mendiants de ma patrie ! voilà pour l'Espagne... A Paris et à Varsovie j'ai deux correspondants qui font ce que je fais ici, auxquels j'envoie l'argent nécessaire et qui y luttent contre la plus effroyable des plaies sociales contemporaines : l'alcool !...

— Oh comme vous avez raison ! Oh soyez béni pour cette salutaire pensée ! L'alcool c'est la source empoisonnée de toutes les hideurs, de tous les crimes, de toutes les déchéances, l'anéantissement des races !

— Oui, mes deux amis vont aux fous, aux épileptiques, aux scrofuleux, aux idiots, aux prostituées, aux forçats, à ces bandes de monstres et de loups enragés qui délirent, brisent, hurlent, bavent, qui pourrissent dans l'ordure, se barbouillent de sang avec de l'alcool, pour de l'alcool, par l'alcool; et ils essayent de les arracher au poison, de les guérir... Voilà pour la Pologne et pour la France !

— De sorte que vos mortes restent les sœurs de charité invisibles de ces lépreux de la société contemporaine ?

— Oui, grâce aux millions de Las Tablas repris au diable... Parmi ces misérables il y en a quatre dont je m'occupe plus particulièrement : Lucienne Gobert, marquise d'Ambleuse, enfermée pour dix années dans une maison centrale de femmes à la suite de manœuvres corruptrices abominables, de vente de chair humaine ; Annette soignée dans un asile d'aliénées comme délirante alcoolique ; Juan et Gaspar Sanchez, à perpétuité forçats à la Guyane... Ma fortune à moi je l'ai donnée en dot future à Béatrix, de sorte que je joue le rôle d'une Providence réparatrice pour la famille Czarkowski, loyale et pauvre.

— Et vous, et pour vous que reste-t-il ?

- Pour moi ? Mais tout Je ne sens pas ma fatigue à une seule minute, si pénible qu'elle soit ; je trouve excellentes les ratatouilles et l'eau claire ; mes vêtements me semblent être du plus beau velours... N'ai-je point la compagnie incessante de mes deux amies du ciel ? Ne sais-je pas qu'avec moi des centaines de misérables répèteront leur nom chéri chaque jour, chaque nuit, à chaque joie, à chaque agonie ? Je marche avec l'une à ma droite et l'autre à ma gauche... Que pourrais-je désirer de plus ici-bas ?... Mes supérieurs m'ont, exceptionnellement, laissé deux trésors, deux trésors au Frère mendiant qui fut le Duc de Santa-Maria : une tombe auprès de ma femme et ces deux bagues, l'alliance de Marie et le joyau des fiançailles de Pépita... Le Père Antonio, monsieur, est heureux; il remplit sa tâche ; il obéit à la voix de celles qu'il a aimées, un ange et une sainte ; il sait qu'il les rejoindra bientôt, car qu'est-ce que dix ans, vingt ans, n'est-ce pas ? Un nuage qui passe... Alors il n'a rien à souhaiter, rien ; le Bon Dieu le comble de délices dès maintenant...

— Et les dernières paroles du marquis d'Ambleuse, de ce roi des Apaches parisiens, les Apaches gantés, les bandits du monde chic ?

— Je vous les réservais pour la fin ; je voulais vous laisser sur une pensée consolante ; vous montrer ce que peut l'influence, réelle bien qu'invisible, de mes deux chères mortes... A la minute suprême son œil, déjà vitreux, s'est fixé sur moi dans un éclair de détresse, dans un appel à la pitié, au secours ; il a essayé de joindre ses mains raidies; et comme je me penchais sur lui, attentif, tel un oiseau qui s'en fût envolé, un nom s'échappa de ses lèvres avec le hoquet de la fin, un nom qui était le repentir de toute une vie, un mot d'absolution : Marie ! Marie ! Marie !

La martyre avait sauvé le damné !

FIN

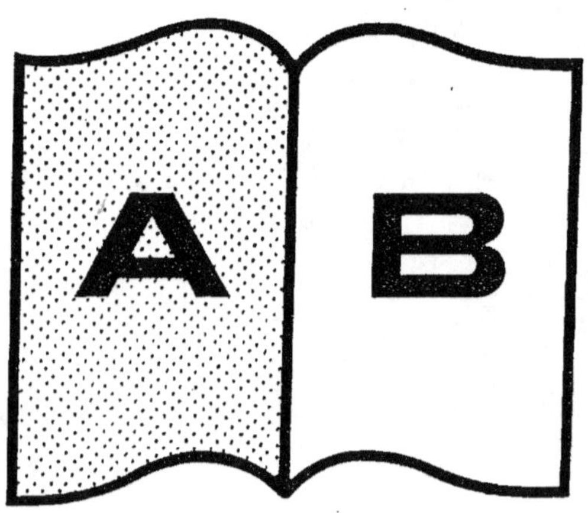

Contraste insuffisant

NF Z 43-120-14

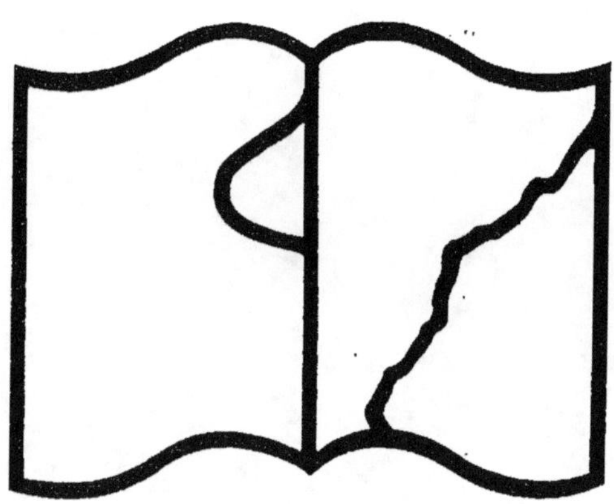

Texte détérioré — reliure défectueuse

NF Z 43-120-11

www.ingramcontent.com/pod-product-compliance
Lightning Source LLC
Chambersburg PA
CBHW051718050726
47598CB00003B/947